한반도에서 평화선교의 길과 신학

- 화해로써의 선교

한반도에서 평화선교의 길과 신학

- 화해로써의 선교

황 홍 렬 지음

예영 B&P

헌 정 사

이 책을 지난 1월 25일 하나님의 부르심을 받은
어머니(임옥경 권사)께 바칩니다.
한 평생 남편을 헌신적으로 섬기시며 4남매를 사랑으로 돌보시며
신앙의 길을 몸소 보이셨던 어머니, 결혼 후 월남하신 시어머니와
시댁 3남매의 삶까지 끌어안으셨던 어머니,
분단의 짐을 한 평생지셨던 어머니 죽음의 열매가
남은 가족들을 통해 이뤄지기를 소망하며
이 책을 어머니께 바칩니다.

감사의 글

이 책은 한민족평화선교연구소가 아니었으면 나올 수 없었다. 영국에서 유학을 마치고 귀국할 때까지도 한반도에서 평화와 통일은 내 연구 주제는 아니었다. 그런데 연구소에서 연구실장으로 일하다보니 1년에 한 편씩 글을 쓰게 되면서 이 주제에 관심을 갖고 연구하게 되었다. 그 글들 네 편이 중심이 되어 이 책으로 나오게 되었다. 연구소를 위해 연말이면 후원교회에 일일이 감사편지를 쓰시고 연구소 모든 행사와 회의에 늘 함께 하셨던 전 연구소장 이근복 목사님, 그리고 늘 넉넉한 마음으로 품어 주시고 물심양면으로 지원하셨던 이사장 이은태 목사님께 감사를 드린다. 연구소의 정책을 결정하고 사업을 논의하기 위해 머리를 맞대고 함께 고민했던 운영위원들, 연구 작업이나 선교활동에 참여했던 전문위원장 임희모 교수님을 비롯한 전문위원늘, 그리고 연구소를 위해 기도하시고 후원하셨던 이사님들께도 감사를 드린다. 특별히 3년 반 동안 동역했던 선교국장 우예현 목사님과 행정실장 김수강 집사님 두 분의 헌신적인 수고와 따뜻한 격려가 아니었다면 이런 글들이 나오지 못했을 것이다. 이런 분들과 동역했던 시간들은 내 인생에 정말 행복한 시간이었다. 아직도 한국교회에 자기를 희생하고 교회갱신과 한반도에서 평화선교를 위해 묵묵히 주님께 순종하며 일하는 분들이 계셔서 한국교회와 한반도의 미래에 대한 희망을 품게 된다.

그리고 예장총회산하연구단체협의회(연단협)에서 그 동안 두 권의 책을 펴냈는데 거기에 평화선교와 관련한 두 편의 글을 실었다. 두 글도 이 책에 포함시켰다. 어려운 여건에서도 연단협 회장으로 여러 모로 애쓰셨던 김종렬 목사님과 연단협을 더욱 발전시키기 위해 노심초사하시는 회장 고용수 목사님께 감사를 드린다. 책을 만들 때마다 모든 원고를 누구보다 빨리 꼼꼼히 읽으시고 조언을 아끼지 않으시는 자문위원장 이형기 교수님께도 감사를 드린다. 그리고 연단협의 모든 임원들과 부회계로서 살림을 맡으며 모든 행정처리를 완벽하고 빠르게 처리하는 박정숙 전도사님께 감사를 드린다. 연단협 학술 활동을 위해 총회의 지원을 담당하며 전폭적인 지원을 아끼지 않으시는 기획국장 김경인 목사님과 담당 간사 이연일 전도사님께도 감사를 드린다.

이 책의 거의 모든 글들은 내가 을지로교회에서 봉사하던 기간에 완성되었다. 을지로교회는 귀국 후 어려웠던 시절에 청년부 지도목사로 4년, 교육목사(부목사)로 2년간 섬기도록 했다. 권용태 목사님을 비롯해 동역했던 교역자들과 노준영 장로님, 김암 장로님, 이승철 장로님, 그리고 청년부 나경원 부장님과 전근배 부감님, 사랑하는 청년들에게 고마움을 전하고 싶다. 이 분들은 모두 한결 같은 사랑으로 부족한 사람을 격려해주셨다. 특히 청년부 송별회에서 "내가 청년들을 붙잡아 주기보다는 청년들이 나를 더 붙잡아 줘서 고맙다."는 고백을 다시 한 번 하고 싶다.

이 책은 어머니께서 살아계실 때 출판하려고 했는데 지난 1월에 하나님의 부르심을 받으신 어머니를 기리는 책으로 출판하게 되었다. 어머니 장례식을 찾아 주신 모든 분들께 두 손 모아 깊이 감사드린다. 부산장신대 교직원들, 장신대 79기 동기들, 한민족평화선교연구소 식구들, 경기 72회 신우회원들과 동기들, 선교학회 편집위원들, 덕수초등학교 동창들, 장례예배를 주관한 새문안교회 정영식 목사님과 경조부원들과 구역식구들, 바쁘신 가운데 심방 오셔서 어머니께 큰 위로를 주셨던 이수영 목사님, 위로예배를 인도하신 소망교회 이장우 목사님과 교인들, 하베스트 샬롬교회 홍정식 목사님과 교인들, 그리고 성립교회 박흠모 목사님께도 감사를 드린다. 유족들이 장례에 집중할 수 있도록 모든 행정 처리를 도맡아 주시고 세심한 배려를 해주신 자형이 근무하는 회사 직원 여러분들께도 깊은 감사를 드린다.

빠듯한 일정에도 선뜻 좋은 책을 만들어 주신 예영B&P 조석행 사장님과 차순주 디자인 실장님, 최지희 대리님께도 감사를 드린다. 부산장신대의 교수님들은 한 분 한 분이 그렇게 소중할 수 없으며, 그 분들로부터 많은 것을 배우며, 내가 지닌 모든 것을 통해 학교와 지역교회의 발전을 위해 헌신하기를 다짐하며 감사하며 살고 있다. 신동작 총장님은 선교에 지대한 관심을 갖고 격려해 주신다. 그리고 학생들의 질문은 내 가슴을 뛰게 한다. 이제 이 분들과 더불어 평화 선교의 새 길을 열고 함께 걷기를 소망한다. 이 길을 함께 걷기 위해 귀국 후 7년 동안 살아왔던 서울 생활을 접고 김해로 이사를 온 사랑하는 딸들 민혜, 민희, 민정이에게 미안함과 고마움을 전한다. 그리고 친구교회 시절로부터 지금까지 부족한 나를 오늘의 나로 세워주고 격려하는 평생의 반려자, 아내 지금옥에게 사랑과 고마움을 전한다.

2008년 8월

경운산 연구실에서

황 홍 렬

머리글

이 책에 실린 글 대부분은 지난 6년 동안 책으로 출판된 글들로 이번에 함께 모아 한 권의 책으로 내게 되었다. 책은 크게 3부로 나뉜다. 1부는 3장으로 구성되는데 1장은 "타자와의 만남의 선교론", 2장은 "'북한' 선교/평화통일운동 접근 방식에 대하여", 3장은 "'북한' 연구 동향에 대하여"로 구성되어 있다. 1장은 이 책에서 처음으로 발표된 글이다. 2004년에 출판된 『한국 민중교회 선교역사(1983-1997)와 민중선교론』(한들출판사)에 나온 민중선교론을 실직·노숙인 선교(2003년), 조선족선교(2005년), 북한이탈주민선교(2007년), 이주노동자선교(2008년)에 적용하는 과정에서 민중선교론을 일반화시킨 결과가 타자와의 만남의 선교론이다. 이런 선교론을 통해 많은 성과를 얻은 것은 사실이다. 그렇지만 본격적인 연구를 거쳐 보다 정교한 이론적 틀을 잡아야 한다는 것을 나는 알고 있다. 앞으로의 과제이다. 2002년에 처음 쓴 "'북한' 선교/평화통일운동의 접근 방식에 대하여"와 "'북한' 연구 동향에 대하여"는 내 자신의 북한 연구와 평화통일운동에 대한 연구를 위한 서론과 같았다. 어디서부터 연구를 시작해야 할지 스스로의 지침을 삼기 위해 북한 연구 동향을 알아보고, 북한 사회와 북한 교회에 대한 남한 기독교인들의 이해를 비판적으로 연구한 후 북한 선교나 평화통일운동의 접근 방식과 각각의 특징과 문제점을 비판적으로 살펴보려 했다. 그렇지만 아직 내가 연구의 초보자인 만큼 내 자신의 뚜렷한 주장이나 연구방법이나 접근방식을 주장할 수 없었다. 세 편의 글은 1부 제목대로 "평화선교에 대한 접근방식"을 다루고 있다.

2부는 "평화선교의 길"을, 한반도에서 평화선교를 하는 방법을 구체적으로 제시하고 있다. 4장은 "한반도에서 나눔과 평화를 위한 교회의 사명: 대북 인도적 지원을 중심으로"이다. 예장총회산하연구단체협의회(연단협)의 연구 프로젝트에 한민족평화선교연구소의 연구실장으로 연구를 진행했다. 이 주제는 예장 총회의 생명살리기운동 10년(2002-2012)의 10가지 주제 가운데 하나였다. 그런데 글이 길어서 연단협에서 나온 『하나님 나라와 생명살림』(한국장로교출판사, 2005년)에는 전문이 실리지 못했다. 그래서 한민족평화선교연구소에서 출판한 『평화와 통일신학2』(도서출판 평화와 선교, 2004년)에 전문이 실렸다. 이 글은 기독교의 대북 인도적 지원이 북한을 어떻게 변화시켰고, 상대적으로 남한 교회와 사회는 덜 변했는가를 다루고 있다. 정부와 비정부기구의 대북지원과 교회와 기독교 단체들의 대북 인도적 지원을 비교하고, 대북 인도적 지원이 초래한 남북 사이의 변화의 정도를 비교했다. 그리고 대북 인도적 지원과 대북 교류에 대한 신학적 반성을 하며, 한반도에서 나눔과 평화를 위한 교회의 사명을 구체적으로 제시했다. 5장 "조선속의 사회선기를 통해 본 조선족신교의 현황과 과제"는 조선족 15명에 대한 사회전기와 조선족 사회에 대한 사회과학적 연구를 바탕으로 조선족 선교의 현황과 과제를 제시했다.

6장 "사회전기를 통해 본 북한이탈주민선교의 과제와 전망"은 북한이탈주민 9명에 대한 사회전기와 북한이탈주민에 대한 사회과학적 연구를 바탕으로 북한이탈주민의 눈으로 북한이탈주민선교의 과제와 전망을 제시하려 했다. 여기서 중요한 주장은 북한이탈주민선교는 타문화권 선교라는 점과 소수자 선교의 관점에서 추진되어야 한다는 점이다. 바꿔 말하면 같은 언어를 사용하는 같은 민족이라는 생각 때문에 남한사람들이 북한이탈주민을 볼 때 문화적 착시현상을 갖게 했기 때문에 지난 반 세기 동안의 체제와 이념을 달리하며 살아왔던 현실을 무시하게 한다는 반성이다. 그리고 북한이탈주민선교는 소수자권익보호운동이 아니라 소수자선교, 소수자를 통해 기존 사회의 지배적인 흐름 가운데 하나님의 나라에 반대하는 모습을 찾아내고 그것을 함께 바꿔내는, 소수자/작은 자/약자들을 통해 다수자들을 변화시키는 선교가 되어야 한다. 민중의 사회전기는 5장과 6장에 사용되었지만, 타자와의 만남의 선교론은 4장, 5장, 6장 모두에 적용되었다. 이 세 글은 모두 북한/조선족의 변화 이전에 남한교회와 남한사회의 변화 없이는 북한/조선족의 변화를 초래할 수 없으며, 따라서 한반도의 평화가 요원하다는 것을 보여주고 있다. 즉 평화선교는 먼저 그리스도 안에서 새사람이 된 남한 그리스도인들과 남한 교회가 하나님 앞에 바로 설 때, 그래서 북한/조선족 형제자매와의 만남 속에서 자신을 새롭게 변화시킬 때만이 하나님의 나라가 이뤄질 수 있고, 그리스도의 평화가 한반도에 실현될 수 있다는 것을 주장한다.

3부는 평화선교신학의 길을 제시하고 있다. 7장 "한반도에서 화해로써의 선교와 신학"은 화해로써의 선교신학을 제시하고 있다. 이 글은 2004년 12월 세계교회협의회 주최로 르완다의 키갈리에서 열린 "폭력극복 10년" 신학연구 모임에 참석했다가 1994년 100일 동안 약 100만 명이 학살된 현장과 학살기념관을 방문한 후 받은 충격이 정신적 외상처럼 남고 영향을 받아서 쓰게 되었다. 학살기념관을 방문하고 돌아와서 토론을 할 때 나는 황석영 선생의 "손님"이라는 소설을 참석자들과 나눴다. 내게는 르완다 학살을 통해 한국전쟁의 민간인 학살이 살아있는 역사로 새롭게 다가왔다. 2005년 4월 선교학회에서 화해로써의 선교에 대해 발제를 했다. 이 글의 초고인 셈이다. 그러다가 2005년 에큐메니칼 운동 단체들이 "2005 교회의 날"을 열었는데 그 때 신학심포지엄에서 그 글을 보완해서 발표했다. 최종원고는 장신대에서 선교학과 초빙교수로 있을 때 『장신논단』 27호(2006)에 실렸다. 남한의 과거사 청산으로부터 시작해 평화와 화해에 대한 신학적 이해를 주로 로버트 쉬라이터와 미로슬라프 볼프를 통해 살펴보았다. 이러한 화해론이 선교론 뿐 아니라 교회론과도 어떻게 연결되는 가를 알아보았다. 이러한 화해론을 세계교회의 사례들, 칠레, 팔레스타인, 남아프리카공화국 등에 적용시켰다. 마지막으로 치유와 화해를 위한 한국교회의 과제들을 제시했다. 8장 "한국교회의 평화선교와 평화통일선교"는 연단협이 출판한 『하나님 나라와 생명목회』(한국장로교출판사, 2007)에 실려 있다. 이 글은 지금까지의 평화선교 연구를 종합한 글이라 할 수 있다. 성서의 평화 이해와 세계교회협의회가 이제까지 주창해 온 평화선교의 내용을 정리하고, 교회 속의 평화선교 과제, 화해를 통한 평화선교, 다문화, 다인종 사회에서의 평화선교, 폭력의 문화로부터 평화의 문화로 전환해야 할 평화선교의 일반적 과제를 제시했다. 그리고 한민족의 평화통일을 위한 한국교회의 선교적 과제를 사람의 통일과 북한이탈주민 선교로, 나눔을 통한 평화통일로, 화해로써의 선교로 제시했다.

2002년 북한 선교와 평화통일운동 접근방식을 다룰 때에는 당시의 여러 흐름을 정리하는데 그쳤지만 여러 가지 기회를 통해 얻은 연구들을 거듭하면서 신학적으로도 화해로써의 선교를 제시하게 되었고, 한반도의 평화를 위한 한국교회의 다양한 선교과제들을 제시하게 되었다. 이제 조금씩 앞이 보이기 시작하는 것 같다. 그렇지만 이것은 동역자들이 있었기에 가능한 일이다. 한민족평화선교연구소(현재의 사단법인 참된평화를 만드는 사람들)와 연단협과 같은 연구공동체가 아니었다면 엄두를 낼 수 없었다. 그런 동역자들을 보내 주시고 소중한 연구들을 허락하신 하나님께 감사드린다. 데이비드 보쉬가 선교의 패러다임에서 제시하지 못한 것 중의 하나가 화해였다. 분단된 한반도에서 화해로써의 선교는 앞으로도 더 연구되고 실천되어야 할 과제이다. 이 책이 그런 물꼬를 트는 계기가 되기를 바란다.

2008년 8월

황 홍 렬

차 례

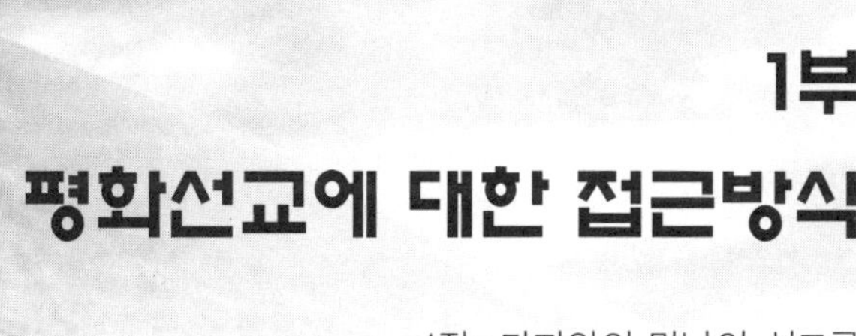

1부
평화선교에 대한 접근방식

1장_ 타자와 만남의 선교론

한국교회는 지난 10년 간 안팎으로부터 큰 도전에 직면해왔다. 냉전 종식, 세계화와 신자유주의, 정보사회, 국제통화기금(IMF) 경제위기, 남북정상 회담과 북한핵 위기, 주 5일 근무제 도입, 50만 명의 이주노동자와 결혼 이주여성의 증가, 저출산 고령화 사회 등 엄청난 변화가 한국교회와 선교의 변화를 강요하고 있다. 반면에 한국교회는 성장세가 멈추고, 청년과 청소년층의 숫적 감소는 한국교회의 미래에 경종을 올리고 있다.[1] '목회 세습', 총회장 선거 부정, 일부 목회자의 윤리적 타락 능으로 교회의 사회적 공신력이 심각하게 훼손되기도 했다. 이런 상황에서 한국교회가 새롭게 미래를 세워가기 위해서는 하나님에 대한 사랑과 선교에 대한 열정을 간직하면서도, 선교를 지혜롭게 하는 것이 매우 중요하다. 그리스도인들은 성서와 선교역사, 그리고 선교신학으로부터 선교의 목적과 방법, 태도 등에 대

---

1) 교회학교 중고등부 학생 수가 1995년에는 264,467명이었다가 2000년에는 190,040명으로 줄어들었고, 2002년에는 186,847명으로 줄었다. 김종희, "학원선교의 과거와 오늘 그리고 내일", 「학원 · 청소년 생명살리기」(2003년도 총회전도부 학원선교정책협의회, 2003년 4월 10-11일), pp.27-34.

해 배워야 한다. 교회가 선교에 나설 때에는 먼저 안으로부터의 변화가 일어났다. 즉 교회의 역사는 "내적 성화에의 관심과 외향적 선교의 강조와의 중간의 계속적인 변증법이었다."[2]

보쉬에 의하면 "선교는 우리 자신의 예측이라는 협소한 공간에 갇혀서는 결코 안 된다. 우리가 최대한 기대할 수 있는 것은 선교가 무엇인가에 대한 근사치를 형성하는 것"[3]이라고 했다. 그러나 이 글에서 타자와 만남의 선교론에 대해 논의하려 하기 때문에 선교에 대한 정의가 불가피하다. 선교는 교회/선교사들이 인간의 특정한 상황 속에서 하나님의 뜻(구원, 하나님의 나라)을 이루는 하나님의 선교(*missio Dei*)에 참여하는 것이다.[4] 선교는 하나님의 주권과 인간의 상황을 전제한다. 그리고 그 두 가지 사이에 긴장은 피할 수 없다. 선교는 교회/선교사들의 하나님 뜻과 인간 상황에 대한 이해에 의존한다. 또한 선교는 하나님의 뜻에 따라서 인간 상황을 변화시키는 것을 전제한다.

1. 타자와 만남의 선교론

준더마이어는 레비나스의 타자 접근 방식을 중요한 자원의 하나로 사용함으로써 해석학적 선교론(타자와 만남의 선교론)을 제안했다. "선교론은 교회

---

2) F. W. 딜리스톤, 「성령과 그리스도교 선교」 제랄드 앤더슨 편, 박근원 역, 『선교신학서설』(서울: 대한기독교서회, 1983), p.307.

3) David J. Bosch, *Transforming Mission: Paradigm Shifts in Theology of Mission.* (New York: Orbis, 1991) p. 9.

4) 참조: David J. Bosch, *Witness to the World: The Christian mission in theological perspective.* (London: Marshall, Morgan & Scott, 1980), W. Saayman, "Missiology in the Theological Faculty," in *Mission Studies*, vol. XV-1, 29, 1998. pp. 66-78. J. N. J. (Kippies) Kritzinger, "Studying Religious Communities as Agents of Change: An agenda for missiology," in *Missionalia* 23:3 (November, 1995). pp. 366-96.

와 교회의 이방인 사이의 만남을 다루는 학문 분야인데 이 만남이야말로 선교론의 필수적인 근본 원리다".[5] 그에게 교회는 타자를 위한 존재가 아니라 타자와 항상 함께 하는 존재다. 타자와의 만남에 기초한 그의 선교론의 다섯 가지 요점은 다음과 같다. 첫째 선교론은 선교사와 피선교지 사람간의 의사소통을 다루는 학문이 아니라 해석학적이고, 문화와 문화 사이의 교류를 다루는 학문이다. 둘째 성서 읽기에서 전제해야 할 것은 상호 들음과 성령을 위한 자리 마련이다. 셋째 그는 현재의 에큐메니칼 운동이 기능적이라고 비판한다. 그는 일치를 서로를 용납하고 타자와 공존하고 더불어 살게 하는 능력으로 이해한다. 교회가 이것을 받아들일 때 교회는 배우는 공동체, 돕는 공동체, 경축하는 공동체가 될 것이다. 넷째 선교론은 타자에 대한 연구를 그 중요한 의제로 포함시켜야 한다. 다섯째 해석학적 선교론은 타자, 이방인, 억눌린 자를 강조하기 때문에 그 주된 관심사는 구체적 상황 속에 사는 인간들이다. 우리가 구속/해방(에큐메니칼 그룹)을 선택할지 화해(복음주의 그룹)를 선택할 것인지를 결정하는 것은 바로 이 상황이다. 해방과 화해는 "서로 교환할 수 있는 개념도 아니지만 본질적으로 분리된 개념도 아니다. 대신에 그 둘은 '혼동하거나 분리되지 않고' 함께 속한다."[6]

선교론은 그리스도의 승인으로서 복음을 전하는 가운데 타자(선교대상)를 만나고 하나님을 새롭게 만난 것에 대한 선교 공동체의 성찰이다. 그런데 선교사는 선교과정에서 자신이 이해하고 있는 복음에 대한 이해나 복음을 전달하는 방식에 대해 타자(others)로부터, 때로는 하나님(the Other)으로부터 도전을 받게 된다. 그래서 선교사의 하나님의 뜻과 인간 상황에 대한 처음의 이해는 선교과정에서 타자와 하나님을 만나가면서 바뀔 수 있다.

---

5) Theo Sundermeier, 'Missiology Yesterday and Tomorrow" in *Missionalia* 18:1(Spring, 1990), p.266.
6) *Ibid.*, p.269.

2. 타자와 만남의 선교 사례

라스 카사스(Bartolomé de Las Casas)는 금을 목표로 1502년 현재의
쿠바에 온 이주민이었다. 1507년 사제가 되었다가 성례전을 준비하면서 집
회서 34장을 읽다가(빵은 가난한 자의 생명이고 그것을 빼앗는 것은 살인
이다: 24절) 인디오들의 고난과 예수의 십자가 수난을 연결시키게 되었다.
이후 52년 동안 원주민 선교를 위해 헌신했다. 멕시코에 있던 콘타도르 로
드리도 데 알보르네스는 1525년에 스페인 국왕에게 인디안 사제의 양성을
위해 고등교육 기관의 창설을 촉구하면서 단 한 명의 인디안 사제가 유럽
인 사제 50명 보다 더 쓸모가 있을 것이라고 했다. 사비에르(Francis
Xavier)는 인도 선교 후 일본 사람들과의 선교 접촉을 통해 선교에 대한 이
해를 달리하게 되었다. 비기독교인들의 생활과 철학에서 이용할만한 것이
라곤 아무 것도 없으며 기독교적인 것을 세우기 앞서서 비기독교 세계의
일체는 모두 허물어야 한다는 교리(tabula rasa)는 서구 선교사들의 일반
적인 생각이었다. 그도 처음에는 그렇게 생각했었지만 일본 사람들과의 만
남으로 인해 생각이 달라지게 되었다. 복음에 의하여 이 문명은 변화되고
재창조되어야 하지만 기존 문명 자체가 무가치한 것으로 거부당해야 할 필
요까지는 없다고 생각했다. 이 새로운 사상은 풍부한 결실을 거두었고 동
시에 상당한 논란도 따랐다. 마태오 리치는 1583년 중국에 들어갔지만 사
비에르의 후기 관점을 따라 위대한 문명을 취급할 경우에는 상당한 신중성
과 존경심을 갖고 해야 할 필요가 있다는 입장을 견지했다.

아프리카의 경우 루돌프 말레와 시몬 킴방구의 사례들은 이들의 예상치
못한 결과가 서구 그리스도인들의 하나님 이해와 체험을 심화시키는데 기
여했다.[7] 에밀 부르너는 하나님의 말씀을 보다 분명하게 말하기 위해 처음

에는 그의 교구에 사는 농민, 노동자들과, 다음에는 같은 대학의 경제학, 법학, 과학 교수들과, 그리고는 무신론자들과 대화했다.[8] 우리 사회에서도 비슷한 사례들이 있었다. 미국 감리교 선교사였던 오명걸(George Ogle)은 60년대 초부터 우리의 도시산업선교에 참여했는데 당시 체험을 다음과 같이 회상했다.

> 우리는 (산업선교사들) 하나님께서 근로자들의 일상생활을 통해 우리가 예수에 대해 알지 못 했던 어떤 중요한 것을 드러내시기를 바랬다... 우리는 우리가 구하는 것이 무엇인지를 알지 못 했다. (하나님의) 계시들이 드러났는데 그것들은 우리가 기대했던 것과는 전혀 다른 방식으로 나타났으며, 우리가 요청하지 않았던 명령이 우리에게 주어졌다.[9]

3. 타자와 만남의 선교

1) 선교와 영성

콤블린은 "예수는 비무장이었기에 진리에 도달할 수 있었고, 인간 존재들에 바로 접할 수 있었다." 이 때문에 연약함을 "참된 선교의 필수적인 전제조건"이라고 제안했다. 그래서 참된 선교는 "선교사들 자신으로부터의 해방"에서 시작된다. 왜냐하면 그들은 "예수가 겪었던 메시아주의라는 동일

---

7) Werner Ustorf, *Christianized Africa- De-Christianized Europe?: Missionary Inquiries into the Polycentric Epoch of Christian History* (Hamburg: Lottbek, 1993) 제 3장을 참조하시오.

8) W. Hollenweger, *Evangelism Today: Good News or Bone of Contention?*(Belfast: Christian Journals, 1976), pp.85-6.

9) G. Ogle, "A Missionary's Reflection on Minjung Theology" in Jung Young Lee (ed.) *An Emerging Theology in World Perspective: Commentary on Korean Minjung Theology*, (Connecticut: Twenty-Third Publications, 1988) p.62에서 거듭 인용.

한 유혹"[10]에 직면하기 때문이다. 이것은 아시아로 왔던 선교사들에게도 적용된다. 고수케 고야마는 다음과 같이 말했다. "나는 지난 400년 동안 아시아의 기독교가 민중들에게 진정으로 귀 기울이지 않았다고 생각한다." 아시아의 선교사들은 선교사들이 가르치는 자이어야만 한다는 "교사 콤플렉스" 때문에 고통을 당했다. 고야마는 "교사 콤플렉스"[11]를 "십자군 콤플렉스"와 연결시켰다. "십자군 콤플렉스"는 대위임명령에 대한 오해에 기인하는 것으로 "그리스도처럼 행하는 것"과는 전혀 반대다. 고야마는 "십자가에 달린 정신"과 "십자군 정신"을 구별했다. 전자는 "'핸들 없는' 십자가의 무게 아래서 단련된 정신"이요 후자는 "필수적인 자원들이 풍부한 가운데 이들을 움직일 수 있는 '핸들이 있는' 가운데 단련된 정신"이다. 그래서 그는 "십자가에 달리신 주님에 대한 명상이 기독교 영성과 선교론의 주제"[12]라고 했다. 보쉬는 "영성적 존재는 그리스도 안에 있는 존재"[13]라고 했다.

선교가 그리스도를 다른 사람들에게 증거하는 것이라고 한다면 선교론은 영성으로부터 분리될 수 없다. 보쉬는 바울의 영성을 "도상의 영성"이라고 했다. 도상의 영성은 영구적인 속성이나 소유물이나 성취물이 아니라 내부로부터 늘 다시 새롭게 갱신되는 것이다. 도상의 영성은 수도원의 영성이 아니라 고정되지 아니하고 완성되지 못하는 것이다. 이러한 영성은 이 단계로부터 저 단계로 여행하는 것이다.[14] 위험한 선교 방법이나 영성은

---

10) Joseph Comblin, *The Meaning of Mission: Jesus, Christians, and the Wayfaring Church* (New York: Orbis, 1977) pp.80-86.

11) Kosuke Koyama, "Christianity suffers from 'Teacher Complex'" in *Mission Trends No. 2: Evangelization* (New York: W. B. Eerdmans Publishing Company, 1975) p.72.

12) K. Koyama, *No Handle on the Cross: An Asian Meditation on the Crucified Mind* (London: SCM, 1976) p.3.

13) David J. Bosch, *A Spirituality of the Road* (Pennsylvania: Herald Press, 1979) p.13.

14) *Ibid.*, p.20.

승리주의적이고 군사주의적인 용어들에게서 발견된다. 보쉬에게 있어서 참된 선교 또는 영성은 "우리가 상상할 수 있는 가장 연약한, 그리고 가장 감동적이지 못한 인간 행동을, 영광의 신학의 정반대 명제"[15]를 의미한다. 그래서 그는 "연약성"을 선교사의 가장 중요한 자질의 한 가지로 추천했다. 이 점은 프라이탁의 선교에 대한 다음과 같은 이해에 의해 지지되었다. "그 (프라이탁)는 지상의 민족들 사이에서 그 결과에 관계없이, 그처럼 절망적인 상황 속에서조차도 주되신 그리스도를 찬양하는 것이 참된 선교를 뜻하는 것임을 깨달았다."[16] 이는 선교 또는 영성의 가장 중요한 의미의 하나는 그 결과에 관계없이 끝까지 하나님에 대한 순종임을 보여준다. 여기에서 계속 남는 질문은 다음과 같다. 왜 선교사나 영성적인 인간이 "연약함"이라는 고통을 받아야 하는가?

2) 선교사의 연약함의 이유와 정체성의 문제

선교사가 그 자신의 영역 안에 머무는 한 약함이나 연약성은 결코 인식될 수 없을 것이다. 그가 '타자'를 만났을 때 비로소 그것을 느낄 수 있을 것이다. 이와 같은 일이 베드로가 고넬료를 만났을 때 일어났다(행10장). 베드로의 약함이나 연약성은 그가 이방인을 만났을 때만이 아니라 성령의 에기지 못한 역사를 만났을 때 그 자신에게 드러났다. 하나님은 역사를 다스리신다. 그러나 그는 역사를 통제하지는 않으신다.[17] 만약 하나님이 역사와 인류를 통제한다면 그는 살아 계신 하나님이 아니라 우상일 것이다. 우리는 살

---

15) *Ibid.*, p.76.

16) *Ibid.*, p.36. 발터 프라이탁이 이집트에 있는 루터교 선교부를 방문했을 때 선교부의 상황은 52년 동안 선교 활동을 해오면서 이슬람교로부터의 개종자가 한 명 밖에 없었고 그마저 다시 사라졌다. 그럼에도 불구하고 선교사들은 성실하게 선교활동을 계속하고 있었다.

17) K. Koyama, *No Handle on the Cross*, p.21.

아있는 인간이 아니라 그의 로봇일 것이다. "우상은 우리가 길들일 수 있지만 살아 계신 하나님을 길들일 수 없다".[18] 지구자본주의, 문화산업, 언론매체, 그리고 다른 이데올로기 국가 장치들과 같은 우상들은 살아있는 사람들을 길들이려하고, 그들을 통제의 대상이나 그들의 의식을 물화(物化) 시키려 하고, 사물로 전락시키려 한다.

그러나 진실한 하나님이 되는 것과 살아있는 백성이 된다는 것은 그 둘 사이에 관계를 형성하도록 이끈다. 하나님은 백성들이 묻는 질문에 대답하기보다는 그 백성들과 관계 맺는데 관심을 갖는다. 백성과 하나님 사이의 관계가 일방적이 아니라 상호 의사소통적인 한, 백성은 하나님을 타자로(the Other), 하나님은 백성을 타자로 만나야 한다. 하나님이 당신 백성을 타자로 만나고 거기서 당신의 약함이나 연약성을 느낌의 절정은 예수 그리스도의 십자가 처형에서였다. 그의 성육신은 그의 사명/선교를 위해 충분치 않았다. 그의 십자가 처형은 그의 선교사명을 성취하기 위해 필요했다. 이런 방식으로 *승리하는* 메시야에 대한 유대인들에 의해 *기대된 (옛)* 메시야 정체성이 부인되었다. 대신에 그는 *고난당하는* 메시야라는 새로운 정체성을 얻었다. 모세 역시 비슷한 것을 경험했다. 모세가 자신이 누구인가 하는 정체성에 대해 하나님께 질문했을 때 하나님께서는 "내가 너와 함께 하리라."고 대답하셨다. "그의 정체성은 하나님의 약속을 향해 살아있는 유기체(생명)로서 숨쉬어야 한다(살아야 한다)."[19] 교회/선교사의 정체성은 타자와 하나님과의 만남의 긴 여정 속에서 변하게 된다. 이런 과정을 통해 교회/선교사는 하나님의 뜻과 인간 상황에 대해 선교를 시작할 때와는 다른 이해를 하게 된다. 그리스도인의 영성이 "도상의 영성"이기 때문에 그리스도인의 정체성도 "우

---

18) *Ibid.*, p.71.
19) *Ibid.*, p.72.

리를 초대하시는 하나님의 은혜 안에서"[20] 만들어져 간다. 동시에 그리스도인들은 예수의 "상처가 (부활하신) 그리스도의 정체성에 대한 증거"[21]임을 기억해야 한다. 기독교 영성, 정체성, 선교의 중심은 십자가에 처형당하신 예수 그리스도다. 기독교 선교는 선교사가 그의 선교 활동 과정 속에서 자신의 정체성을 변화시키지 않고는 수행될 수 없다. 이런 맥락에서 선교의 첫 걸음은 "전도(선교)와 선전(하나님의 뜻과 인간 상황에 대한 교회/선교사들의 첫 이해에 대한 반복)을 혼동했던 우리 자신 (교회/선교사)의 회개"[22]이다.

3) 타자와의 만남의 다양한 방식

가) 철학자들의 접근방식

플라톤의 상기설은 타자를 자기이해나 자기 발전, 신분 상승 등을 위한 대상의 지위로 환원시키기 때문에 극복되어야 한다. 이 문제는 타자를 자기실현의 기회로 여기는 불트만 학파와 타자를 개종의 대상으로 여기는 복음주의적 선교 접근 방식에서도 공유된다.[23]

헤겔이 타자를 만나는 방식은 플라톤보다 한 걸음 더 나아간다. 플라톤은 타자를 대상으로 전락시킨다. 헤겔은 타자와의 만남을 세 단계로 이해한다. 첫 단계에서 타자와 죽을 때까지 싸움으로써 타자를 노예로 만든다. "나사의 자의식은 죽도록 싸우는 과정을 통해 두려워 떨다 나중에는 해소되어 버린다. 나는 주인이 되고 타자는 노예가 된다".[24] 그러나 주인의 자의식은 노

---

20) *Ibid.*, p.73.

21) David J. Bosch, *A Spirituality of the Road*, p.82.

22) Walter J. Hollenweger, *Evangelism Today: Good News or Bone of Contention?*, (Belfast: Christian Journals, 1976) p.41.

23) Theo Sundermeier, "Missiology Yesterday and Tomorrow" p.265.

24) Werner Ustorf, *Christianized Africa – De-Christianized Europe?* p.148.

예에 의해 주인이라고 확증되는 이미지에 의존하게 된다. 둘째 단계에서 주인은 주인 됨을 자신의 노예에게로부터 획득하기에 그들에게 의존하는 노예적 의식이 "지배하는 주인"을 지배한다. 셋째 단계에서 노예는 자신의 새로운 의식을 만드는 새로운 현실에 직면한다. 우스토르프는 헤겔의 타자 접근 방식을 유럽의 정체성 확립의 초석으로 이해하고 그 두 가지 특징을 지적했다. 첫째, 헤겔은 지배적인 민족, 주인들이 자신의 진실에 이르는 과정을 자기 이미지의 공격적 팽창으로 기술했다. 둘째, 이런 과정은 주인이 되고자 하는 자의식을 지닌 타자의 도전을 받기 전까지 지속된다.

레비나스(Emmanuel Levinas)의 타자와의 만남에 대한 출발점은 전체주의 또는 체제에 대한 서구의 과다한 집착으로부터의 탈피이다. 타자를 자신과의 다름(타자성)에서 만나는 것이 타자와의 만남의 본질이다. 레비나스의 요지는 "내"가 본래 그리고 반드시 "타자"에 의해 구성된다는 것이다. 그는 타자, 외부인의 타율적인 부름이나 "타자의 침입 (irruption of the other)"에 자신을 여는 자가 자율적인 인간이라고 했다. 우스토르프는 레비나스의 입장의 중요성을 다음과 같이 요약했다.

> 우리가 타자를 타자성에서 만난다는 것은 우리가 그들에게 아무리 가까이 가더라도 그들은 우리와 다른 존재 그대로 남아 있음을 뜻한다. 이런 자세는 낯설은 것을 우리에게로 통합시키려거나 식민화시키려는 것 또는 다양성 그 자체를 말살하려는 유혹에 대해 저항할 것을 우리에게 요구한다. 구별과 차별의 차이가 폐지되어서는 안 된다.[25]

---

25) *Ibid.*, p.150.

타자에 대한 플라톤이나 헤겔의 접근법은 서구 정신에 결정적인 영향을 끼쳤다. 그런 접근법은 비유럽인들을 유럽인의 연구나 착취의 대상이 되게 했을 뿐 아니라 그들의 육체적 노예와 정신적 노예가 되게 했다. 서구 선교조차도 이런 비난으로부터 면제받을 수 없다. 그러나 레비나스의 접근방식은 선교와 선교론을 위해 여러 가지 중요한 의미를 함축하고 있다. 몇몇 선교신학자들이 이미 이런 작업을 했다.

나) 신학자들의 타자 접근 방식들

몰트만은 엠페도클레스로부터 지각(perception)이 고통과 밀접한 관련이 있음을 배웠다. 사람들이 자신과 다르거나 낯선 것 또는 새로운 것을 만났을 때 그들의 첫 느낌은 고통이다. 이 "고통은 우리가 타자, 외부인이나 새로운 사람 안에 들어가기 위해서는 우리 자신을 열어야만 한다는 것을 우리에게 보여준다."[26] 그러나 이런 고통을 통해 우리는 자의식에 이른다. "우리가 우리 자신을 체험하는 것은 타자와의 만남 속에서다... 처음에는 타자와 거리를 두고서, 타자와의 차이를 부각시키고, 그러다가 나중에는 타자와의 모순 속에서 우리는 타자를 만나고 타자와의 다름에 대한 가치를 배우게 된다."[27] 이런 과정의 마지막 단계는 자기 자신이 변화를 통한 상호변화다. 사람들이 타자의 정신 속에 들어가기를 원하면 먼저 자신을 변화시키는 고통과 기쁨을 맛보아야 한다. 이런 방식으로 나와 다른 사람들은 상호 변형의 과정에 진입한다.

몰트만은 이와 같은 변증법적 인식론의 원칙을 자연에 적용한다. 자연은

---

26) J. Moltmann, *God For a Secular Society: The Public Relevance of Theology*, (London: SCM, 1999) p.144.

27) *Ibid.*, pp.144-5.

더 이상 지배나 통제의 대상이 아니다. 인류와 자연은 상호의사소통의 관계를 맺는다. 분석적 사고는 체계적이고도 의사소통적인 사고에 의해 대치된다. 현실 참여에 개입하는 이성은 사물의 현 조건 뿐 아니라 미래까지도 인식한다. 그래서 그는 자연을 미래에 대해 열린 체계로 이해한다. "만약 모든 존재가 열린 체계라면 … 자연 속에는 진정한 의미의 대상은 존재하지 않게 된다. 복잡성의 정도가 다양한 주체들만이 존재한다… 그러므로 (인류와 자연의 관계는) 주체와 주체간 인식 과정이 된다."[28]

몰트만은 이런 접근 방식을 하나님에게로 적용한다. 자신의 총체적인 변화 체험을 통해서만 인간은 하나님 존재의 전적 타자성을 깨닫는다. 이것은 십자가의 신학에 의해서 가능하다. 그는 그리스 철학자들의 경이(wonder)를 인식의 근원으로 제안한다. 몰트만이 의사소통적 사고와 체계적 사고 사이의 연속성을 고집하는 것은 체계에 대한 집착을 보여준다. 그는 자연을 미래를 향해 열린 체계로 여기는데 이 역시 체계에 대한 집착의 한 예를 보여 준다. 타자에 대한 그의 접근 방식의 장점은 이원적 신학이 아니라 관계 지향적 신학이라는 것이다. 그러나 타자와의 만남의 근거로서의 고통과 인식의 근거로서의 경이 사이에는 불연속성이 존재한다. 그의 이러한 혼동은 수정이 필요하다.

준더마이어는 레비나스의 타자 접근 방식을 중요한 자원의 하나로 사용함으로써 해석학적 선교론(만남의 선교론)을 제안했다. 그는 서구 선교론의 유럽 중심적이고 기능주의적인 경향을 극복하는데 성공했다. 그는 타자에 대한 레비나스의 접근법뿐 아니라 "우리가 존재한다. 그러므로 나도 존재한다."라는 아프리카 사유 방식도 그의 선교론에 적용한다. 또 그는 상황

---

28) *Ibid.*, p.147.

을 식별함으로써, 사회참여와 증거를 영성을 통해 매개함으로써 에큐메니칼 진영과 복음주의 진영 사이의 균열을 극복하려 했다. 그러나 그는 억압받는 자와 억압하는 자를 모두 동일한 지위에 있는 것처럼 생각하는 한계를 드러냈다. 양자의 차이를 인정하고 극복하는 것이 콘비엔츠(상호경축)의 전제가 되어야 한다.

다) 타자에 관한 성서적 관점

우스토르프는 "우리가 지금은 하나님의 자녀라. 장래에 어떻게 될 것은 아직 나타나지 아니하였으나"(요한1서 3, 2)를 "우리가 무엇이 될지 분명한 것은 우리가 타자 없이는 존재할 수 없다는 것이다."[29]라고 해석했다. 여기서 그는 타자를 타종교, 다른 민족, 민중으로 제안했다. 또 그는 다원주의를 자본주의적 세계 헤게모니의 프로젝트로 비판했다. 이러한 타자들과의 만남을 통해 선교신학은 자신을 기독교 변형의 매개자가 되게 한다. 이런 관점에서 볼 때 타자는 마굴(Margull)이 지적한 것처럼[30] 선교의 대상으로 환원될 수 없다.

홀렌비거는 "우리가 이제는 거울로 보는 것같이 희미하나 그 때에는 얼굴과 얼굴을 대하여 볼 것이요 이제는 내가 부분적으로 아나 그 때에는 주께서 나를 아신 것 같이 내가 온전히 알리라."(고린도전서 13, 12)는 말씀을 다음과 같이 해석했다. 궁극적 지식은 불가변적인 것은 아니다. 얼굴과 얼굴을 맞대고 아는 것은 미래의 일이다. 현재 우리는 하나님을 희미하게 알 뿐이다. "이것은 바울의 십자가 신학을 인식의 영역에 적용시킨 것이다."[31]

---

29) W. Ustorf, op. cit., p.133.
30) *Ibid.*, p.131.
31) W. Hollenweger, op. cit., p.94.

그리스도인의 복음 이해는 이미 완결된 기성품 같은 것이 아니라 항상 새롭게 만들어지는 것이다. 그의 결론은 선교는 "하나님에 대한 인간 자신의 이해에 대해서는 신뢰하지 않으면서도 하나님에 대한 믿음을 평생 지켜 가는 것이었다."[32]

4) 타자와 만남의 선교론

이제까지 우리는 타자와 만남의 선교론에 입각해서 세계선교 역사의 사례를 보았고, 선교, 영성, 정체성과 예수 그리스도의 십자가의 관련성, 그리고 타자와의 만남에 대한 철학자와 신학자들의 관점을 보았다. 그리고 성서에 나타난 타자에 대한 관점도 살펴보았다. 사도행전 10장에 나오는 베드로와 고넬료의 만남을 분석함으로써 타자와 만남의 선교론을 정리하고자 한다. 베드로는 율법의 테두리 안에서 예수 그리스도를 믿고 증거한 사도였다. 기도 중에 보았던 거룩하지 못한 짐승을 먹지 않는 것이 율법의 요구였지만 하나님께서는 그들을 먹을 것을 요구하셨다. 곧 고넬료로부터 온 사람들이 도착하여 그를 초대했지만 이방인(타문화권에 사는 사람들)과의 교제가 불법인 베드로는 갈 수 없을 것으로 생각했다. 그렇지만 하나님께서는 그로 하여금 고벨료의 집으로 가게 하셨다.

그는 고넬료로부터 상황을 듣고 예수 그리스도에 대해 증거했다. 그런데 설교 중간에 뜬금 없이 성령이 고넬료와 가족들에게 임했다. 베드로는 놀랐지만 '성령세례 받은 자들에게 어찌 물세례를 금하겠는가?' 하면서 그들에게 물세례를 베풀었다. 베드로는 율법이 금하는 이방인과의 교제를 하나님의 인도하심 속에서 넘어섰다. 그리고 물세례도 받지 않았던 그들에게 성령

---

32) *Ibid.*, p.96.

세례가 내림으로 무척 혼란스러웠지만, 선교사로서의 그는 선교사를 앞서 가시는 하나님의 구원 역사 앞에서 자신의 생각이나 뜻을 하나님의 뜻에 종속시켰다. 더구나 베드로는 선교사로 나서기 전에 어떤 메시지를 전해야 할지조차 분명하게 정리하지 못했다. 이와 같이 타자와 만남의 선교론에서는 선교사가 타문화권에서 자신의 연약함 속에서 선교지 주민/타자와의 만남과 하나님/절대타자의 예기치 못한 구속 활동을 접하는 가운데 자신의 하나님의 뜻에 대한 이해를 변화시킴으로써 고넬료/타자의 구원도 이루고, 자신의 하나님의 뜻에 대한 이해도 심화시키게 된다. 결과적으로 이 사건을 겪은 베드로는 이방인 선교에 분기점을 이루는 예루살렘 공의회(행15장)에 결정적 영향을 끼친다. 이로써 이방인 선교의 새 장이 열린다.

우리는 교회/선교사의 변화의 관점으로부터 타자와 만남의 선교론의 중요한 요소를 다음과 같이 제시할 수 있다: 1) 처음에는 변화의 주체가 선교사(베드로)였다. 선교지 주민(고넬료)은 그의 선교 대상이었다. 선교의 목표는 예수 그리스도를 증거하여 예수를 그리스도로 영접하게 하는 것이었다. 2) 선교사가 타자와의 만남, 하나님과의 만남 속에서 하나님의 "뜻밖의" 역사(성령세례)에 직면해서 선교사 자신을 변화시키지 않는 한(물세례 이후 성령세례) 선교는 발전할 수 없다. 바꿔 말하면 신교사가 타자를 선교의 대상이 아니라 선교의 파트너로 만나지 않는 한 상호변형은 일어날 수 없다. 3) 이런 과정 속에서 선교사의 옛 정체성(유대인 선교사)은 부인되고 새로운 정체성(이방인 선교사의 가능성)을 얻게 된다. 몰트만의 "정체성-참여 딜레마(긴장관계)"는 다음과 같이 보완되어야 한다. 선교사들은 하나님의 뜻과 인간 상황에 대한 자신들의 이해(옛 정체성)를 갖고 선교지에 파송된다. 그들이 타자와 하나님을 만남으로써 그들은 자신들의 이해를 바꾼다. 이렇게 해서 그들은 변화되고 새 정체성을 얻는다. 그러나 이런 과정은 끝나지 않는다. 왜냐하면 선교는 "하나님에 대한 자신의 이해(신학)에 신뢰를 두지 않으면서도 평생 하나님께 대한 신뢰(신앙)를 실천하는 것"(홀렌비거)이기 때문이다. 선교사의 정체성 위기는 그가 선교에 참여하는 한 결코 끝나지 않는다. 그러므로 "정체성-참여" 문제는 끝없이 계속되는 과정이다. 계속되는 과정으로서의 선교는 선교사(그리스도인)의 영성인 도상의 영성과 일치한다. 4) 선교사가 자신의 변화에 도전해야 하는 것처럼 선교론은 자기 비판으로서 또는 부메랑처럼[33] 신앙 공동체를 변화시키거나 (Kritzinger) 기독교를 변화시키거나 (Ustorf) 신학을 변화시키는데 도전해야 한다.

---

33) J. N. J. Klippies Kritzinger, "Studying Religious Communities As Agents of Change: An agenda for missiology" pp.391-2.

2장_ '북한'[1] 선교/평화통일운동 접근 방식에 대하여

들어가는 말

이 글은 남한 교회가 '북한'에 대해 선교하거나 평화통일운동을 할 때 어떤 접근방식을 취하는지에 대해 살펴보고자 한다. '북한' 선교 또는 교회의 평화 통일 운동에 대해 한국 교회가 어떻게 접근하는지 살피기 전에 먼저 한국 교회는 북조선 사회 체제와 주체사상, 김일성과 김정일, 북조선의 기독교에 대한 태노를 어떻게 이해하는지 알아보는 것이 필요하다. 다음으로는 북조선 교회를 어떻게 이해하는지, 특히 조선그리스도교연맹과 가정교회나 지하교회에 대해 어떤 태도를 갖는지 아는 것이 중요하다. 이런 것들을 바탕으로 '북한' 선교와 남한 교회의 평화 통일 운동에 대해 살펴보고, 양자의 관계는 어떤 것인지 알아보고자 한다. 그리고 남한 체제에 대한 기

---

1) 남한과 북한, 남조선과 북조선 등 남북 사이에 서로를 부르는 이름에 차이가 있다. 이 글에서는 '북한' 연구나 '북한학' 처럼 남한에서 주로 사용하는 사례를 제외하고는 가급적 북조선으로 사용하기로 한다. 그것은 '남' 이 자신을 남한이라고 부르는 것처럼 '북' 도 자신을 북조선이라고 부르기 때문에 이를 존중하기 위함이다.

독교인들의 비판도 소개한다. 끝으로 '북한' 선교와 평화통일운동에 대해 몇 가지 제언을 하려 한다.

이 글은 '북한' 선교와 평화통일운동과 관련해서 남한 교회 내 다양한 입장들을 개괄하고 이런 입장들을 정리하고 평가하는 과정에서 문제점을 지적하고, 앞으로 '북한' 선교나 평화통일운동이 취해야 할 바람직한 접근 태도와 연구 방향을 제시하고자 한다. 본 연구는 문헌 연구를 바탕으로 하되 자료의 방대함으로 인해 일부 자료를 임의적으로 선택했음을 밝힌다. 따라서 좀 더 포괄적이며 심층적인 연구가 후에 보완되어야 한다. 그러나 현재까지는 이런 연구가 되어 있지 않아 이번 연구가 나름대로 의의를 갖는다.

I. '북한' 선교와 평화통일운동 접근 방식에 대하여

1. 북조선에 대한 이해

1) 북조선 체제

북조선에 대해 남한 사람들이 갖는 자료나 정보가 절대 부족할 뿐 아니라, 직접적인 만남이 상당히 제한되어 있기 때문에 남한 사람들은 북조선에 대해 제대로 이해하기 어렵다. 따라서 북조선을 오해하거나 해석에 오류의 소지가 크다. 남한 지식인들도 이렇게 제한된 자료나 정보 등에 의해 북조선에 대해 잘못된 선입견을 갖는 경우가 많다.[2]

박완신은 북한 관료 및 주민들의 행태를 권위주의, 동조과잉성, 경직성,

무사안일성, 분파성 팽배 등으로 본다.[3] 북조선 사회를 "김일성 주체사상의 종교로 온통 물들어" 있는 사회로 보는 입장이 있다.[4] 소위 '탈북자'이면서 기독교 신앙을 받아들인 김명세는 "철저하게 의식화된 북한 사람들이 쉽게 생각을 바꿀 것(복음을 받아들일 것)이라고 생각하는 것은 잘못이라고" 하면서, 주체사상에 대해 북조선 사람들이 "다소의 불만들은 가질 수 있으나 주체 이데올로기에 대한 근본적인 의심이나 거부는 기대할 수 없다."[5]고 했다. 주체사상에 대해 어떻게 평가하든지 북조선과 대화하거나 만나려는 사람들에게 그 체제와 사상은 움직일 수 없는 현실이다. 따라서 남북 대화든, '북한' 선교든 쌍방간에 인정과 존중을 해야 가능하다. 여기서 인정과 존중은 "북에 실질적으로 군림하는 주체체제가 있음을 말함이지 남에게 그 체제를 수용하자는 것이 아니다. 마찬가지로 북은 남에게 자유민주체제가 명실 공히 버티고 있음을 인정하고 존중하되 북에 이 체제를 수용해야 한다는 뜻이 아님과 같다."[6] 북조선 사회를 "주체사상의 문화로 정착된 사회"로 보는 입장이 있다.[7] 왜냐하면 주체사상은 '북한' 사회를 끌고 가는 원동력이자 '북한' 주민들의 삶을 지배하는 지주이기 때문이다.[8] 즉 주체사상을 이데올로기가 아니라 하나의 문화로 보는 입장이다.[9] 문화

---

2) 조동진, "남북공동성명 이후의 기독교 대북 활동의 방향과 민족 교회의 미래"(한국세계선교협의회 주최 2000년 세계선교대회 발제문, 2000. 8. 14-18). 5-7.

3) 박완신, "북한의 종교실상과 대북한 선교통일전략", 『국방』 213호(1991, 9월), 52-54.

4) 김명혁, 『통일과 선교』(서울: 성광문화사, 1993), 141.

5) 위의 책, 143에서 거듭 인용.

6) 박종화, "평화통일 운동의 전망과 한국교회의 과제" 한국기독교교회협의회 평화통일 정책협의회 주제강연 (2000. 6. 27), 2.

7) 정종훈, "한반도 이북선교의 현황과 문제점 그리고 과제", 한민족선교정책연구소, 『한민족 선교 통일』(서울: 한민족과 선교, 2001), 180.

8) 홍성현, "민족통일과 선교에의 성서적 접근"고성 김형태 목사 고희 기념 논문집, 『말씀따라 50년』(서울: 한국장로교출판사, 1999), 408ff. 정종훈, 위의 글, 거듭 인용.

9) 홍성현, "한국교회의 평화통일 운동" 제6차 조국의 평화통일과 선교에 관한 기독자회의(1998. 10. 8-10. 오오사까 교회), 6. 임희모, "한국교회의 중국조선족 선교와 북한 선교" 한민족선교정책연구소, 『한민족 선교 통일』, 131.

로서의 주체사상은 복음이 토착화되어야 할 필요가 있는 문화이지만, 동시에 복음이 토착화되면서 고향으로 여길 수 없는 이질적인 것들이 드러나는 문화다. 문화와 선교의 관계에서 복음은 반드시 어떤 문화에라도 토착화되어야 하지만(토착화 원리), 그 어떤 문화도 복음을 고향처럼 받아들일 수 있는 문화가 없다(순례자 원리).[10]

2) 주체사상

첫째 입장은 주체사상을 김일성 우상화를 위한 이론으로 보는 것이다.[11] 둘째 입장은 기독교와 주체사상 사이에 사상적으로 "타협의 여지가 없"으면서도, "기독교는 주체사상과 공생하려는 바람(희망)을 가질 것"[12]이라고 본다. 이런 입장은 사상적으로 기독교와 주체사상 사이에 접촉점이 없는 것으로 보지만, 현실적으로 공생의 가능성을 부인하지는 않는다. 위에서 언급한 것처럼 북조선의 주체사상을 이데올로기가 아니라 문화로 이해하는 것이 셋째 입장이다. 넷째 입장은 주체사상의 수령을 천주교의 교황과 유사한 존재로 여기며, 민족사상으로 발전시켜야 한다는 입장이다. 또 주체사상의 사회집단적 영생은 하나님 나라의 도래 없이는 성취될 수 없다는 것이다.[13] 주체사상이 주장하는 '인간개조'가 여러 문제에도 불구하고 하나님 나라 선포에 접근한다는 해석이다.

민중신학과 주체사상의 관계에 대해서도 여러 입장이 있다. 우선 양자의 공통점만 부각시키는 경우다. 공통점으로 부각되는 것은 민족주의, 작은

---

10) Andrew F. Walls, *The Missionary Movement in Christian History: Studies in the Transmission of Faith* (Maryknoll, New York: Orbis Books; Edinburgh: T&T Clark, 1996), 7-9.

11) 김기숙, "북한선교를 위한 전제와 기본 방향", 『신앙세계』 175호(1983, 1월), 40.

12) 맹용길, "북한 선교의 기본자세", 『통일로』 15(1989, 11월), 44.

13) 박순경, 『통일신학의 여정』(서울: 한울, 1992), 128-30, 135.

자에 대한 사랑, 혁명론적 인간 등이다.[14] 주체사상을 유물론과 비교하여 비판을 가하는 입장도 있다.[15] 한편 민중을 역사의 주체로 보고 문화 역동의 주역으로서의 당파성과 보편성을 갖는 존재로 보는 것은 공통적이지만, 인민주체론이 수령과 대중의 결합을 전제하는 것에는 문제가 있다고 보는 입장이다. 이 입장은 인민대중이 실제개념이 아니라 주체는 오히려 지배자 개인이 될 수밖에 없다고 비판하고, 수령, 당, 인민의 일치가 결국 인민을 노동의 주체로 전락시킨 것이라고 비판한다.[16]

3) 김일성 주석과 김정일 국방위원장

김일성 주석이 "무소부재한 신"으로 존재하고 있음을 사실로 보는 입장이 있다.[17] '북한'을 방문한 한 목사는 봉수교회 설교시간에 '김일성은 하나님이 내려주신 모세다' 라는 얘기를 들었다고 한다.[18] 이는 장충 성당의 차성근 부회장의 다음과 같은 말과 잘 부합된다. "김일성 수령님은 신이 아닙니다. 밖에서 보면 이 나라 사람들은 김일성 수령님을 신처럼 믿는구나 생각할 따름이지요."[19] 북조선 기독교인들은 김일성 주석을 위대한 지도자로 여긴다는 주장이다. 남한 교회의 주장은 아니지만 북조선 기독교인의 이런 입장에도 주의를 기울여야 히다. 김정일 국방위원장을 "주색잡기에 찌들고 영화에 미친 광기 어린 비정상적 성격이상자"로 몰아 붙이는 것에 대해 최고 권력자들의 여성 스캔들이 늘 있어왔고 남한 권력자들 역시 예

---

14) 홍동근, "민족의 화해와 평화통일", 통일신학동지회, 〈남북통일과 기독교〉(미간행 자료집, 1989), 50-58.

15) 홍성현, "주체사상과 기독교 사상", 통일신학동지회, 〈남북통일과 기독교〉, 236ff.

16) 이재정, "민중신학과 주체사상", 통일신학동지회, 〈남북통일과 기독교〉, 276-77.

17) 김명혁, 위의 책, 141.

18) 백중현, 「북한에도 교회가 있나요?」(서울: 국민일보, 1998), 243.

19) 위의 책, 242.

외가 아닌데 유독 김정일 국방위원장에 대해서만 돌을 던지는 것은 정직하지 않다고 비판하는 입장이 있다.[20] 김정일 국방위원장 개인을 비난하는 것에 대한 비판적 입장이다. 김정일 국방위원장이 김일성 주석의 종교관을 그대로 받들고 있으며, 기독교에 대해 무조건 적대적이지 않다는 입장도 있다.[21] 김일성 부자가 종교를 인민의 아편으로 보았지만 기독교적 가정 배경으로부터 영향을 받았다고 보는 관점도 있다. 즉 종교에는 나쁜 점만 있는 것이 아니라 좋은 점도 있다며 기독교를 재해석했다는 것이다. 기독교를 제국주의의 사탄으로 보고 기독교에 대한 배타적 태도를 가진 것은 한국 전쟁의 엄청난 피해 의식 속에서 나왔다는 것이다. 이런 가운데 군사 문화가 수령론으로 이어졌다는 것이다. 즉 김일성 숭배 의식의 배경에는 병영국가적 요소가 있었다는 입장이다.[22]

4) 북조선의 기독교에 대한 태도

종교 또는 기독교에 대한 정책이 한국전쟁 이전까지는 제한정책이었다가 한국전쟁 기간에는 탄압정책으로 변했다. 한국전쟁 이후부터 1972년까지 종교말살정책으로 일관하다가 7.4 남북공동성명 이후 유화정책으로 변했다. 이러한 종교/기독교에 대한 정책 변화를 인정하면서도 유화정책을 단순히 위장평화전술의 일환으로 보는 입장이 있다.[23] 대내적으로는 철저한 반기독교적, 무신론적 정책을 추진하면서 대외적으로는 종교 또는 신앙의 자유가 실재한다는 선전 양상을 보여주는 '북한'의 이중구조적 정책을 통일

---

20) 조동진, 위의 글, 4.

21) 백중현, 위의 책, 262.

22) 김병로, 『북한사회의 종교성: 주체사상과 기독교의 종교양식 비교』(서울: 통일연구원, 2000), VI장을 참조하시오.

23) 김명혁, 위의 책, 148-49.

전선전략으로 이해하는 입장도 있다.[24] 고기준 목사는 헌법 54조의 "신앙의 자유와 반종교 선전의 자유"에 대해 "반종교 선전의 자유는 정부가 종교를 반대하는 정책을 편다는 의미가 아니고 공민이 누가 종교를 믿으라 해도 반대할 수 있는 자유가 있다."고 해석했다.[25] 그러나 백과사전에서는 '반종교 선전의 자유'에 대해 "종교의 반동적 본질을 철저히 폭로함으로써 종교를 다른 나라에 대한 사상 문화적 침투의 중요한 수단으로 삼고 있는 제국주의자들의 책동을 짓부시는데 중요한 의미가 있다."고 했다.[26]

북조선의 기독교 정책을 한국전쟁과 주체사상의 수립과 관련지어 해석하는 입장이 있다. 북조선의 기독교에 대한 태도 변화는 한국전쟁에 의해 결정적 영향을 받았다. 북조선은 한국전쟁을 통해 기독교를 본격적으로 반대하고 탄압할 수 있는 분위기와 근거를 제공받았다. 그러다가 주체사상이 체계화된 1970년대 이후 반종교 논리가 크게 수정되었다. 재생기로 불리는 80년대에는 종교에 대한 관용의 조짐이 보이는데, 이는 종교 기능에 대한 새로운 인식의 결과였다. 주체사상 확립 이후 북조선은 기독교를 아편이 아니라 사회변혁과 진보를 위한 동력으로 이해하고 있다.[27]

북조선에는 '신앙의 자유는 있지만 전교(전도/선교)의 자유는 없다'는 말처럼 "적당히 신앙의 자유를 인정하고 대신 진교의 자유를 인정하지 않으면서 제재를 가하고 있"는데 "이 둘의 유기적 결합이 북한 종교정책의 근간을 이루고 있다"는 입장이다.[28] 이것은 북조선의 기독교에 대한 정책에도 그대

---

24) 고태우, "북한 선교의 문제들", 「목회」 168(1990, 8월), 88.

25) 박완신, "북한의 종교실상과 대북한 선교통일전략", 「국방」 213(1991, 9월), 51에서 거듭 인용.

26) 백중현, 위의 책, 134-35.

27) 김흥수, "조선기독교연맹과 국가: 북한에서의 정교관계 연구", 한국기독교역사연구소, 「한국기독교와 역사」 제 7호(1997), 241.

28) 백중현, 위의 책, 144-45.

로 적용된다. 주체사상은 종교에 긍정적인 면이 있음을 인정하지만 종교의 한계를 지적한다는 입장이다. 기독교와 관련해서 주체사상에서는 기독교를 원시 기독교, 국교화된 기독교와 자본가 계급에 복무한 기독교, 그리고 현대 기독교로 구분하는데, 둘째 단계를 제외하면 긍정적으로 평가한다는 것이다. 그러나 주체사상에서 기독교를 긍정하는 것은 억압과 착취로부터의 해방을 지향하기 때문이며 이런 한도 내에서만 기독교와 주체사상의 연대가 가능하다. 종교, 기독교의 한계는 인간 해방을 "허황된 신에 의존하는 한계가 있"는 반면에 주체사상은 인간의 배타적 노력을 강조한다.[29]

그런데 백중현은 북조선의 종교(기독교) 정책이 이중적일 수밖에 없다고 본다. 왜냐하면 북조선이 종교의 '사회적 역할'과 '종교의 본질' 두 부분을 모두 신중하게 고려하기 때문이다. 한편으로는 종교가 본질상 유신론인데 반해 사회주의나 주체사상은 유물론이기 때문에 "그 속성상 사회주의와 종교의 연대가 가능하지 않기 때문이다." 다른 한편으로는 종교의 사회적 기능에 대해 "70·80년대 남한 종교인들의 민주화투쟁, 89년 문익환 목사 등 일부 종교인들의 통일운동, 세계교회협과 바티칸의 진보주의 입장표명에 힘입은 결과" 종교에 대해, 기독교에 대해 긍정적 태도를 취하고 일정부분 연대가 이뤄지고 있기 때문이다.[30]

5) 정리 및 평가

'북한' 관련 자료와 정보의 부족으로 '북한'에 대한 오해나 '북한' 관련 사건이나 문제에 대한 잘못된 해석을 내리는 경우도 있었고, 이제까지 가졌던 선입견이나 고정관념으로부터 자유롭지 못한 적도 많았다. 1990년대

---

29) 위의 책, 232-36.
30) 위의 책, 264-66.

중반 이후에는 성급한 '북한 붕괴론'을 전망하거나 '흡수통일'을 전제하고 논의를 전개하기도 했다. 그러나 1997년 말 경제위기가 남한을 강타했다. 그런데 백중현이 『북한에도 교회가 있나요?』를 저술하면서 세운 기준들은 향후 '북한' 연구를 위해 좋은 모범이 될 수 있다.[31] 그는 사실적인 요소를 모으는데 가장 큰 비중을 두고, 북한방문기를 주된 자료로 사용하되 3회 이상 방북한 자들과의 인터뷰를 통해 보강 취재를 한 후에 북한관련 서적이나 정부간행물들을 참고했다. 그리고 정보 형태에 대해 세 가지로 분류했다.[32] 이런 기준을 앞으로의 '북한' 연구에 그대로 적용해야 한다는 것은 아니지만 이와 같은 과학적이고도 비판적인 연구 태도가 앞으로의 '북한' 연구에 필요하다.

둘째 북조선에 주체체제가 있음을 인정해야 한다. 이것은 남한에 자본주의체제가, 자유민주주의체제가 있음과 같다. 서로를 인정하지 않으면 전쟁 외에는 대화나 교류나 그 어떤 것도 쌍방간에 가능하지 않다. 서로를 인정하고 대화한다는 것은 남한이 북조선을, 또는 북조선이 남한을 동화시키거나 흡수하는 것이 아니라 서로의 정체성을 인정하고 그 정체성이 서로 다르다는 것을 받아들이는 것이다. 바꿔 말하면 남한은 북조선을 남한의 잣대로 판단해서 안 되고, 북조선은 남한을 북조선의 기준으로 판단해서도 안 된다.

셋째 북조선의 주체사상을 문화로 받아들여야 한다. 주체 문화는 복음을 토착화하고 상황화시켜야 할 토대이면서 동시에 복음으로 변화시켜야 할

---

31) 위의 책, 19-21.

32) 우선 방북자의 시각에 좌우되지 않는 객관적인 정보들 가운데 3회 이상 반복된 내용은 사실로 간주하였다. 둘째 평가나 해석을 요하는 사안들은 간접체험자보다는 직접체험자의 주장에, 방북 횟수가 많은 인사의 증언에 무게를 두었다. 셋째 방북인사의 발언과 북한사람들의 발언에 대해서는 논리의 정합성, 일관성을 따져 판단했다.

변혁의 대상이다. 복음과 주체사상 사이에 일방적이 아닌 역동적 관계가 성립되어야 한다. 그리고 주체사상이 종교와 기독교에 대해 취하는 이중적 입장을 이해해야 한다. 주체사상은 기독교에 대해 종교 본질상으로는 유물론과 유신론으로서 전혀 상반된 입장이지만, 사회기능적으로는 긍정적으로 평가하는 이중적 입장을 취한다. 특히 남한 기독교의 1970·80년대 민주화 운동과 문익환 목사 등 기독교인들의 통일운동에 영향을 받아 주체사상은 기독교의 사회적 기능을 통해 연대를 모색하게 된다. 그러나 주체사상과 기독교의 관계가 기독교의 사회적 기능에 따라 좌우되기 때문에 남한 교회가 북조선 체제에 대해 부정적이었던 한국전쟁 이후 60년대 말까지는 종교, 특히 기독교에 대해 부정적 입장을 취했다는 것을 기억해야 한다.

마지막으로 김일성 주석과 김정일 국방위원장과 기독교에 대한 관계는 종교인, 기독교인은 아니지만, 기독교 가정으로부터의 직접·간접 영향을 받은 것으로 보인다. 그러나 남한 교회와 북조선 교회와의 관계는 최고 지도자의 영향력이 막강하긴 하지만, 그의 태도보다는 주체사상과의 관계에서 규명하고 이해하는 것이 바람직하다.

2. 북조선 교회에 대한 이해

1) 북조선 교회

'북한'에 있는 신자나 교회 지도자들을 의심하지 않을 수 없다는 입장이 있다.[33] 보다 강한 입장도 있다. "북한에서 온 소위 '종교인'들은 '북한교회가 선전용 교회요 목사들은 가짜라고 남조선에서 비난하는데 그런 비난

---

33) 전호진, "북한선교의 문제점" 『신앙세계』 175(1983년 1월), 36.

안 했으면 좋겠다.'(고기준 목사)고 만날 때마다 강조했다. 그것은 스스로 위장종교임을 입증하는 것이라 할 수 있다."[34] 이와 유사한 입장은 '북한' 교회를 "사회주의 속의 교회"인 동독교회와는 다른 낮은 수준의 교회로서 자기 독자성이 없는 "공산당 앞잡이"로 보는 것이다.[35] '북한' 교회를 통일 전선이나 개방화의 측면에서 부정적으로 바라보는 시각이 있다. "북한의 기본적인 종교정책의 하나는 이른바 혁명의 '보조 역량'으로 판단"[36] 한 다. 80년대 이후 개방화 바람 때문에 "외부인의 북한 방문은 교회의 개방 화를 다그쳐 선전용 교회를 급조했다는 것이다. '폐쇄사회의 오명을 씻기 위해 전시용으로 급조된' '교회도 성당도 필수적 관광 코스'라는 말들이 그런 인식을 대변"하고 있다. 그리고 '북한' 교회를 '관제교회'로 보면서도 이런 교회라도 많으면 많을수록 좋다는 입장이 있다. 즉 8.15 광복 이후 세 워진 교회는 모두 '관제교회'로서 '정상적'인 교회가 아니지만 '북한'에 '관제교회'라도 많이 세우는 것이 바람직하다는 입장이다.[37] 이런 입장을 지닌 한국기독교총연합회(이하 한기총)는 북한과의 교류에 있어서 정치와 종교의 분리를 강조한다. "한국기독교는 순수한 종교활동으로 나아가야 하 고 정치는 철저히 배제해야 한다."[38]는 것이다.

이런 입장들에 대해 홍근수는 '북한'에 교회가 있다는 사실에 감격하지 는 못할망정 부정적인 진술만 하는 것이 요나의 태도와 같다고 비판하고, "남한의 기독교인들이 갖고 있는 가짜 또는 진짜 기독교라는 판단 기준이 곧 하느님의 것과 일치하는 것이라는 보장도 없다."고 비판했다. 그는 오히

---

34) 박완신, 위의 글, 51.
35) 강인덕, 위의 글, 49.
36) 고태우, 『북한의 종교정책』, 백중현, 위의 책, 172에서 거듭 인용.
37) 한국기독교총연합회 북한교회재건위원회 편찬, 『한국교회 북한교회재건백서』(서울: 진리와 자유, 1997), 86.
38) 위의 책, 103.

려 '북한'에 "익명의 그리스도"가 계시다고 했다. 하나님께서는 이름 없이 하나님 나라를 운동하신다고 했다.[39] 1988년 북조선을 방문했던 캐나다 교회 대표들은 "진실하고 생동하는 그리스도교 공동체"가 존재한다고 증언했다. 그러나 그들은 주체사상에 대해 일부 회의적인 태도도 보였다.[40] 미국 연합장로교 역시 '북한' 교회(봉수교회와 칠골 교회)를 교회의 표지인 말씀을 선포하고 성례전을 거행하고 있기 때문에 교회로 인정하고 협력하고 있다.[41] 김흥수는 '북한' 교회를 "지극히 미약한 형태의 국가교회"로 본다. 이때 국가교회는 "다양한 종교상황에서 국가에 종속되어서 국가의 지원과 함께 강력한 통제를 받는 교회"를 의미하는 것이지, "한 나라의 단일한 종교로서 법에 의해서 국교화된 국가종교"를 뜻하지는 않는다.[42] 변진홍은 "종교가 정부의 정치적 권위를 인정하며 정부의 지도를 받아들이고 아울러 정부의 정책을 관철"하는 '국가지배형 종교'로서의 꼴도 갖추지 못 하고, "단지 외부 세계로의 종교교류를 가능하게 하기 위한 통로의 구실밖에 못한다."고 했다. 그렇지만 이런 현실은 이미 상당한 변화를 거쳐온 것이고, 앞으로 많은 변화를 가져올 것으로 예측하고 있다.[43]

'북한' 교회를 부정적으로 보는 근거의 하나는 설교가 지나치게 정치적이라는 것이다. 그러나 "평상시 설교는 정치적인 내용보다는 일상적 내용이 주류를" 이루며, 그 내용은 "전통적인 윤리의식을 강조하"거나 "보수적인 내용이 주류를 이룬다."[44]

---

39) 홍근수, "남 북한 교회의 선교적 공동 과제" 「기독교사상」363(1989, 3월), 84-85.
40) 캐나다교회협의회, "'조선민주주의 인민공화국' 방문보고" 한국기독교장로회 총회교육원, 「분단의 실상과 교회의 통일운동」(서울: 한신대학출판부, 1991), 55, 72-73.
41) 백중현, 위의 책, 173.
42) 김흥수, 위의 글, 245, 228.
43) 변진홍, 「한국 천주교의 북한선교정책 연구」, 한민족선교정책연구소, 「한국교회 북한선교정책」, 79-81.
44) 백중현, 위의 책, 164-67.

2) 조선그리스도교연맹

연맹을 "선전용 어용 집단"[45]이나 당의 외곽단체로서 외화벌이를 목적으로 하며 통일전선전 공작을 하는 위장된 전위조직으로 보는 입장이 있다.[46] 연맹을 '북한' 정권 산하의 한 기관으로 보되 기독교 교류를 위해서는 연맹을 통한 접촉의 필요성을 인정하는 입장이 있다.[47] '북한' 헌법이 "기독교를 옹호하는 식으로" 바뀌는데 "연맹의 활동이 주효했다."[48]고 보면서 "연맹을 북한정부의 어용단체로 보는 세간의 지적은 그리 틀린 것만은 아닌 듯"하나 "최근 들어 대정부 관계에서 연맹의 독자성이 점차 강화되고 있다"는 것에 주목하는 관점도 있다. 1991년 북미기독자회의에서는 연맹의 요구에 따라 북한측 참석자 명단이 갑자기 바뀌었다. 또 1997년 한국기독교교회협의회 김동완 총무 방북은 초청부터 일정관리에 이르기까지 계획을 연맹이 독자적으로 주관했다.[49]

남북정상 회담 이후에는 평화공존의 새로운 패러다임 하에서 연맹을 "주체체제 속의 교회"로 인정하고 다른 대안이 없는 한 남한 교회의 교류와 협력의 파트너로 보는 입장이 있다.[50] 50년대 중반 이후 70년대 초반까지의 침묵의 역사 이후 과도적인 시기에 한 쪽으로는 친사회주의 신앙유형과 비정치적 신앙생활 방식이 등장했다. 전자가 연맹이고 후자를 가정교회로 보는 입장이다.[51] 김동선은 기관이나 교단의 조선그리스도교연맹에 대한 입장을 다음과 같이 세 가지로 분류했다. 첫째 한국기독교교회협의회와 한국

---

45) 김명혁, 위의 글, 146ff.

46) 강인덕, 위의 글, 50.

47) 한기총 북한교회재건위원회 편찬, 『한국교회 북한교회 재건백서』, 86.

48) 백중현, 위의 책, 70.

49) 위의 책, 211.

50) 박종화, 「남북정상회담 후의 북한선교의 전망과 과제」, 한민족선교정책연구소 발제문(2000.7.13). 1.

51) 김흥수, 위의 글, 240.

기독교장로회는 조선기독교연맹을 인정하고 이들만을 대화의 상대로 삼는다. 둘째 대한예수교장로회(합동), 기독교대한성결교, 한국기독교총연합회는 조선그리스도교연맹을 인정하지 않는다. 셋째 대한예수교장로회(통합)와 기독교대한감리회는 조선그리스도교연맹을 공식적인 대화의 상대로 인정하지만 보다 다양한 접근을 하려고 한다. 대안으로는 조선그리스도교연맹의 위상을 높이는 방향으로 가야 하지만, 연맹과의 관계보다 큰 차원의 통일 환경에도 대비할 것을 제안했다.[52]

3) 가정 교회/지하 교회

'북한'에는 지하교회만이 공산당 정권과 타협하지 않는 바른 교회라는 입장이다.[53] '북한' 교회의 재건을 강조하면서도 그 주체는 남한 교회가 아니라 '북한' 교회여야 하는데 '북한'의 교회는 "음성(지하) 교인들"로 재건을 위해서는 남한 교회와 해외 교회가 돕는 역할을 해야 한다는 입장이 있다. '북한'의 공식 교회를 상대하되 믿지 말고 "숨어 있는 교인들을" 찾아 나서야 하며, 공식적인 교회들이 지하 교회에게 빛을 전파하는 중재자로서의 역할을 해야 한다는 입장이 있다.[54] 위에서 소개한대로 김흥수는 주체사상이 확립되고 난 이후의 종교에 대한 관용의 시기에 연맹과는 달리 비정치적 신앙생활 방식으로 등장한 교회 형태를 가정교회로 보았다. '북한' 동포들의 신앙생활에서 중추적 기능을 담당하는 가정예배처소는 "종교탄압에서 살아남기 위해 '소규모화'와 '지하화'가 필수적이었던 역사적 결과물"이며, 지하교회의 존재 여부에 대해서는 양 진영의 주장의 근거를 제시

---

52) 김동선, "한국교회 개신교단 및 기관의 북한 선교 정책 비교", 한민족선교정책연구소, 『한국교회 북한선교 정책』(서울: 한민족과 선교, 2002), 15-58.
53) 전호진, 위의 글, 37.
54) 강인덕, 위의 글, 50.

하면서 지하교회가 공개되어야만 정확히 알 수 있으나 속성상 공개가 불가능해서 확증할 수 없다는 입장이며, 연맹과 맥을 달리하는 4천 여 명의 그리스도인들의 존재 가능성과 '익명의 기독교인'들의 존재 가능성을 제기하는 입장이 있다. '익명의 기독교인은 "직·간접적으로 기독교의 영향권 아래에 있는 기독교의 잠재군"을 말하는데 "시대상황이 변하거나, 자신이 기독교인이었다는 '자각'만 불어넣는다면 충분히 신앙생활을 다시 시작할 수 있는 가능성이 많은 사람들이다." 익명의 기독교인은 첫째 "과거에 신앙생활을 하다 여러 사정 때문에 기독교를 잊게 된 경우" 둘째 "신앙 2세대로, 부모로부터 신앙생활의 경험을 물려받은 경우" 셋째 "일을 매개로 자연히 신앙인이 된 경우" 등 세 가지 부류가 있다는 주장이다.[55]

4) 정리 및 평가

첫째로 북조선 교회에 대한 이해는 주체체제와 주체사상에 대한 이해와 평가와 밀접한 관련을 갖는다. 남한 교회와 남한 체제의 기준이나 시각에서 북조선의 교회를 평가하면 북조선 교회는 어용으로 밖에 평가될 수 없다. 남한 교회가 '진짜' 교회라면 북조선 교회는 '가짜'가 되는 셈이다. 그러나 북조선 체제와 사상을 북조선의 문화로 인정하고 부조선교회를 대화의 상대자로 인정하면 그들의 교회나 예배나 설교에 대해 부정적인 측면 못지 않게 긍정적인 측면을 인식하게 된다. 이렇게 볼 때 북조선의 교회는 "주체체제 속의 교회"이며, 국가에 종속되고 국가에 의해 강하게 통제 받는 국가교회이다. 조선그리스도교연맹도 국가의 강한 통제를 받아왔으나 최근에는 점차 독자성이 강화되는 것으로 보인다.

---

55) 백중현, 위의 책, 32. 184-90. 195. 197-203.

둘째로 남한 교회가 북조선 교회와 대화나 교류나 '북한' 선교를 할 때 주의할 것이 있다. 그것은 세계교회협의회가 타종교·타이데올로기와의 대화의 지침에서 밝힌 것이다. "대화는 '네 이웃에 대해 거짓증거 하지 말라'는 십계명에 대한 환영받는 방식의 복종으로서 인식될 수 있"으며, "타종교·타이데올로기를 지닌 우리의 이웃들에 대한 이미지를 우리가 손상시키지 않도록 우리를 돕는다."[56] 즉 남한 교회가 명심해야 할 것은 북조선 교회에 대해 자신의 일방적 기준에 따라 북조선 교회를 '가짜'니 '어용'이니 하는 것은 우리의 이웃에 대해 거짓 증거하는 것이 된다는 점이다. 또 다른 이데올로기를 가진 이웃들과의 교류나 대화에서 발생하는 여러 신학적 문제들에 접근하는 우리의 바람직한 태도 가운데 하나는 회개다. "왜냐하면 그리스도인들은 예수 그리스도 안에 있는 하나님의 계시를 얼마나 쉽게 오해하는지를, 자신들의 행동 가운데 얼마나 쉽게 계시를 배반하는지를, 실제로 그런 것처럼 하나님의 은혜를 받기에 합당하지 않은 자들로서보다는 자신들을 얼마나 쉽게 하나님의 진리를 소유한 자인 것처럼 여기는지를 자신들이 알기 때문이다."[57] 남북 사이에 대화를 통해 남한이 북조선을 일방적으로 규정하고 판단하고 비난하기보다는 먼저 남한의 그리스도인들이 회개의 심정으로 자신을 돌아보고 하나님의 은혜를 받기에 합당하지 않은 자로 여기며 북조선 교회에 하나님의 은혜가 임하기를 기도하는 심정으로 대화하도록 해야 할 것이다.

셋째로 북조선의 기독교에 대한 태도는 사회적 상황에 따라, 기독교의 사회적 기능에 따라 달리 평가되며, 이 평가에 의거해서 국가교회로서의 북조

---

56) World Council of Churches, "Guidelines on Dialogue" in Gerald H. Anderson & Thomas F. Stransky, C.S.P.(eds.), *Faith Meets Faith* (New York/Ramsey/Toronto: Paulist Press; Grand Rapids: WM. B. Eerdmans Publishing Co., 1981), 142.

57) 위의 글, 144.

선 교회의 활동 범위와 영향력이 상당 부분 결정된다고 보인다. 즉 한국전쟁 직후 기독교의 부정적 인식 때문에 북조선 교회는 위축이 아니라 거의 존재 이유를 상실한 듯이 보였고, 엄청난 핍박과 고난 가운데 지냈다. 1972년 7.4 공동성명 이후, 주체사상 체제가 수립된 후, 남한에서의 종교인들의 민주화운동과 평화통일운동에 적극 참여함을 계기로 북조선은 기독교의 사회적 역할을 긍정적으로 평가하면서 북조선 교회의 입지가 세워지기 시작했다. 이 때 친사회주의의 신앙 유형으로는 조선기독교도연맹이, 비정치적 신앙생활 유형으로는 가정교회가 대두된 것으로 보인다. 연맹과 가정교회의 차이는 남한에서 총회와 개교회와의 차이로 비유할 수 있다. 총회가 세계교회와의 관계나 그 흐름이나 신학적 사조에 가장 빨리 접하고 민감하게 반응하는데 반해, 개교회는 자체 교회의 여건이나 관심사에 우선적이다. 북조선에서는 국가의 통제를 강하게 받는 연맹은 그만큼 더 정치적일 수밖에 없지만, 가정교회는 상대적으로 덜 정치적일 수 있다고 보인다. 여기서 우리는 북조선 교회의 입지를 넓히는 것은 남한 교회의 역할, 특히 평화통일에 얼마나 기여하는가 하는 사회적 기능에 따라 좌우된다고 할 수 있다.

넷째로 지하교회 여부는 우리가 확인하기가 어렵지만, '익명의 기독교인'의 존재에 대해서는 상당한 가능성을 고려할 수 있다고 본다. 즉 조선기독교도연맹에 소속되어 있으나 맥을 달리하는 4천 여 명과 기독교인이 될 수 있는 잠재적인 사람들에 대해서는 앞으로 심도 있는 연구가 필요할 것이다.

마지막으로 '북한' 체제에 대해 부정적으로 보고 '북한' 교회를 부정적으로 여기는 남한 기독교인들도 95년 조선기독교도연맹(99년 이후 조선그리스도교연맹)을 대화의 상대방으로 인정하고 활동한 것을 본다. 즉 '북한' 선교 초기에는 연맹에 대해 대화의 상대자로 여기지 않다가 현실적인 이유든 선교 전술상의 변화든 북의 현실을 어느 정도 수용하게 되었다는 점이다. 이처럼 선교 과정에서 선교하는 사람들의 변화는 예외적인 것이 아니라 필요하고도 중요한 일이다. 특히 이런 과정 속에서 '보수'와 '진보' 진영의 기독교인들이 조금씩 수렴되는 경향을 보게 된다. 남한교회일치운동이 '북한' 선교와 평화통일운동에 참여하는 남한교회들로 인해 진전이 이뤄지거나 새로운 도전을 받아야 할 것이다.

3. '북한' 선교/남한 교회의 평화 통일 운동

1) '북한' 선교

① '북한' 선교의 정의

'북한' 선교를 민족 복음화로 보는 관점이 있다.[58] 이런 입장은 '북한' 교회 재건과 밀접한 관계를 갖고 있다. 그런데 '북한' 교회 재건에 대해 상당히 부정적 입장을 갖는 사람들이 있다. 그런가 하면 교회건축이 선교의 핵심이 아니라면서 "선교는 북한교회의 고난, 지나간 55년 간 그들이 겪었던 어려움의 증언을 배우고 경청하는 일"과 "이를 출판하는 일"이라면서 기존 '북한' 선교 개념을 재정립해야 한다는 주장도 있다.[59] '북한' 선교(전도)의 핵심이 교회재건운동이라면 그것은 한 마디로 "통일운동의 스캔들"이요 "또 다른 분단의 시작"이라고 비판하는 입장도 있다.[60] 하나님의 선교 입장에서 선교를 "정의와 자유, 민주화와 자주, 평화와 생명 옹호, 인도주의와 사랑, 화해와 통일 등의 기독교적 가치와 덕목을 사회-정치 질서와

---

58) 이광순, "북한 선교: 쟁점과 과제", 장로회신학대학교, 『교회와 신학』28호(1996, 4월), 113.

59) 박경서, "남북 정상회담 후의 남북교회의 변화된 선교환경- 정치, 경제, 사회, 종교 측면에서-", 한민족선교정책연구소 발제문(2000.7.13)

60) 정태준, "한국교회 평화통일운동과 북한선교", 『기독교사상』500(2000, 8월), 156.

경제 체제 내에 구현하는 광범위한 활동"이라고 하면, "민족통일이 교회의 선교적 과제"가 되며, '북한'을 복음화 하겠다는 전도 지향적인 접근 방식은 전도와 선교를 혼동한 것으로 민족화해와 통일에 도움이 되지 않는다는 주장도 있다.[61] "'북한선교'라는 표현이나 여기에 내포된 전제와 목적의도를 비판"하는 입장도 있다. 왜냐하면 이 "표현에는 과거의 반공 기독교가 무비판적으로 전제되어 있고 기독교를 북조선에 그대로 이식시키려는 의도가 내포되어 있다."고 보기 때문이다.[62] 감리교회는 '북한선교' 대신에 '한민족통일선교회'라고 부르고, 천주교 통일사목연구소는 '민족통일복음화위원회'를 제안하기도 했다.

박순경은 '북한선교'에 전제된 반공기독교는 "자본주의 서양의 세계지배와 팽창세력과 유착한 서양 기독교 선교의 유산"으로 보면서 "민족의 분단의 종교적 이데올로기"로 비판하고, 이런 점들을 충분히 비판하지 않고 "북조선에 이식시키려는 선교는 북조선을 서양과 남한의 자본주의 세계에로 흡수해버리는 결과를 가져올 수밖에 없을 것"으로 비판했다. 그러면서도 그는 '북한선교'를 사용하는 사람들 가운데 일부는 반공기독교를 넘어서서 민족화해를 의도하고 있음도 인정했다. 그러나 '북한선교'라는 용어를 사용하는 사람들이 모두 반공기독교를 전제하지 않는 이상 '북한선교'라는 용어를 사용할 수 있다고 본다. 조선그리스도교연맹의 고기준 목사도 "'옛날 선교는 나쁜 것이었다.'고 하면서 '선교는 여러 가지로 해석되기 때문에 순수하게 사랑을 전해주고 서로 교제하고 친교하는 것은 얼마나 좋은 선교냐'고 반문했다."[63] 선교라는 용어가 제국주의 또는 식민주의와 관련해서

---

61) 홍근수, 위의 글, 92–94.

62) 박순경, 『통일신학의 여정』, (서울: 한울, 1992), 117.

63) 박완신, "북한의 종교실상과 대북한 선교통일전략", 『국방』 213(1991, 9월), 54에서 거듭 인용.

사용되었다고 해서 폐기되어야 한다는 논리는 기독교나 교회가 그런 세력들과 긴밀한 관계를 맺었다고 해서 교회나 기독교를 폐기하자는 것과 같은 논리다. 선교 역사를 보면 선교가 지배자의 현상 유지에 이용당할 때도 있지만 해방과 자유를 위한 하나님의 도구로 쓰이기도 한다. 따라서 선교를 올바른 입장에서 이해하고 실천하는 것이 중요하다. 이를 위해서 필요한 것이 선교 개념의 확대다. "사회주의를 포용할 뿐만 아니라 그 이데올로기가 지닌 종교적 부정성을 극복할 수 있는 선교를 개념화해야 할 것이다."[64]

② '북한' 선교의 전제

우선 하나님의 선교에서 '북한'의 선교를 논해야 한다. 선교의 주체를 하나님으로 보고 목표를 하나님의 주권의 실현으로 보는 하나님의 선교는 두 가지 장점을 갖는다. 우선 "하나님의 선교는 한국교회로 하여금 사회주의에 대하여 보다 적극적인 이해를 하게 한다." 그리고 하나님의 선교는 선교에 대해 통전적 이해를 갖게 함으로써 복음화와 사회봉사적 선교를 모두 포괄할 수 있어야 한다.[65] 해방 이후 북조선에서 하나님께서 어떤 구원 활동을 펼치셨는지 우리는 알지 못한다. 그러나 남한 자본주의 문화 속에 사는 우리가 북조선에서 하나님의 구원 활동이 전혀 없었던 것처럼 선교 활동을 해서는 안 된다는 것도 분명하다. 대부분의 목회자와 많은 교인들이 '북한'을 떠나 월남했을 때에도 성령께서는 북조선에 계셔서 구원 활동을 하셨다. 그 활동에 대해 겸손과 배움의 자세로 북조선 교인들과 사람들을 만나야 하는 것이 하나님의 선교에서 요구하는 남한 선교사의 자세다. 둘째로 위에서 제시한 것처럼 주체사상을 문화로 보는 것이다. 주체사상을

---

64) 임희모, 위의 글, 165.
65) 위의 글, 130.

부인하면 남북 사이에 접촉점을 상실하게 된다. 따라서 주체사상을 문화로서 이해할 때 남북간 교류와 대화가 가능하다.

셋째로 '북한' 선교는 복음과 문화의 상호관계 속에서 이루어진다는 것이다.[66] 박완신은 문화선교를 강조하면서도 복음을 불변 요소로, 문화를 가변적인 것으로 여김으로써 복음과 문화의 관계를 일방적인 것으로 보았다.[67] 복음과 문화 사이의 바람직한 관계에 대해 필리핀의 평신도 신학자인 드 메사는 다음과 같이 제시했다. 그는 문화화를 "특정 문화 상황 안에서 복음을 의미 있게 만들고 문화에 도전하도록 만드는 과정과 관심"[68]이라고 했다. 그는 문화와 기독교 상호간에 서로를 존중하는 가운데 새로운 의미를 찾게 했고, 동시에 서로를 비판하도록 했다. 구체적으로 그는 필리핀 문화 차원에서 복음을 재해석했고, 필리핀 문화에서 복음의 그레코 로만적 표현을 비판했다. 또 그는 복음의 차원에서 필리핀 문화를 재해석했고, 복음의 차원에서 문화에 대한 이데올로기적 비판을 함으로써 문화의 부정적 측면을 드러낼 뿐 아니라 그것을 교정시킨다.[69]

③ '북한' 선교의 주체

선교의 주체에 대해서는 거의 모두 남한 교회를 보조적인 지위에 놓고 '북한' 교회를 주체로 보거나 하나님의 선교 입장에서는 하나님을 주체로 본다. 그리고 전자의 경우 '북한' 교회의 주체가 누구인가에 대해서는 위에서 제시된 입장에 따라 서로 달랐다. 다만 한국기독교총연합회(이하 한기

---

66) 위의 글.

67) 박완신, 『통일의 그 날』, (서울: 엠마오, 1989), 141.

68) Jose M. de Mesa, "Doing Theology as Inculturation in the Asian Context" in James A. Scherer & Stephen B. Bevans eds. *New Directions in Mission & Evangelization 3* (Maryknoll, New York: Orbis Books, 1999) 117.

69) 위의 글, 128-31.

총) 북한재건위원회는 1997년에는 '북한'의 음성(지하) 교인들을 주체로 보았으나 2002년 현재에는 주체는 하나님이시고 '북한' 지하교인과 재건 담당교회가 동역자라고 한다.[70]

④ '북한' 선교의 목표

통일은 반공주의를 폐기한다는 것을 뜻하며, 민족을 복음화한다는 것은 민족을 사랑하고 민족내 사회경제적 불평등 구조를 극복하고 평등한 새 사회를 이룩하는 것으로 종말적인 하나님 나라의 도래를 지향하는 것이어야 한다.[71] 홍근수는 그리스도인의 선교적 과제로서 화해와 통일과 평화가 주어졌는데 한반도에서 교회는 통일을 위해 미군 철수, 핵무기 철거, 휴전협정을 평화협정으로, 남북간 군축을 통한 평화구조 정착시키는 일 등 범민족적 평화운동을 일으켜야 한다고 했다. 하나님의 선교 입장에서 선교 목표는 민족의 화해와 통일과 평화를 이룸으로써 새로운 사회(하나님의 나라)를 건설하는 것이다.[72] 선교의 목표는 남북통일이라기보다는 민족 복음화다.[73] 한기총은 남북협력위원회 산하에 북한교회재건운동본부, 북한동포돕기선교본부, 통일선교정책연구원, 통일선교대학, 귀순동포정착지원본부 등을 둠으로써 북한교회 재건 뿐 아니라 북한동포 돕기 활동, 통일선교정책 개발, 통일선교대학을 통한 선교 일군 양성, 귀순 동포 정착 지원 등 다양한 활동을 하고 있다. 그러나 '북한' 선교의 목표는 역시 북한교회재건이다.[74]

---

70) 한기총 북한교회재건위원회 편찬, 위의 책, 86. 박요섭, "한국기독교 북한교회재건 방안: 한국기독교총연합회 북한교회재건운동본부를 중심으로"

71) 박순경, 위의 책, 120-21.

72) 홍근수, 위의 글, 92-94.

73) 김명혁, 위의 책, 139.

74) 김상복, "통일을 전제로 한 북한선교와 교회재건", 한기총 북한교회재건위원회 편찬, 위의 책, 224.

⑤ '북한' 선교의 방법

㉮ '북한' 교회재건

한기총은 북한교회재건을 위해 세 가지 원칙을 정했다. "북한에 전도하고 교회를 세우는 일에 있어서 창구를 일원화"하고, "북한에 단일기독교단을 세"우며, "북한교회는 독립적이고 자립적인 교회로 세운다."는 것이다.[75] 북한교회재건을 위해 1995년 5월 북한교회재건운동본부를 조직한 후 북한교회 사료 연구 및 발굴(1995-1997)을 거쳐 1999년까지 분단 이전에 북한에 존재하는 것으로 발굴된 3040 교회 가운데 2907 교회를 한국과 해외의 한인교회들과 연계시키는 작업을 마쳤고, 추가 결연과 재건 자금 마련을 독려하고 있다. 2000년 이후 현재는 북한교회재건운동과 아울러 "남한 내 〈귀순동포 결연〉, 〈통일선교대학 참여〉, 해외 〈탈북동포선교〉, 중국 내 〈탈북동포지원〉, 북한 내 〈북한지하교회 지원〉, 통일 전과 통일 과정, 통일 이후 〈북한사회(농업) 재건 공헌〉 등" "종합적인 북한교회재건운동을 전방위로 펼치고" 있다. 이런 활동들은 1999년까지의 북한교회재건운동에 대한 자기반성에서 비롯되었다. 즉 대부분의 교회들이 북한교회재건을 재건을 위한 헌금과 "가시적 성전건축"으로 오해하고 있다는 것이다. 그래서 한기총은 북한교회재건운동이 "재건기금을 적립하는 운동으로 축소"되는 것을 방지하고, "통일 후 미래적인 북한교회재건운동을 '현재화'"하기 위해 〈탈북동포선교 및 북한지하교회 육성사업〉을 벌이고 있다. 북한교회재건은 "북한성도를 지원하며, 탈북동포를 지원하고, 북한선교사역자를 양성하며, 여건을 마련하는 일을 포함하는 일"로서 이는 "비가시적, 영적인 성전건축"이라고 했다. 이렇게 해서 북한교회재건은 미래성(통일 후 북한교

---

75) 한기총 북한교회재건위원회 편찬, 위의 책, 88-92.

회재건)과 함께 현재성(탈북동포 지원, 북한 지하교회 육성 사업)과 현장성
(중국에 있는 탈북동포들을 복음으로 훈련시켜 재입북하게 하여 북한주민
들에게 전도)을 확보하려고 노력하고 있다. 또 북한에 재건하려는 교회의
모델로는 예배당 차원을 넘어서 의료실, 재활시설, 숙식시설, 육아시설, 선
교원, 교육실, 컴퓨터실, 휴게실 등의 시설이 구비된 〈사회문화복지관〉식
건물로 2001년에 설계도, 모형도, 조감도 40점을 제시했다.[76]

㉱ 긴급구호와 사회선교/복지선교

2000년 3월 현재 남한의 기독교가 조선기독교연맹을 통해서 약 600만
달러 정도의 식량, 약품 등의 인도적 지원을 했다. 김영삼 정부는 약 2억 3
천 만 달러를, 김대중 정부와 합하면 정부는 약 3억 달러 상당의 물자를 지
원했다.[77] 비록 정부의 지원 양에 비하면 아주 적은 양이다. 그러나 남한교
회의 북조선 지원 방식은 "북조선 형제자매들의 자존심이 상하지 않는 방
법으로 모금과 지원을 하도록 하여 북조선 돕기가 결국 남북 사이에 이해
의 폭을 넓히고 궁극적으로 통일운동의 차원에까지 이르러야 된다는 입장"
과 "할 수 있는 모금 방법은 다 동원하고, 북조선이 적극적인 감사표시에
합당한 입장 표명을 하는 것을 전제로 한 지원을 하자는 입장"[78]으로 구별
된다. 김영주는 한국교회들이 서로 "자신들이 제일 실력 있는 단체라고 뻐
기면서 동냥하듯이 베풀어주는 원조식 지원"이나 "자본주의식 지원"이 아
니라 "그리스도의 사랑을 느낄 수 있는 지원 방식"을 찾아야 한다고 했다.
한기총에서는 모든 지원 물자에 개교회 이름이 아니라 "한국교회" 이름으로

---

76) 박요셉, 위의 글.
77) 노정선, "통일시대의 남북 나눔운동의 새 패러다임", 『기독교사상』500(2000, 8월), 128.
78) 김영주, "평화통일을 위한 한국교회의 역할", 『기독교사상』 510(2001, 6월), 92.

하자는 제안이 있었다.[79] 임흥기는 조선그리스도교연맹의 위상을 세우기 위해 남한 교회 뿐 아니라 세계교회가 지원하는 물자를 연맹의 이름으로 하는 것이 선교에 도움이 된다는 조선그리스도교연맹의 요청을 유념해야 한다고 했다.[80]

1994년부터 북한을 지원해 온 월드비전은 1996년부터 평안남도 평원을 비롯해 6개 지역에 국수공장을 운영해 어린이, 노약자 6만 명에게 매일 한 끼의 국수를 제공하고 있다. 1998년부터 새로운 농업기술을 이용한 채소생산온실을 설치하여 매일 약 1톤가량의 오이와 토마토 등 야채를 병원과 어린이집에 공급하고 있다. 수경재배를 통한 씨감자생산사업을 추진하여 2000년 11월에 약 150만 개의 수확을 올려 북한의 식량 문제 해결에 기여하고 있다.[81]

비정부기구(NGO)의 개념을 도입해 남한 기독교 비정부기구(NGO)의 대북 지원활동과 '북한'에서의 에큐메니칼 사회복지 선교를 구분할 수 있다. '북한' 에큐메니칼 사회복지의 주체는 조선그리스도교연맹이고, 가정교회가 사회복지 센타로 기능할 수 있으며, 기독교인들도 사회복지의 수혜자이면서 봉사자로 역할을 할 수 있다고 전망한다.[82] 그런데 김옥순은 "도움을 주는 자가 계산적으로 복음화를 전망"하거나 보상을 바라는 것은 바른 의미의 디아코니아가 아니기 때문에 "사회선교 개념 대신에 디아코니 개념을 수용해야만 할 것"이라고 했다.[83] 그러나 선교를 타자와의 만남의 선교나

---

79) 최성규, "한국교회의 북한동포돕기 방안을 제안한다" 한기총 북한교회재건위원회 편찬, 위의 책, 206.

80) 임흥기, "현 단계 평화통일운동과 교회의 과제", 『기독교사상』 510(2001, 6월), 62.

81) 박창빈, "월드비전의 북한지원 현황과 과제" 한민족선교정책연구소 제2차 북한선교정책공동세미나 발제문.

82) 임희모, "한국교회의 북한 사회복지 선교", 한민족선교정책연구소, 『한국교회 북한선교정책』, 96-115.

83) 김옥순, "남북한 교회를 위한 화해의 디아코니", 한민족선교정책연구소, 『한국교회 북한선교정책』, 128-29.

콘비벤츠로 보면 디아코니아와 선교가 대립되지 않고 함께 할 수 있다.[84]

긴급구호와 사회봉사/복지선교 관계에 대해 "자선적인 긴급구호와 함께 중장기적인 자립을 지원하는(예: 영농지원, 비닐 하우스, 국수공장 등) 방식이 상호균형을 이루"는 것을 바람직한 방향으로 보는 입장이 있다.[85]

　　㉓ '탈북자', 조선족을 통한 선교

'탈북자'는 "식량 난민"이라 규정함이 옳으며, "북한선교의 직접적인 대상인 동시에 북한교회 재건과 북한선교의 실질적 자원들"로 보는 입장이 있다.[86] 한기총은 위에서 지적한 것처럼 남한에 온 '탈북자'들을 결연 사업으로 돕고, 중국에 있는 '탈북자'들을 전도하고 훈련시켜 북한으로 재입국시켜 북한선교를 하려 한다. 이광순은 '탈북자'를 "단순히 구호의 대상이나 교회가 짊어져야 할 짐으로 간주할 것이 아니라 그들을 제자로 삼고 하나님의 나라를 확장하는 일에 동참할 수 있도록 하므로 민족복음화 사업에 초청해서 쓰임 받도록 할 필요가 있다."고 했다. 즉 '탈북자'들이 북한 선교의 확장과 발전을 도모할 발판이 될 수 있다는 입장이다.[87] 2001년 4월 현재 남한에는 약 1300여 명의 '북한' "이탈 주민"들이 있다. 오혜정은 이들을 "우리에게 북한을 바로 알려주는 도우미"이고, "남한 사회를 알려 주는 도우미"이며, "통일 이후 남북한 주민들의 삶을 미리 보여 주"는 자들이며, "정신적 · 심리적 · 물질적 측면에서 사마리아인을 만나야 하는(루가10,

---

84) 테오 순더마이어 지음, 채수일 엮어 옮김, 『선교신학의 유형과 과제』(서울: 대한기독교서회, 1999), 1부 2장과 3장을 참조하시오. 황홍렬, 「사회복지, 디아코니아/사회봉사와 선교」, 한국선교신학회 편, 『선교와 디아코니아』(서울: 한들출판사, 2002), 42-52.

85) 박종화, "남북정상회담 후의 북한선교의 전망과 과제" 제1차 북한선교정책공동세미나 발제문.

86) 김요한, "탈북자를 통한 북한선교전략", 『통일로』129(1999, 5월), 54-56.

87) 이광순, 위의 글, 124.

33) 쓰러진 병자"이며, "북한 복음화를 준비하는 남한 교회에 꼭 필요한 거들 짝(배필)"이라고 본다. 이런 입장은 북한 복음화가 "북한 형제 자매들이 모두 하느님의 귀한 자녀임을 알려 주는 것에서 시작되어야" 하며, "분단 50여 년 동안 그들과 함께 살아오신 하느님의 모습이 복음의 이름으로 무시되어서는 안 되기 때문"에 "성전 건립보다 먼저 그들의 삶 안에 이미 녹아 있는 성령의 열매를 찾고 발견하려고 노력하는 것이 북한 복음화를 위하여 더 시급한 일"이라고 본다.[88]

임희모는 중국 조선족 교회를 통한 북한선교의 가능성을 타진하면서 문제점으로 상대방의 문화를 감안하지 않은 일방적 식민주의적 선교, 한국 교회적 교파를 이식하는 선교, 중국 사회주의 하의 교회 설립의 실패를 들었다. 특히 선교대상에 있어서 공인 교회인 삼자교회보다는 비공인 교회인 가정교회에 중점을 두었으며, 사회주의라는 문화에 대하여 전혀 이해가 없는 선교를 한 것을 문제점으로 지적했다. 대안으로 제시된 것은 개인 경건과 사회적 실천을 결합한 통전적 영성을 강화하고, 사회주의 하에서 선교하는 조선족 교회가 되도록 협력하며, 한국교회가 사회주의하의 선교를 이해해야 한다고 했다. 즉 사회주의 국가에서도 구원활동을 하시는 하나님의 선교를 이해하고, 사회주의 이데올로기가 지닌 부정적 기능을 선교저으로 극복해야 한다는 것이다. 자본주의에서 사는 남한교회 교인들이 사회주의에서의 선교를 하기 위해서는 자신들의 눈에서 비늘이 떨어지는 "선교적 회심"이 필요하다. 그럴 때 "북한 선교를 가장 잘 수행할 수 있는 조건을 지닌 교회"가 중국의 조선족 교회라고 보는 것이다.[89]

---

88) 오혜정, "북한 이탈 주민 – 북한 복음화의 거들 짝", 「사목」 269(2001, 6월), 26–35.
89) 임희모, 위의 글, 162–65.

⑥ '북한' 선교 전략

한기총은 '북한' 선교에서 미래적인 북한교회재건에 주력하다가 최근에는 통일 이후에 가능한 북한교회재건과 함께, 통일 이전에도 수행할 수 있는 선교과제로서 국내에서는 귀순 동포 지원과 통일선교대학 참여, 해외와 중국에서의 탈북동포선교 및 지원, 그리고 북한내 지하교회 지원등을 설정함으로써 통일 이전과 이후의 선교 전략을 제시했다. 박종화는 현재는 나눔을 통한 선교를 중심으로 하다가 "나눔의 덩치가 커가면서 점차로 신학의 교류와 말씀의 교류가 뒤따를 수 있다"고 했다. 현재는 신학적 교류가 비현실적이라는 것이다.[90]

⑦ '북한' 선교의 주요 변수

남북한 교류와 대화도 항상 안팎에서 오는 돌발 변수로 인해 중단되는 경우가 자주 발생했다. 남북 교회간 대화와 만남 또는 '북한' 선교도 이런 변수들로부터 결코 자유로울 수 없다. 그런 주요 변수로 정치 이데올로기의 변화[91]나 북한 사회의 개방[92]을 드는 사람들도 있다. 북조선이 주체체제로 남아 있는 한 정치 이데올로기의 변화는 기대하기 어렵다. '북한' 선교와 남북통일은 밀접한 관련이 있어서 뒤에서 따로 다루기로 한다. 양자의 관계를 논외로 하고 보면, 통일 이전과 과정과 이후의 '북한' 선교의 개념이나 방법, 전략 등이 다를 수밖에 없다는 것은 분명하다.

---

90) 박종화, 위의 글.

91) 이현모, "북한의 중국식 개혁, 개방 정책 도입 전망과 선교 가능성 분석", 침례교신학대학교, 『복음과 실천』 17(1994, 9월), 356.

92) 김영한, 『평화통일과 기독교』,(서울: 풍만, 1990), 201.

⑧ '북한' 선교사의 자격

현재 '북한' 선교는 북조선 교회를 통한, 또는 '탈북자'나 조선족 교회를 통한 간접 선교이기 때문에 '북한' 선교사 역시 간접 선교에 참여하는 사람들을 가리킨다. 임희모는 '북한' 선교사는 중국의 사회주의 체제나 북한의 주체체제를 이해하고 그 이념의 문제점을 극복할 수 있는 사람들이어야 한다고 했다. 김영국은 '북한' 선교사에 대해 "기성 기독교관에서 벗어나는 것을 두려워하지 말고 북한에 형성되는 새로운 기독교를 소망을 가지고 모색하는 사람", "북한의 현 체제가 지니는 문제를 잘 이해하고 변혁에 대한 희망을 가지는 사람", "언어, 의식(儀式)에 의한 복음 전도를 우선은 체념하고 북한에서 그리스도인으로 존재하되 사는 것으로써 증거하며 살 사람, 즉 기술자, 의사, 교사로서 또는 학생이나 노동자로서 북한 주민들과 같이 살려고 하는 사람", "자기 세대에 예상했던 성과가 오르지 않을지라도 하나님의 50년, 100년을 믿고 한 알의 밀알로 되는 것을 감수하는 사람"을 제시했다.[93]

⑨ '북한' 선교 접근 방식 반성

'북한' 선교의 전제는 하나님의 선교의 입장에 서며, 주체사상을 문회로 받아들이며, 복음과 주체문화 사이의 상호 관계, 역동적 관계를 받아들이는 것이다. '북한' 선교 목표는 하나님 나라를 이루기 위해 한반도에 평화 통일을 이루며 민족 복음화를 이루는 것이다. 이 때 민족복음화는 '북한' 교회 재건 방식이 아니라 조선그리스도교연맹이 벌이는 옛 신자 되찾기 운동을 지원하고 '익명의 기독교인'으로 하여금 기독교와 교회에 대해 마음

---

93) 김영국, "북한선교의 과제와 그 준비", 『신앙세계』 175(1983, 1월), 68-69.

을 열게끔 활동하는 것이다. 이 때 남한 교회는 '북한' 동포돕기운동 뿐 아니라 북조선 인민들의 눈높이에 맞춰 평화통일 운동에 기여해야 할 것이다. 또 '북한'에 대한 긴급구호와 사회선교적/복지선교적 활동에 균형을 갖춰야 한다. 조선족 교회를 통한 간접 선교는 하나님의 선교, 통전적 영성, 그리고 중국 사회주의 체제에 대한 이해 속에 이뤄져야 한다.

임희모는 남한교회의 민족통일 선교의 네 가지 관점을 소개하며 종합적 입장을 바람직한 것으로 본다. 에큐메니칼 진영이 참여하는 평화통일 접근은 구조적 접근으로서 개인적 인격적 변화를 필요로 하고, 복음주의적 진영의 민족 복음화 접근은 개인적 변화는 수용하지만 구조적 변화를 간과하고, 기독교 NGO의 사회봉사적 접근은 기독교적 정체성이 간과될 위험이 있다. 따라서 민족 통일선교는 세 입장을 상호보완하는 종합적 접근이 필요하다고 했다.[94] 세 가지 접근 방식을 어떻게 보완해야 할지가 앞으로의 과제지만 이런 방향으로 나아가는 것이 바람직하다.

'탈북자'를 통한 선교는 직접 선교를 위한 준비보다는 '탈북자'들로 하여금 평화통일 과정에 참여하게 하는 것이 중요하다. 사회문화적 통합의 시각에서 볼 때 '탈북자'들은 주체 문화 속에 살던 사람들로서 남한의 문화에 적응할 과제가 있지만 동시에 남북 문화통합에 기여할 수 있는, 자본주의 문화와 주체문화 사이의 경계선에서 사는 이중문화적인 주체 또는 제 3의 문화적 주체로 세워질 가능성이 있는 사람들이다. 이들의 문화적 주체성이 평화통일 과정에 어떻게 반영될 수 있는가 하는 것이 중요한 선교과제다.

'북한'에 선교할 때 "창구 일원화"하자는 주장에 대한 반성이다. 과거에 정부가 남북 교류 창구를 단일화하자는 것은 민간 교류를 통제하기 위한

---

94) 임희모, "북한교회 재건론의 문제" 평화와통일신학연구소 편, 『평화와 통일신학1』(서울: 한들출판사, 2002), 101-130.

것이었다. 교회 안에서 이런 주장이 나온 것은 한편으로는 교회간 경쟁과 교파간 경쟁을 지양하자는 긍정적 측면이 있다. 그러나 다른 한편으로는 교회의 창구 일원화를 통해 자신들에게 속하지 않은 다른 교단 또는 교회들에 대한 통제가 될 수 있다. 조동진도 이 점을 지적하고 있다. "남쪽 교회 지도자들은 1994년 6월 25일에 북한 붕괴를 기원하는 전국기도회까지 열었는데 그 결과로 김일성 주석이 사망하였다고 떠들었다. 그런데 그 때의 그 주도자들이 금년(2000년)에는 연이어 '남북화해' 와 '통일기원기도회' 를 열고 '남북사랑나누기' 운동을 전개하면서 또 다른 대북 활동 경쟁을 일삼는 것을 보면서" 그리고 "기독교 대북 활동의 '창구 단일화' 의 소리를" 들으면서 그는 이것을 "또 하나의 위험 신호로" 보고 있다.[95]

'북한교회재건운동' 에 대한 비판이다. 이러한 운동은 "북쪽의 교회가 합의해 줄 수 없는 남한 일부 교회들의 자기발전식 또는 자기충족식 일방통행일 뿐이다." 또 "북한체제의 실질적 부정에 다름이 아니다. 평화 · 공존의 원칙에도 맞지 않"으며, "흡수통일의 한 단면"이며, "반통일적인 발상일 뿐이다."[96] 한기총의 북한교회재건강령에는 문제의 소지가 있는 부분이 있다. "교단은 하나로 하되 각 지교회는 각자의 특성에 맞는 신학을 추종하고 원하는 교회정치체제를 채택할 수 있다."[97]고 했다. '북한' 교회가 진체직으로는 하나의 교단에 속하지만 지교회가 나름대로의 교회정치체제를 채택할 수 있다면 이름만 '하나의 교단' 이 되며 교파간 개교회를 자기 교단으로 끌어들이기 위한 치열한 경쟁이 우려된다.

'진보' 와 '보수' 양 진영의 '북한' 선교에 대해 이광순은 다음과 같이 비

---

95) 조동진, 위의 글, 7.

96) 박종화, 위의 글,

97) 한기총 북한교회재건위원회 편찬, 위의 책, 87.

판했다. "진보적 교회 진영은 북한 선교는 곧 통일이라는 논리를 펴왔다...... 진보 진영의 교회들은 북한에 복음을 전파하고 교회를 재건하는 것보다는 분단을 극복하고 남과 북이 화해하는 것이 북한 선교의 지름길이며 더 시급한 과제라는 입장을 취했다."고 했다. 이런 입장은 "통일이 되면 모든 문제가 해결될 것이라는 낭만적이고 감상적인 통일 우선주의라고" 비판했다. 반면에 보수 교회 진영은 "북한에 복음을 전하는 것이 북한 선교라는 입장을 취하면서 북한에 교회를 재건하는 것을 선교의 중심적인 목표로 설정했다. 그러나 이 입장은 실제 적용 가능성을 무시한 몽상적이고 비현실적인 복음 전파 지상주의라는 비판"을 받았다고 했다. 그러다가 1990년대에 들어서면서 북한 선교 개념에 대한 양 진영의 입장에 변화가 일어났다고 했다. 또 이런 변화에 영향을 끼친 요소들로 냉전 종식과 중국 및 러시아의 개방, 그리고 독일 통일의 많은 문제를 보면서 "통일에 대한 환상"이 깨진 것을 제시했다. 즉 통일이 "민족 문제가 해결되는 끝이 아니라 그 시작이라는 인식", 그리고 통일은 "선교의 완성이나 끝이 아니라 오히려 그 시작이라는 견해"가 입지를 강화하게 되었다는 것이다.[98]

그러나 '보수' 교회 진영, 특히 한기총은 '북한' 선교에서 통일 이후에나 가능한 '북한' 교회 재건 뿐 아니라 현재에 가능한 활동들을 강화함으로써 과거의 한계를 극복하고 있다. '진보' 교회 진영도 평화통일 운동에 관하여 다음 절에서 다룰 것처럼 통일우선주의가 아니라 통일에 앞서서 "평화정착"과 "평화공존"을 강조하는 것을 본다. 그리고 통일을 사회체제의 통일이라는 시각에서만 볼 것이 아니라 사회문화적 통합의 시각에서 보면 체제의 통일이 사회문화적 통합을 보증하는 것이 아니다. 따라서 사회체제의

---

98) 이광순, 위의 글, 111-13.

 한반도에서 평화선교의 길과 신학

통합은 본격적으로 남북 사이에 사회문화적 통합이 이뤄져야 하는 출발점이라고 할 수 있다. 물론 사회체제 통일 이전에도 사회문화적 통합을 위한 준비과정이 진행될 수 있다. 한편 '보수' 교회 진영과 '진보' 교회 진영 사이에 '북한' 선교와 통일운동에 수렴의 경향이 보인다. '보수' 교회 진영이 95년 이후 조선기독교도연맹(조선그리스도교연맹)을 대화의 상대로 인정하고 '진보' 교회 진영도 다양한 방식으로 '북한' 선교에 참여하고 있다.

2) 남한 교회의 평화 통일 운동

① 평화 통일 운동

조동진은 남한 "교회의 대북 활동은 민족의 화해와 구원에 대한 하나님의 계획이라는 큰 틀과 목표 아래서 전개해야 한다."[99]고 했다. 김상근도 "한국교회가 민족의 화해와 평화통일을 하나님의 명령이며 선교적 사명이라고 믿고 노력해온 것을" 자랑스럽게 여긴다고 했다. 또 통일운동의 초점을 8.15 광복절에서 6.25 전쟁으로 전환시키려는 노력이 95년 희년 운동 이후 진행되었다고 했다. 그래서 6.25를 용서와 화해의 상징으로 세우고자 했다.[100] 임흥기는 "근래에 들어와서 '통일'이라는 말보다는 '평화정착' 또는 '평화공존'이라는 말을 많이 사용한다."고 했다. 2000년 12월 일본에서 열린 남·북·재일교회지도자 회의에서 남한측 강사는 통일을 이야기하기에 앞서서 평화공존을 이루어야 한다고 했다. 왜냐하면 현재로서는 흡수통일이든, 연방제이든, 연합제이든 현실성이 없기 때문이다. 현재 할 수 있는 것은 한반도에 평화를 정착시키는 일이다. 따라서 "현단계 평화통일운동은

---

99) 조동진, 위의 글, 7.

100) 김상근, "한국교회 평화통일운동 평가와 제언", 한국기독교교회협의회 통일위원회 평화통일정책협의회 발제문(2000.6.27-29)

무엇보다도 먼저 한반도에서 평화를 정착시키는 일이며 남과 북이 평화공존을 이루는 일이다.”[101]

이삼열은 평화를 마음의 평화나 영혼의 평화로 오해하는 것은 타계주의나 심령주의 때문이라고 지적하면서, 평화는 주관적 마음의 상태 뿐 아니라 사회구조적 변화를 수반하는 동적인 과정으로 정의로운 사회 건설과 연결되어야 한다고 했다. 기독교가 평화에 관한 사명을 현재의 사회구조 속에서 감당하려고 한다면 평화를 만드는 일인 평화선교를 평화교육과 평화운동과의 관련 속에서 해야 한다. 그런데 한반도에서는 평화선교가, 평화운동이 통일의 과제와 연결되지 않을 수 없다. 왜냐하면 한반도에서 전쟁의 위험이 상존하는 분단을 극복하지 않고는 참된 평화를 기대할 수 없으며, 적대관계에 있는 남북한이 화해하고 하나의 민족공동체를 형성하지 않고서는 평화를 실현할 수 없으며, 통일은 “정의로운 평화를 가져오는 해방적인 통일”이 되어야 하기 때문이다. 이를 위해서 이미 “우리의 피와 살이 되어버린 분단체제와 분단의식”을 극복해야 한다.[102]

‘북한’ 선교의 동기를 평화통일에서 찾을 수 있다. “북한을 선교하기 위해서 평화적이어야 한다는 것이 아니라, 화평하라는 그 하나님의 명령을 수행하기 위해서 우리는 북한선교를 해야 한다는 것이다. 그래서 북한을 선교한다는 것은 북한과 남한이 평화롭게 사는 것과 다름이 아니다.”[103]

② ‘북한’ 선교와 남한 교회의 평화 통일 운동의 관계

우선 ‘북한’ 선교와 남북통일 문제를 별개로 보는 입장이다. “선교는 통

---

101) 임홍기, 위의 글, 48.에서 거듭 인용.

102) 이삼열, 『평화의 복음과 통일의 사명』, (서울: 햇빛출판사, 1991), 102-13.

103) 이후천, 「평화통일과 북한선교시론」나눔운동 통일논문 자료실(http://www.sharing.net/home/
data/nk_mission/html/)

일이 안 되어도 해야 하고 통일 이후에도 중단할 수 없는 우리의 영구적인 임무"다. 즉 "통일과 선교를 직접적으로 연계하려는 사고방식에서 탈피해야 한다." 왜냐하면 "통일은 인위적이고 한시적이며 정치적인 것으로서, 신본적이며 항구적이고 하나님의 나라 확장사업인 선교와는 본질적인 차이를 가지기 때문이다."[104] 이와 비슷하게 남한 교회의 '북한' 선교 사명은 통일 여부와 관계없이, 북한 개방과 관계없이, 김정일 체제와 상관없이 북한 동포들에게 복음을 전해야 한다는 입장이 있다.

그렇지만 통일 여부, 개방 또는 체제 변동에 따라 '북한' 선교의 방법과 전략이 달라진다. 그래서 '북한' 선교는 통일 논의와 분리해서 논의할 수 없는 논제이다.[105] 통일 문제와 선교 문제 사이의 조화를 주장하는 입장이 있다.[106] 그리고 평화통일이 교회 선교의 과제라고 보는 입장도 있다. 하나님의 선교에서는 화해와 통일, 평화가 교회의 선교 과제이다.[107] 그런데 '북한' 선교와 평화통일 사이의 관계에 대해 서로 대립되는 견해를 가진 교회들이 1995년 이후 "조선기독교도연맹(조선그리스도교연맹)을 대화와 협력의 상대로 인정함으로써 북한선교에 대한 획기적 개념 전환을 이루어"냈다고 평가하기도 한다. 반면에 최근에는 "연합운동으로서의 통일운동이 실종되어 가고 있다고 본다."[108] 여기에는 여러 가지 이유가 있겠지만 통일운동의 대표성의 취약함을 중요한 원인으로 보고 있다. 감리교 서부연회의 입장은 '북한' 선교를 통해 하나님 나라를 이루는 것이 (남한) 교회의 목적인데, "이 과정 속에서 하나님께서 허락하시는 것이 한반도와 한민족의 평

---

104) 박헌욱, "북한교회재건, 무엇부터 할 것인가?", 『목회』222(1995, 2월), 88–89.
105) 이광순, 위의 글, 114, 118.
106) 고태우, "북한 선교의 문제들", 『목회』168(1990, 8월), 90.
107) 홍근수, 위의 글, 92.
108) 김상근, 위의 글.

화통일"이라는 것이다. 즉 '북한' 선교는 "통일 이후 북한 땅에 가서 하는 것이라는 시간제한 개념을 넘어서서" "통일 이전 즉 통일 중간 시대에도 통일대비 차원에서 실천할 수 있는 사역들을 중심으로 통일 환경을 적극 조성해" 가는 것이다.[109] 이처럼 '북한' 선교와 평화통일은 동일시되지 않지만, 평화통일을 이루기 전까지 함께 할 수 있다는 것, 그리고 통일 이후에는 직접적인 '북한' 선교를 해야 한다는 것이 감리교 서부연회의 입장이다.

이후천은 평화통일과 '북한' 선교의 관계에 대하여 우선 평화통일을 한 후에 북한을 선교하겠다는 시차적 입장과 평화통일을 진행하는 과정이 곧 '북한' 선교의 과정이며 평화통일은 '북한' 선교를 위한 전제조건으로 보는 입장이 있으나, 양자 사이의 불가분 연관성 여부를 비롯한 양자 관계에 대한 바른 규명은 평화 개념에 대한 이해에 좌우된다는 입장이다. 평화와 관련하여 '북한' 선교는 "남북이 갈등의 상황에서 결코 인간의 의지만으로가 아닌, 하나님의 은총으로 말미암아 남북이 균등하여 안정되고 번영하는 평화가 옴을 증거하여, 결국 화해와 일치된 통일을 가져오게끔 각성시키는 행위라고 할 수 있다."[110]

③ 정리 및 평가

우선 평화통일운동에서 통일보다는 평화가 강조되고 있다. 이는 통일을 이룰 수 있는 구체적인 방법이나 역량이 교회 안에 있지 않기 때문이다. 언제 통일이 될지 알 수 없으며, 교회의 역량을 훨씬 넘어서는 통일의 과제보다는 교회가 직접 기여할 수 있는 과제가 한반도에 전쟁을 방지하여 평화

---

109) 은희곤, 「감리교 북한선교의 현황 및 전망」, 나눔운동 통일운동 자료실(http://www. sharing.net/home/data/nk_mission/html/)
110) 이후천, 위의 글.

를 정착시키고 남북 사이에 평화 공존을 실현하는 것이기 때문이다. 이는 과거에 한반도 바깥에서 남북 교회가 만나 대화하고 교류한 것으로부터 95년 이후 늘어난 남북 교회간 대화와 만남으로 양자간에 보다 구체적인 과제를 설정하게 된 것으로 보인다. 아직 평화정착과 평화공존을 향한 길도 멀지만 구체적인 과제, 실현성이 있는 과제, 대중적 호응을 받을 수 있는 과제 설정을 통해 이뤄가야 할 것이다. 그리고 평화통일은 현재의 남북 체제보다 더 정의롭고 해방적인 평화를 이룸으로써 하나님의 나라를 이 땅에 도래하게 하는 새로운 국가 건설을 지향해야 할 것이다.

다음으로 평화통일운동과 '북한' 선교 전략/방법은 밀접한 관계가 있다. 평화통일운동은 사회체제 통합 뿐 아니라 사회문화적 통합에도 기여해야 한다. 따라서 평화(통일)운동은 사회체제 통합에 국한되지 않고 체제 통일 이후에도 사회문화적 통합을 위해 지속적으로 기여할 필요가 있다. 이러한 평화통일운동은 '북한' 복음화 또는 '익명의 기독교인' 들에게 선교하는데 크게 기여할 수 있다. 마치 남한 교회의 70·80년대 민주화 운동과 통일운동으로 인해 주체체제가 기독교에 대해 긍정적인 태도를 보여 준 것 같이, 앞으로 남한 교회가 평화통일운동에 참여하는 정도에 따라 북조선 인민들의 기독교아 교회에 대해 닫혔던 마음을 여는데 결정적 역할을 할 수 있을 것이다. 즉 평화통일운동을 통해 주체체제와 기독교와 일정 부분 연대를 하고, 북조선 인민들의 기독교에 대해 닫힌 문을 열게 하며, 조선그리스도 교연맹의 지위를 강화시킴으로써 '북한' 복음화와 한민족의 평화통일에 기여할 것이다. 통일 과정에도, 통일을 준비하는 과정에도, 통일 이후에도, 한반도에 평화를 이루고 사회문화적 통합을 이룬다는 시각에서 볼 때 평화(통일)운동과 '북한' 선교는 서로 협력할 수 있다.

4. '북한' 선교/평화통일운동과 관련하여:
   남북 사회 체제에 대한 비판

  남한의 상당수 기독교인들에게는 공산주의 체제와 기독교가 공존할 수 없는 것으로 여겨져 왔다. 그러나 다른 입장들이 있다. 우선 사회주의나 공산주의보다 자유민주주의를 더 좋게 여기지만 기독교는 자유민주주의에 머무를 수 없다. 왜냐하면 "자유민주주의가 불평등을 가져오고 독재를 옹호할 수 있는 기회를 가지게" 할 때도 있기 때문이며, 자본주의는 강대국의 논리이며 "경제가 정치를 지배할 경우가 많"기 때문이다.[111] 이런 입장은 통일과 관련하여 남북 체제 사이에 우열을 논하면서도 남한 체제의 문제점을 지적하는 입장이다. 다음은 복음으로 남북 체제를 모두 비판하는 입장이다. "하나님의 복음은 인간의 평등성과 사회정의를 도외시하는 자유주의와 인간의 자유와 존엄성을 전체의 복지라는 명분으로 유린하는 공산주의의 취약점을 심판하고 있다."[112] 마지막으로 자본주의와 기독교가 공존할 수 없다는 입장이 있다. 사회주의자, 공산주의자가 기독교인이 될 수 없고 반대로 기독교인이 사회주의자, 공산주의자가 될 수 없다는 것은 "근거 없는 이데올로기적 편견"이며, 오히려 "기독교와 자본주의는 양립할 수 없다" (라우쉔부쉬)거나 "자본주의는 황금 송아지의 종교"(베르쟈에프)라는 주장과 예수 그리스도의 말씀처럼 어리석은 부자인 자본주의자가 참 그리스도인이 되기 매우 어렵다는 주장이다. 이러한 생각에 의하면 "한국 기독교인들은 과거의 반공 이데올로기의 포로상태에서 해방되어야 하고, 이데올로

---

111) 맹용길, "통일에 대한 기독교윤리학적 접근", 장로회신학대학교기독교교육연구원, 〈통일과 기독교교육학술세미나〉(2001. 5. 18), 12-13.
112) 김영한, 위의 글, 200.

기적 회심을 감행해야 한다."[113] 평화통일운동과 '북한' 선교를 하는 가운데 남한 기독교인들은, '보수' 교회 지도자들도 '북한' 체제의 문제 뿐 아니라 남한 체제의 문제에 대해 점점 더 비판적이 되어갔다. 그리고 복음의 시각에서 남과 북을 함께 비판하게 되었다. 1997년 경제 위기 이후에 신자유주의 정책과 지구화, 세계화의 문제에 대해서도 이전보다 더욱 심각하게 통일과 관련해 고려해야 할 것이다.

5. '북한' 선교와 평화통일운동을 위한 제언

1) '북한' 선교 관련자의 연구 태도가 과학적이고 비판적이어야 한다. '북한' 연구가 과거처럼 '진보' 진영과 '보수' 진영 사이에 방법론상의 이분법이 무너진 것처럼, '북한' 선교나 평화통일운동에서 과거의 방식을- '보수적' 이든 '진보적' 이든- 변화된 시대와 여건에 그대로 사용하는 것은 설득력이 없다. '보수' 와 '진보' 의 구별을 넘어서서 실사구시적 태도로 연구하여 상대방을 이해하고 선교 정책이나 평화통일운동 전략과 방법을 세워야 할 것이다. 그리고 남한 그리스도인들이 북조선 그리스도인들에 대해 말하거나 대회할 때 자신들이 상내방의 이미지를 손상시키지 않음으로써 "네 이웃을 거짓증거 하지 말라"는 계명에 순종해야 함을 깨달아야 한다(세계교회협의회의 타종교·타이데올로기와의 대화 지침서).

2) '북한' 에 대한 연구 자료의 한계를 다양한 방식으로 극복해야 한다. 그동안 '북한' 에 대한 자료와 정보는 극히 제한되어 있어서 남한 사람들은 '북한' 에 대해 선입견이나 편견에서 탈피하기가 어려웠다. 그러나 90년 이

---

113) 홍근수, 위의 글, 87-90.

후 '북한' 방문이 늘어나고 97년 이후 '탈북자' 들이 증가하며 '북한' 방문기와 '탈북자' 들이 '북한' 을 알기 위한 새로운 자원으로 부상했다. 중국의 조선족 교회도 '북한' 에 대한 간접 선교 영역으로 대두했다. 또 정부와 대학의 북한학과와 연구소, 그리고 다양한 매체에서 '북한' 관련 서적이나 문서가 쏟아져 나오고 있다. 대학의 북한학과의 등장에 발맞춰 북한학 연구가 활발히 진행되고 있다. 이런 풍부한 자원들을 통해 과거의 연구 자료의 한계를 극복해야 한다.

3) '북한' 선교의 전제는 하나님의 선교, 문화로서의 주체사상/체제, 그리고 복음과 문화의 역동적 관계다. 선교의 주체는 삼위일체 하나님이고 목표는 하나님의 나라이며 방식은 십자가의 선교다. 성령 하나님께서 북조선에서 지난 52년 동안 어떻게 구원 활동을 하셨는가를 배우려는 겸손한 자세로 선교에 임하는 것이 하나님의 선교에서 요청하는 선교사의 자세다. 그리고 주체사상과 주체체제를 문화로서 받아들임은 복음이 주체문화 속에 토착화, 상황화 되어야 할 뿐 아니라 주체문화를 복음으로 변화시켜야 함을 의미한다. 또 주체문화와 복음과의 만남은 복음에서 문화로의 일방적인 만남이 아니라 주체문화로 말미암아 자본주의 체제에서 간과된 복음에 대한 이해가 가능해 질 수 있음을 뜻한다.

4) 북조선의 기독교에 대한 정책이 이중적일 수밖에 없음을 알아야 한다. 즉 주체사상과 종교로서의 기독교는 유물론과 유신론으로서 전혀 타협의 여지가 없다. 그러나 주체체제는 기독교의 사회적 기능에 대해서는 시대에 따라서 긍정적으로 평가한다. 기독교의 사회적 역할이 민주화와 평화통일에 기여하는 한 주체체제는 기독교를 연대의 상대로 받아들인다. 이 때 중요한 것은 북조선과 기독교의 연대는 기독교의 사회적 역할에 좌우된다는 점이다. 즉 기독교가 민주화와 평화통일운동에 기여하는 한도 내에서만 주

체체제와 기독교의 연대가 유효하다. 따라서 남한 교회는 북조선 교회와 대화하고 교류하며 '북한' 선교를 하기 위해서도 평화통일운동에 적극 참여해야 한다.

5) 북조선의 기독교 정책이 이중적이라는 데서 따라 나오는 것이 남한 교회가 북조선 교회의 한계를 수용해야 한다는 것이다. 북조선 교회가 국가의 강한 통제 밑에 있는 국가교회일 수밖에 없다면 그런 한계를 있는 그대로 받아들여야 남북 교회간 대화와 교류, 선교가 가능하다. 즉 남한 교회가 북조선 체제를 주체체제로 인정한다면 북조선의 교회 역시 "주체체제 속의 교회"로 인정해야 한다. 남한 교회의 잣대로 북조선 교회를 노동당 산하에 있거나 그런 기관들과 함께 일하기 때문에 '가짜' 나 '어용' 으로 매도해서는 안 된다. 남한 교회도 독재 정권 시절에 중앙정보부나 안기부, 또는 정권과 긴밀한 관계를 가진 교회들도 있었다. 같은 맥락에서 북조선 교회의 강한 정치성을 수용해야 한다.

6) 동시에 북조선 교회의 가능성을 인정해야 한다. 한국전쟁 이후 기독교의 존재 이유 자체가 의문시되었던 북조선에서 1972년 7·4 공동 성명 이후, 주체체제가 확립된 이후 기독교에 대한 관용적인 태도가 나타나기 시작했다. 주체체제에서의 약간의 열린 공간을 통해 체제와의 공식 관계를 맺는 친사회주의적 신앙 유형으로서의 조선기독교도연맹이 재등장했고 비정치적 신앙 유형으로서의 가정교회(가정예배 처소)가 등장했다. 연맹의 지위나 가정교회의 영향력도 중요하지만, 해방 후 신앙 1세대의 후손들과 핍박 때문에 자신이 신앙인이었음을 잊고 지내는 자들, 그리고 직업 때문에 기독교와 깊이 관련을 맺는 '익명의 기독교인' 들의 신앙을 어떻게 회복하고 활성화시키는냐 하는 것은 매우 중요한 선교 과제다. 아울러 조선그리스도교연맹이 벌이는 옛 신자 되찾기 운동을 어떻게 남한 교회가 지원하

느냐 하는 것도 과제다.

7) '북한' 선교와 평화통일운동은 동일한 것은 아니지만 대립되는 것이 아니라 상호 관련되어 있다. 평화통일운동은 최근 통일보다는 "평화정착"과 "평화공존"이라는 말을 더 많이 사용한다. 왜냐하면 통일은 언제 이뤄질지 알 수 없을 뿐 아니라 남북 교회만의 힘으로 이룰 수 있는 과제도 아니기 때문이다. 그러나 한반도에서 전쟁 위협을 제거하고 남북간 평화정착과 평화공존에 이르게 하는 길은 한민족의 생존을 위해 절박한 선교 과제가 아닐 수 없다. 또 평화통일을 넓게 이해하여 남북 사회체제의 통합 뿐 아니라 사회문화적 통합까지 포함하면 평화(통일)운동은 남과 북의 사회체제통일 이후에도 남과 북에 사는 사람들의 사회문화적 통합을 위해 계속되어야 하는 과정이다. 바꿔 말하면 평화(통일)운동은 사회체제의 통합을 위해서 뿐 아니라 사회문화적 통합을 위해서 사회체제 통일 이전과 과정과 이후에도 기여해야 한다. 이 과정에 남한 교회가 과거 민주화 운동처럼 적극적으로 참여하면 사회체제의 통합 이후에 북조선에 살던 인민들에게, 특히 익명의 기독교인들에게 기독교에 대해 닫힌 문을 여는데, 기독교 신앙을 회복하는데 크게 기여할 수 있다. 이런 과정을 통해서 남한의 평화통일운동은 '북한' 선교에 기여할 수 있다. 또 남북의 기독교인들이 국가 재건과 사회문화적 통합에 기여할 수 있을 것이다.

8) 조선족 교회를 통해 '북한'에 대한 간접 선교를 활성화해야 한다. 그러나 조선족 교회는 중국 사회주의 체제와 삼자 교회에 대해 바르게 이해하고, 그 체제의 한계를 극복할 수 있어야 하며, 하나님의 선교 입장과 복음전도와 사회봉사를 아우르는 통전적 선교관을 가져야 한다.

9) '탈북자'(자유 이주민)를 국내에 있는 경우 '지원'의 대상으로, 중국에 있을 때는 선교 훈련을 통해 '북한'에 재입국시킴으로써 직접 선교의 주

체로 여기는 사람들도 있다. 그렇지만 그들은 남한의 자본주의 문화와 북조선의 주체문화 사이의 경계에 서 있는 제 3의 문화적 주체로서, 북조선의 문화적 정체성을 지닌 채 남한의 자본주의 문화에 적응하는 과정에서 남북의 사회문화적 통합 과정에서 새로운 문화적 주체를 세우는데 중요한 기여를 할 수 있는 사람들로 보아야 한다.

10) 평화통일운동과 '북한' 선교 전략과 방법은 통일, 사회체제의 통합 이전과 과정과 이후의 사회문화적 통합 과정에서 각각 구체적으로 또 대중들이 실천할 수 있는 현실적이며 유효한 전략과 방법을 개발해야 한다. 평화통일은 기도만으로도 구호만으로도 이뤄지지 않는다. 특히 '북한' 복음화와도 밀접한 관련을 가진 평화통일운동을 어떻게 대중적으로 확산시켜 나갈 것이며 이를 통해 한반도에 평화가 정착되고 남북간에 평화 공존하느냐 하는 것은 매우 중요한 과제다.

11) 남북 사이에는 분단 뿐 아니라 한국전쟁을 통해 쌍방간에 증오와 적대감이 오랜 세월동안 쌓여 왔다. 이제 한국전쟁 발발 반세기를 맞으면서 어떻게 한국전쟁이 용서와 화해의 상징이 될 수 있는지 깊은 연구가 필요하며, 평화통일운동의 초점으로, 대중적인 화해 운동의 기점으로 세워야 할 것이다.

12) 남북 사이의 문화적 통합이나 사람의 통일, 탈분단, 분단 언어 극복 등 새로운 접근 방법을 평화통일운동과 '북한' 선교에 어떻게 적용해야 할지가 남은 과제다. 물론 주위에 이런 시도가 전혀 없는 것은 아니다.[114] 그러나 위에서 제기한 입장에 서서 이런 새로운 접근 방식을 평화통일운동과

---

114) 황용연, "우리는 모두 남한 사람들일 것인가— 통일/탈분단의 민주주의와 민중신학", 미래신학 포럼 정기 포럼 발제문(2000. 11. 27), 임성빈, "사람의 통일을 위한 교회의 역할— 남북한 문화통합의 과제를 중심으로", 한민족선교정책연구소, 위의 책.

‘북한’ 선교에 적용하는 것은 앞으로의 중요한 과제다.

13) ‘북한’ 선교에 직접 관련된 자는 남한의 기독교관이나 기독교문화로부터 벗어나는 것을 두려워하지 않고 북조선의 체제와 문화에 상황화되는 복음의 형태와 교회의 형태 등에 대해 도전적인 자세를, 또는 모험하는 자세를 지녀야 한다. 또 선교 방식은 말로 전하는 복음전도 보다는 ‘북한’ 사람들 가운데 더불어 살되 그리스도의 사랑을 삶으로 증거하는 태도를 가져야 한다. 이런 선교활동은 ‘북한’에 경제, 정치, 문화 등 다양한 이유로 장단기 체제하는 평신도들을 통해서 이뤄질 수·있을 것이다. 이들에 대한 훈련도 시급하다.

14) ‘북한’에 대해 긴급구호와 중장기적인 자립을 지원하는 사회선교/복지선교의 균형을 이뤄야 한다. 긴급구호는 주는 자와 받는 자가 고정된 원조식 지원 관계가 아니라 그리스도의 사랑을 전하는 방식으로 이뤄져야 한다. 주는 자와 받는 자가 고정되면 주는 자도 ‘강자’로 남으려는 유혹에 굴복할 위험이 있고, 받는 자도 “내적 장애인”이 될 위험이 있음을 깨달아야 한다.[115] “주는 일을 통해서 더 많은 것을 받는다는 것을 깨달으면 그것이 나누는 일이다. 주는 것은 물질일 수 있지만 나누는 것은 나 자신이다… 존재를 나눌 때 소유는 거룩한 메시지를 전하는 도구가 된다.”[116]

---

115) 황홍렬, 「사회복지, 디아코니아/사회봉사와 선교」, 한국선교신학회 편, 『선교와 디아코니아』선교신학 5집 (서울: 한들출판사, 2002), 46-48.
116) 오재식, “절제와 사랑으로 약한 생명을 돌보자”, 『기독교사상』 475(1998, 7월), 48.

맺는 말

이제까지 남한 기독교인들이 북조선체제와 북조선 교회에 대해 갖는 입장이나 평가 내용을 살펴봤다. 또 남한교회의 '북한' 선교와 평화통일운동에 대해 개관하고, 양자의 관계에 대해 알아보았다. '북한' 선교와 평화통일운동의 맥락에서 남한의 기독교인들이 북조선과 남한의 체제를 어떻게 비판하는지 보았다. 그리고 '북한' 선교와 평화통일운동을 위해서 몇 가지 제언을 했다.

남한 기독교인들의 북조선 체제나 북조선 교회에 대한 평가가 대립적인 것은 주체사상/체제가 기독교를 보는 관점이 이중적이기 때문이다. 즉 주체사상과 종교로서의 기독교의 본질은 서로 타협의 여지가 없지만 기독교의 사회적 기능이 긍정적일 때 주체사상/체제와 기독교는 연대할 수 있기 때문이다. 따라서 남한 교회는 노동당 산하에 있으며 정치성이 강할 수 밖에 없는 북조선 교회의 한계를 수용하고 북조선 교회의 가능성을 현실화하고 확대시키도록 노력해야 한다. 즉 공식적으로는 조선그리스도교연맹과 대화하고 협력하되, 평화통일운동과 다양한 방식의 사회선교/사회복지선교 활동을 통해 북조선의 '익명의 기독교인'들의 마음을 열어 나가노록 해야 한다.

그리고 남북 사이의 대화와 교류는 이웃에 대해 거짓 증거를 하지 말라는 계명과 깊이 관련되어 있음을 알아야 한다. 우리가 남북 대화와 교류를 할 때 상대방에 대해 내 기준과 잣대를 통해 평가하면 우리는 이웃에 대해 거짓 증거하는 것이다. 이웃에 대해 거짓 증거하지 않기 위해서 우리는 자신의 신학적 입장과 관련없이 비판적이며 실사구시적인 태도로 북조선에 대해 연구하고, 다양한 연구 자료나 자원을 개발해야 하며, 북조선을 이웃으로, 아니 '갈라진 형제'로 대하며 대화하고 만나야 한다.

또 북조선의 주체 사상이나 체제를 문화로 보고 복음과 문화의 역동적 관계의 시각에서 '북한' 선교나 평화통일운동에 접근해야 한다. 주체체제 문화에 복음이 토착화, 상황화 되어야 하는 길을 찾아야 하며, 복음이 어떻게 주체체제 문화를 변화시킬지 구체적 방법을 모색해야 한다. 이것은 교회중심의 선교가 아니라 하나님의 선교 신학에서, 체제와 이데올로기 너머에서 활동하시는 하나님의 임재를 주체체제 문화 속에서 찾으려는 노력 가운데 수행되어야 한다. 특히 '익명의 기독교인'들 속에서 활동하시는 하나님의 현존에 주목해야 한다.

'북한' 선교와 평화통일운동에 대한 접근 방식은 통전적 선교이어야 한다. 즉 개인주의적 접근 방식인 민족 복음화나 사회구조적 접근방식인 평화통일운동이나 사회봉사/사회복지선교적 접근 방식은 서로를 보완함으로써 통전적 선교를 가능케 한다. 그러나 이 세가지 대립되는 접근 방식을 어떻게 상호 보완적으로, 통전적으로, 종합적으로 연결시키는 구체적 방법을 찾는 것이 앞으로의 과제다.

또 '북한' 선교와 평화통일운동은 동일한 것은 아니지만 상호관련되어 있다. 통일을 사회체제통합 뿐 아니라 사회문화적 통합의 측면에서 보면 평화(통일)운동의 과제는 체제 통일 이전에 국한되지 않는다. 평화통일운동은 북조선의 '익명의 기독교인들'과 주체체제에 사는 사람들에게 기독교에 대해 마음을 열게 하는데 크게 기여할 수 있다. 즉 평화통일운동은 종교의 사회적 기능을 중시하는 주체체제 사람들에게 선교하기 위한 매우 유효한 선교 방식이라 할 수 있다. 물론 평화통일운동이 '북한' 선교를 목적으로 하는 것은 아니다. 다만 평화통일운동과 '북한' 선교가 별개의 것일 수 없을 뿐 아니라 평화통일운동이 결과적으로-의도적이든 아니든-'북한'

선교에 기여할 수 있다는 점을 명확히 지적하고자 한다. 그러나 양자의 관계를 좀 더 구체적으로 어떻게 연결해야 하는지 규명하는 것이 또한 남은 과제다.

그리고 사회체제 통합 이전과 과정과 이후에 평화(통일)운동이나 '북한' 선교에 대한 전략이나 방법에 대해 구체적으로 체계적으로 정리할 필요가 있다. 여기에는 너무 큰 변수가 많아 구체적 전략이나 방법을 찾기가 쉽지 않다. 그렇지만 평화통일운동이나 '북한' 선교가 보다 더 진전을 이루기 위해서는 이런 변수들을 염두에 두면서 장기적, 단기적인, 그리고 체제 통일 이전과 과정과 이후에 대비한 각각의 전략이나 방법을 준비하는 것일 불가피하다. '익명의 기독교인' 들에 대한 연구가 반드시 이뤄져야 한다. 과거에 기독교 신앙을 가졌거나 부모가 신앙인이거나 기독교인들과의 일로 인한 접촉을 통해 이들은 잠재적인 기독교인들로 불리운다. 이들을 어떻게 기독교인들로 현실화 시키느냐가 중요한 과제이다. 따라서 이들의 현 실태를 정확히 파악하고 변화 가능성과 그 구체적 접근 방식 등에 대해 연구하지 않으면 안된다.

'탈북자' 는 지원의 '대상' 이나 '북한' 의 직접 선교를 위한 훈련 '대상' 이 아니라 남한의 자본주의 문화와 북조선의 주체문화 사이의 경계에 서 있는 제 3의 문화적 주체로서, 북의 문화적 정체성을 지닌 채 남의 문화에 적응하는 과정에서 남북의 문화적 통합 과정에서 새로운 문화적 주체를 세우는데 중요한 기여를 할 수 있는 사람들로 보아야 한다. 어떻게 '탈북자' 들로 하여금 이런 새 문화적 주체 세우기에 능동적으로 참여하게 할지, 남한의 그리스도인들은 이런 과정에 어떻게 참여하고 도움을 줄 수 있는지가 연구과제이다. 이런 과제는 분단 언어와 냉전문화를 극복하고 남북으로 하여금 탈분단을 향해 나아가게 하는데 기여해야 할 것이다. 중국의 조선족

교회 역시 이런 시각에서 보아야 한다. 남한에서 '탈북자'와 함께 새로운 문화적 주체 세우는 과정에 참여하는 것이 자본주의 사회를 전제로 한 것이라면, 중국의 조선족 교회는 사회주의 체제에서 이 과제에 참여하는 것이다. 따라서 이 양자의 과정을 비교 연구하여 나온 결과는 남북 문화통합 과정에 보완적으로 적용될 수 있을 것이다. 이런 과제들이 앞으로의 평화 통일운동과 '북한' 선교가 한 단계 진전시키기 위해 필요하다.

3장_ '북한'[1] 연구 동향에 대하여

들어가는 말

지난 10년 간 북조선에 대한 연구가 남한에 급증했다. 우선은 소비에트연방 해체와 동구권 사회주의의 붕괴, 북조선의 식량난, 경제난으로 남한 정부가 북조선에 대해 자신감을 갖게 된 것, 경제적 여유-거품경제였지만-로 인한 '북한' 연구 지원비의 급증, 대학의 북한학과의 개설, 통일 연구소의 급증 등을 그 원인으로 볼 수 있다. 통일 관련, 또는 '북한' 관련 세미나, 학회, 저술 등이 따라서 급증했고 북조선을 하나의 학문 대상으로 보는 '북한학' 저서가 여럿 출판되면서 하나의 학문으로 자리잡는 것처럼 보였다. 그런데 정말 '북한' 연구가 하나의 학문으로 자리잡을 만큼 질적인 수준이 제 궤도에 오른 것일까? 아니 북조선은 단순한 지역연구나 학문 대상이 될 수 있는가?

---

1) 남한과 북한, 남조선과 북조선 등 남북 사이에 서로를 부르는 이름에 차이가 있다. 이 글에서는 '북한' 연구나 '북한학' 처럼 남한에서 주로 사용하는 사례를 제외하고는 가급적 북조선으로 사용하기로 한다. 그것은 '남' 이 자신을 남한이라고 부르는 것처럼 '북' 도 자신을 북조선이라고 부르기 때문에 이를 존중하기 위함이다.

김일성 주석 사망 후 우리 사회에는 소위 '북한 전문가' 들이 '북한 붕괴 시나리오'를 열심히 '전도'하던 때가 있었다. 이런 목소리들이 보수적인 언론과 결합해서 더욱 증폭 확대되었다. 그러나 북조선은 남한의 '전문가' 들의 '예측' ―주관적인 바람―과는 달리 김정일의 권력 승계가 마무리되고 새로운 체제 구축과 함께 인공위성을 발사하고 사회주의 강성대국을 지향한다고 선언했다. 2000년 6월에는 남북정상회담이 열렸다. 또 많은 학자들이 내세웠던 '흡수통일론' 도 국제금융기구(IMF) 관리체제 이후 빛을 바랬다. 한마디로 지난 10년의 '북한' 연구가 과학적인 태도로 진행되었는가에 대해 회의적이다. 1990년에 이종석이 당시의 '북한' 연구가 비과학적이며 어떤 글(유석열, 「김일성의 개인숭배 및 권력숭배」, 『북한 정치』)을 "3류 소설에서나 나올 법한 서모―장자 간 갈등으로 묘사"[2] 했다고 비판했는데 그 이후 10년 간 아직도 비과학적 연구 태도가 크게 개선되지 않음을 볼 수 있다.

이런 연구 풍토 속에서도 일부 연구자들은 기존 '북한' 연구 방법에 대해 비판하고 그 대안을 제시하며 남한의 북조선 연구 태도가 기본적인 학문 자세를 갖추도록 노력해왔다. 이 글은 이런 노력의 일부를 소개하되 주로 '북한' 연구 접근 방식을 위주로 다루기로 한다. 또 정치, 경제, 사회 체제 중심의 기존 '북한' 연구와는 전혀 다른 방법으로 북조선을 연구하려는 새로운 경향을 간략히 소개하려고 한다. 남한 교회의 '북한' 선교나 평화통일 운동이 기존 학계의 '북한' 연구 동향으로부터 무엇을 배울 수 있는지를 살펴보고자 한다.

---

2) 이종석, 「북한 연구방법론, 비판과 대안」, 『역사비평』 10호(1990, 가을) 82.

I. '북한' 연구 동향

1. 연구를 제약하는 요인들과 연구자의 태도

여기서 다루는 연구 방법은 엄격하게 말하면 방법론이라기보다는 연구 접근 방식을 말한다. 이것은 남한의 '북한' 연구가 아직 초보적인 상태임을 뜻한다. 연구가 초보적인 상태인 것은 우선적으로는 학자들의 문제보다는 연구를 제약하는 요인들이 있기 때문이다. 남한에서 '북한'에 대한 학문적 연구를 제약하는 것은 강력한 반공 이데올로기가 연구의 지도 지침이 되어 연구의 결과를 미리 재단해왔다는 점, 연구 주체가 관변 연구 단체나 그런 성향의 학자들이 다수였다는 점, 북조선에 관한 객관적 자료가 극히 적은데다가 그나마 최근까지도 접근에 제약이 따른 점 등이다. 그렇지만 연구자의 태도가 이런 요인들의 한계를 극복하려고 하기보다는 그런 요인에 안주하며 자신의 연구 태도를 오히려 합리화한 면이 있었다. 그래서 '북한' 연구자들에게는 "북한에 대한 분석 전망은 지금까지 그래왔듯이 전망할 권리는 있으나 (지독한 폐쇄사회인 북한의 경우 사료부족으로 분석전망 자체가 항상 한계가 있을 수밖에 없다는 식의 핑계를 들어) 그것에 대한 책임을 지지 않아도 된다는 안이한 풍조"[3]가 만연되어 있었다.

이런 연구 풍토에 대해 안병영은 "우리의 통일 정책이나 북한사회에 대한 무지는 당연시되면서 미국의 대통령 선거과정을 제대로 이해 못하는 경우 학자적 자질이 논란되는 상황"[4]이라고 했다. 결국 '북한' 연구를 제약하는

---

3) 위의 글, 76.

4) 안병영, 「북한 연구방법론」, 『현대공산주의 연구』, 이종석, 「북한 연구 방법론, 비판과 대안」에서 거듭 인용.

여러 요인들에도 불구하고 연구자들의 연구 태도가 더 중요한 것임을 알 수
있다. 남미의 해방신학자 세군도도 해방신학에서 해방적 입장을 지켜주는
것은 해방신학의 내용이 아니라 그 방법론이라 했다.[5] 이처럼 어떤 연구에
있어서나 연구 방법 또는 연구 접근 방식은 연구 결과를 담보한다. 따라서
본 연구가 '북한' 연구 접근 방식이나 '북한' 선교, 평화통일 접근 방식에 대
해 연구하는 것은 내용 연구 못지않게 중요한 일임을 알 수 있다.

2. 외재적 접근법

안병영은 접근법을 "명시적 (또는) 묵시적으로 스스로의 연구 방향을 잡
고 자료 선택을 조정하기 위하여 활용하는 가정의 체계 혹은 조직화된 개
념"[6]이라고 했다. 외재적 접근법은 "연구대상의 국가적 성격을 관찰자의 가
치기준에서 외형적인 현상중심으로 해석하고 평가하는 방법이다."[7] 바꿔
말하면 남한의 연구자가 북조선을 그 체제 '밖'에서 보는 것으로 이 때의
'밖'은 남한의 연구자가 서 있는 자본주의 체제를 가리킨다. 남한의 대표적
인 외재적 접근법은 전체주의적 접근법으로 80년대 중반 이전까지 '북한'
연구를 주도했다. 대표적 저서는 안병영이 1977년에 발표한 「북한연구의
방법론」과 1982년의 『현대공산주의 연구』가 있다. "나치즘과 파시즘의 본
질로 파악되었던 개념을 사회주의 국가에로까지 확대시킨 이 관점은 기본
적으로 냉전의 산물로서 자본주의 대 사회주의의 대결을 인류공동체의 절
대선인 '민주주의' 대 절대악인 '전체주의'의 대결로 치환하는 극단적인 이

---

5) Juan Luis Segundo, *The Liberation of Theology*, (Maryknoll, New York: Orbis Books, 1976), 39–40.
6) 안병영, 「통일 및 북한 연구의 방법론 평가」, 평화통일연구소, 『통일정책』 3권 1호, 강정구, 『통일시대의 북한
학』(서울: 당대, 1997) 65에서 거듭 인용.
7) 김동규, 『북한학 총론』(서울: 교육과학사, 1999) 496.

분법적 발상에 기초하고 있다."[8]

　이종석은 이런 접근법의 문제를 세 가지 지적했다. 우선 전체주의의 특징들로 제시된 현상들이 사회주의 이외의 국가에서도 광범위하게 나타난다는 것, 전체주의 모델의 정체성, 그리고 이 개념이 지나치게 모호하고 다양하게 이해되기 때문에 결국은 쓸모가 없다는 것이다. 그런데도 남한의 학계에서는 80년대 후반에도 이런 접근법에 의존한 연구가 상당히 많았다. "전체주의의 개념 없이 북한 정치체계의 특이한 점들을 설명할 수 없다."[9]는 주장은 이런 경향을 잘 보여준다. 80년대 후반까지 남한의 '북한' 연구는 이데올로기적 제약과 그에 적극적으로 편승한 연구자들의 비과학적 태도로 진전을 이루지 못했다. 구체적으로 연구자들의 외재적 접근법, 전체주의적 접근법은 '북한'을 전체주의 사회로 재단하고 객관적 사실에 근거하기보다는 근거 없는 사실이나 추측에 의한 '소설' 같은 글들을 양산시켰다. 그래서 김일성 주석은 1994년에 사망하기 이전에 이미 우리 언론에서는 '북한 전문가' 또는 자칭 '북한 전문가'들에 의해 여러 차례 죽은 것으로 되어 있다.

3. 극복되어야 할 접근법

　이종석은 전체주의적 접근법 이외에도 행태주의적 접근방법, 평면적 비교방식, 문헌 중심적 접근방법 등의 문제를 지적했다. "행태주의는 분석단위로서 인간의 행태를 설정하고 경험, 관찰, 계량화를 강조"하는데 "문제의 본질보다는 기교에 치우치고, 경험적 보수주의라는 이데올로기를 은폐

---

8) 이종석, 위의 글, 80.
9) 박창희, 『신북한정치론』(서울: 일신사, 1987) p.15. 이종석, 「북한 연구방법론, 비판과 대안」에서 거듭 인용.

하고 있다는 등의 거센 비판을 받고 있다."[10] 양성철의 『분단의 정치-박정희와 김일성의 비교연구』(1987)는 평면적인 비교방식과 심리학적 방법에 기초한 행태주의가 결합된 책이다. 양성철은 이 책에서 김일성이 육문 중학을 중퇴한 사실과 그의 항일 유격대원됨을 연결짓고, 김일성의 어린 시절에 부친이 사망한 사실과 항일활동을 연결시킨다. 물론 행태주의가 지닌 나름대로의 강점을 부정하는 것은 아니지만 '북한' 연구에 이처럼 무분별하게 적용되어서는 안 된다. 평면적 비교방식은 '북한'이라는 사회주의 체제를 남한이라는 자본주의 체제와 계량적인 수단을 통해 단순 비교하는 것을 말한다. 남북간 국민소득의 비교, 국방력 비교 등이 좋은 예이다. 비교론적 관점 자체는 중요한 방법이지만 "질을 무시한 양적 비교로 치우친다면 그것은 의미 없는 상대체제에 대한 우월성을 강조하기 위한 비과학적인 목적론적 접근방식"[11]이 된다.

문헌 중심적 접근방법은 자료와 객관성을 강조하며 역사적 사실 규명에 주안점을 둔 접근방법으로 이종석은 서대숙의 저서(『한국공산주의운동연구』, 1985, 『북한의 지도자 김일성』, 1989)를 이 부류의 예로 든다. 풍부한 자료를 바탕으로 저술한 것은 서대숙의 장점이지만 이종석은 그의 저서를 "북한사회의 작동원리에 대한 인식 결여로 과학적 접근과는 거리가 있다."[12]고 비판했다. 즉 연구의 중심이 상부 정치 구조에서의 김일성의 활동에 둠으로써 "김일성과 북한 인민대중과의 상호관계, 사회주의 건설 과정에서의 김일성의 역할 등에 주목하는 상, 하부구조의 통일적 이해와는 상당한 거리가 있다."는 것이다.

---

10) 이종석, 위의 글, 83.

11) 위의 글, 85.

12) 위의 글, 86.

송두율도 전체주의적 접근 외에 근대화론 또는 수렴론적인 접근을 비판하였다. 수렴론적 접근은 "양 체제(자본주의, 사회주의)가 '산업 사회'에 이르면 정치적 이데올로기는 점차 퇴색되고 두 체제는 서로 접근 내지 수렴할 것"으로 보고, "정치분석 위주의 전체주의 이론이 전제하고 있는 고정불변의 실체주의적 입장과는 달리 양 체제의 공존을 전제한 상대주의적 그리고 기능주의적 접근방식을 토대로 주로 경제, 과학 및 기술을 중시하면서 자본주의와 사회주의간의 체제비교를 분석의 중점적 과제로 삼"는다.[13] 송두율은 수렴론적인 접근법이 평화공존 체제를 지향하는 점을 긍정적으로 평가하지만, 사회주의 이념 자체를 포기한 것이 아니라는 사실과 레이건 취임 직후처럼 냉전 체제적 긴장이 다시 고조되는 것을 설명하지 못한다고 비판했다. 또 송두율은 전체주의적 접근법이나 수렴론적 접근법을 외재적 방식이라고 비판하지 않고 '선험적' 입장이라고 비판했다. 즉 전체주의나 양 체제의 수렴이라는 것은 객관적 사실이나 경험 이전에 연구자의 주관적 의도라는 것이다. 이것은 연구 접근 방식으로서의 '외재적' 접근법에 대해 비판적임을 보여준다. 즉 연구자가 체제 '안'이나 '밖'에 있는 것이 중요한 것이 아니라 연구자의 자세가 경험과 사실에 바탕을 둔 것인지 아니면 '선험적'인 주장이나 입장에 바탕을 둔 것인지가 더 중요하다는 것이다.

4. 내재적 접근법과 내재적 비판적 접근법

송두율은 북한사회를 제대로 인식하기 위해서는 정당한 방법론이 마련되어야 한다면서 그 대안으로 내재적 접근법을 제시했다. 내재적 접근은

---

13) 송두율, 「북한사회를 어떻게 볼 것인가?: 북한사회를 제대로 인식하기 위해서는 정당한 방법론이 마련되어야 한다」, 『사회와 사상』(1988, 12월) 106.

"우선 사회주의가 지향하는 이념(예를 들어 사회적 평등)이 어떠한 '성과'
로서 현재 사회주의사회에 구체적으로 나타나고 있는가를 유형론적으로
비교 분석"[14]하는 것이다. 예를 들면 사회주의의 여러 정책을 사적 및 계량
적 기술을 통해서 이념과 현실을 비교 검증하는 것이다. 송두율은 내재적
접근법의 장점을 전체주의나 수렴론적인 접근법이 지닌 '선험적' 입장의
오류를 극복하는 것이라고 했다. 즉 사회주의의 목적과 현실을 사회주의가
스스로 이야기하게 함으로써 사회주의의 실체와 기능을 드러내게 하는 것
이 이 접근법의 특징이라고 했다. 그러나 이 방법의 약점은 내재적 접근법
이 의존하는 '북한'의 양적 질적 '자료'의 신빙성의 문제라고 했다.

강정구는 내재적 접근법 이외에 총체적 접근법, 역사추상형 비교방법,
다양한 비교방법, 역사적 접근법, 현재적 역사주의에 매몰된 역사해석과
역사 재구성 극복[15]을 제시하고 있으나 위에서 살펴본 극복되어야 할 방법
이나 연구 접근법과 공존할 수 있는 연구 방법론으로 보인다. 이종석도 연
구의 인식론적 수준에서 내재비판적 접근과 역사상황적 접근을 다루고, 분
석 수준에서 비교분석과 구조적 분석, 역사문화론적 분석 및 역사적 분석,
그리고 적대적 의존관계와 거울영상 효과를 제시한다.[16] 10년 전에는 이종
석도 내재적 비판적 접근법을 비교 사회주의적 접근과 남북관계론적 시각,
역사상황적 인식과 역사적 접근, 실증적 분석과 나란히 '북한' 연구 대안으
로 제시했었다. 그러나 이제는 '북한' 사회에 대한 인식론적 차원과 '북한'
사회 분석 방법을 구별하고 있다. 이처럼 '북한' 연구 방법에 대한 논의가
접근방식 중심에서 인식론과 분석 방법으로 분화 발전되어 가고 있음을 알

---

14) 위의 글, 108.
15) 강정구, 『북한의 사회』(서울: 을유문화사, 1990), 32-46.
16) 이종석, 『새로 쓴 현대 북한의 이해』(서울: 역사비평사, 2000) 24-33.

수 있다. 이 글은 접근 방식, 인식론적 차원에 제한해서 '북한' 연구 동향을 살피고자 한다.

이종석은 기존 '북한' 연구 방법을 비판하고 그 대안으로 내재적 비판적 접근법을 제시했다. 이 접근법은 "북한사회를 분석할 때 핵심적인 것은 북한 사회주의가 지향하는 이념을 이해하는 것이고, 그것이 만들어낸 현실의 다양한 사회작동원리를 분석하는 것이며, 이 이념이 북한사회 현실에 어떻게 구체적으로 구현되고 있는가(현실적합성 여부의 문제)를 관찰해야 한다는 것이다."[17] 즉 이 접근법의 핵심은 내재적 작동논리(이념)의 해명과 논리의 현실 적합성에 대한 비판적 규명이라는 것이다. 이종석은 이런 방식을 사용한 소장학자들의 사례를 소개하면서 이 접근법이 남한의 '북한' 연구 방법으로 정립되는 것은 "치열한 과학정신과 다양한 실증자료의 활용을 통해서 연구자들이 얼마만큼 비판적 영역에 배치되어야 할 내용들을 올바르게 채워넣을 수 있느냐의 여부에 달려 있다"[18]고 했다. 연구 자료의 문제 못지않게 연구자의 비판적 태도가 중요하다는 것이다.

최근 저서에서 이종석은 내재적 비판적 접근법에서 '비판적' 의미를 강조했다. 그는 송두율의 내재적 접근만으로는 부족하다고 비판하면서 어떤 사회를 '안'으로부터 이해한 뒤에는 '바깥'의 기준을 갖고 검토할 수 있다는 것이다. "한 사회 혹은 이론에 대한 내재적 이해가 충분히 전제된다면 그것에 대한 평가나 검토는 내재적 정합성만이 아니라 외재적 기준에 의한 평가도 가능한 것이다."[19] 강정구도 내재적 접근법을 중시한다는 것이 인권, 민주화 등을 기준으로 한 외재적 접근법을 쓰지 말아야 한다는 것은 아

---

17) 이종석, 「북한 연구방법론, 비판과 대안」 87-88.
18) 위의 글, 89.
19) 이종석, 『새로 쓴 현대 북한의 이해』 25.

니라고 했다.[20] 이처럼 외재적 접근(송두율은 사용하지 않음)에 대해 비판적 태도를 보이고 그 대안으로 내재적 접근법을 주장한 학자들이 외재적 접근법에 대해 열린 태도를 보인 것은 강정인의 계속된 비판[21]에 기인한다. 송두율도 1995년에 자신의 내재적 방법에 대해 재론한다.[22] 강정인은 내재적 접근이 북한을 미화 또는 옹호하는 경향이 있음을 비판하고 이 접근법으로는 북한사회 실상과 공산권의 변화를 설명할 수 없다고 비판했다.

한편 서동만은 내재적 방법론의 한계는 방법론이 지닌 한계라기보다는 연구 여건에서 오는 한계라고 하면서 이 방법론의 문제는 사회주의의 이념과 논리를 너무 좁게 잡은 것으로 보았다. 즉 "북한의 공식 논리가 귀결되기까지 정책 형성의 프로세스를 추적하기가 거의 불능에 가까웠기 때문에, 내재적 접근법에 입각한 연구는 성과가 빈약할 수밖에 없었고, 북한체제를 옹호하는 듯한 인상을 주었다."[23]고 했다. '북한' 체제를 '안'에서 본다고 하지만 '북한'의 공식적인 사회주의 방향이 단선적인 것은 아니며 복수의 상을 설정할 수 있다고 했다. 그는 내재적 접근과 외재적 접근이 통합되어야 하며 그 통합의 위치를 중국식 '사회주의 시장경제', 시민사회, '분단체제론' '세계체제'일 수 있다고 했다. 또 그는 이런 방법론과 실제 연구 사이에 괴리가 있을 수 있는데 가장 큰 원인의 하나는 북한 공식 자료의 성격에 있다고 하면서 90년대 들어 급증한 '북한' 방문과 '탈북자'들의 증가가 새로운 정보소스로 등장했음을 지적했다.

---

20) 강정구, 위의 책, 36,

21) 강정인, 「북한연구 방법론: 내재적 접근법에 대한 비판적 성찰」, 『동아연구』 26집, 「북한연구 방법론II: '내재적' 접근법과 '외재적' 접근법의 상호관계에 관한 일 연구」, 『93 북한 통일연구 논문집(VII): 북한의 경제, 사회, 문화 분야』

22) 송두율, 「북한연구에서의 내재적 방법 재론」, 『역사비평』, 28호

23) 서동만, 「북한연구에 대한 반성과 과제: 1990년대 연구성과와 문제점」, 『현대북한연구』 (경남대학교 북한대학원, 1998) 75.

지금까지 우리는 '북한' 접근 방식 또는 '북한' 사회 이해를 위한 인식 방법 가운데 외재적 접근법의 대안으로서 내재적 접근법이 제시되었다는 것과 인식론 논쟁이 진행되면서 내재적 접근과 외재적 접근 사이에 상호보완성이 있음을 보았다. 즉 전체주의적 접근 방식이 문제이지 외재적 접근 자체가 문제가 있다는 것이 아니라는 점이다. 문화인류학에서도 어느 사회의 문화를 연구할 때 내부자의 관점(emic)과 외부자적 관점(etic)을 구분하는데 문화인류학은 기본적으로 외부자적 관점을 가진다. 이것을 남한의 '북한' 연구에 적용하면 우리는 내부자의 사상적 관점을 수용할 수 있어도 문화적으로는 외부자일 수밖에 없다는 것이며, 이것이 사회 연구나 문화 연구에 반드시 단점만은 아니라는 것이다. 이것이 이종석이 강조하는 '비판적' 관점이고 강정구가 외재적 관점을 수용할 수 있다고 언급한 내용이라고 해석해도 무리가 없을 것이다.

또 한 가지 지적할 것은 지금까지의 '북한' 연구를 주제별로 분류하면 정치, 외교, 경제 분야에 집중되어 있음을 알 수 있다. 통일연구원의 1991년부터 1997년까지의 '북한' 관련 연구 96편을 주제별로 분류하면 외교와 대외 관계가 28%, 정치가 20%, 경제가 19%, 군사, 안보가 10%, 사회 문화가 10%다.[24] 이런 연구주제의 편중은 연구 접근 방식이나 인식론적 논쟁이 한 방향으로, 주로 사회체제통합에 대한 관심으로 치우치게 했다. 이것은 그들의 연구 접근 방식에 관계없이 그들의 사고방식이 체제중심적이라는 것이라 할 수 있다. '북한' 연구는 다른 방식으로, 사회문화통합이라는 시각에서의 접근이 가능하다는 것을 잘 보여준 사례들을 다음 절에서 소개하고자 한다.

---

24) 소치형 외, 『북한의 이해』, (서울: 건대출판부, 1999) 15.

5. 새로운 연구 방법들

1996년 '탈북자'[25] 102명을 대상으로 한 설문조사에서 통일 후 가장 심각한 문제는 '사고방식, 가치관, 문화, 생활습관 등의 차이에 의한 이질감'(24.4%)이 1위이고, '통일 후 남북한의 사상과 이념의 차이에 의한 차이와 대립'(11.2%)은 3위였다.[26] 많은 사람들은 '땅의 통일'이 이뤄지면 '사람의 통일'이 저절로 이뤄질 것이라고 생각하고 있다는 것이다. 전우택은 사람의 통일을 위한 대안으로 탈북자들을 통한 노력, 남북경협을 통한 노력, 일반 대중문화와 대중매체를 통한 노력, 남북한 사람들이 함께 하는 '사람의 통일을 위한 프로그램'의 운영을 제시했다.

조혜정은 사회문화적 통합의 차원에서 남북통일의 과제를, '북한' 연구를 하고 있다. 그는 "지금까지 통일논의는 정치, 경제, 무력의 차원에서 주로 이루어져 왔고, 사회문화적 통합논의는 거의 전무한 상태"[27]라고 비판했다. 그는 하버마스의 이론에 따라 사회를 체제통합과 사회통합의 두 차원으로 보면서 기존 통일 논의가 체제통합만 중시하고 사회통합을 간과해 왔음을 비판했다. 남북의 통일은 "단순히 두 개의 별도의 정치 경제 체계를 가진 두 국가의 통합이 아니라 그동안의 근대사와 분단체제가 만들어낸 여러 이질 집단을 다양한 형태로, 다양한 정도로 통합해낼, 곧 '다름'을 조직

---

25) '탈북자' 용어에 대해 김명세는 '귀순자'가 아니라 '탈북자'라고 불러야 한다고 했다. 김명세, 「탈북자의 사회적응은 민족화합의 예비과정」, 이영선, 전우택 편, 『탈북자의 삶-문제와 대책』(서울: 오름, 1996) 93-94. 이에 반해 장영철은 자신을 "정치적 망명자"로 불러줄 것을 요청했다. 장영철, 『당신들 그렇게 잘났어?』(서울: 사회와 사상, 1997). '탈북자' 김형덕은 '탈북자' 대신에 '자유 이주민'으로 불리도록 하는 법안을 준비 중에 있다(한겨레신문, 2002. 2. 25).

26) 전우택, 『사람의 통일을 위하여: 남북한 사람들의 통합을 위한 사회정신의학적 고찰』(서울: 오름, 2000) 313-4.

27) 조혜정, 「남북통일의 문화적 차원: '북조선'과 '남한'의 문화적 동질성, 이질성 논의와 민족주의, 진보주의 담론」, 송자, 이영선 편, 『통일사회로 가는 길』(서울: 오름, 1996) 30.

화해 낼 수 있는 문화적 역량이"[28] 있어야 가능하다. 그러나 남북 사이의 의사소통적 언어는 매우 경직되어 있고 오히려 '다름'에 대한 강한 거부반응, 극단적 획일주의가 분단을 통해 적극적으로 재생산되어 왔다. 정치 중심적 근대화와 '저항 민족주의'의 해체 없이 남북통일이 어려울 것이라는 것이 그의 기본 입장이다.

전효관은 "남한사회의 발전 과정을 의사소통 능력의 황폐화로 총괄하고 의사소통 능력의 제한이 사회 문제를 해결하기 위한 문화 역량을 제약하고 있다."[29]고 주장했다. 즉 남한의 통일 담론과 북한학이 어떻게 분단의 언어를 생산하고 있는가를 분석하고 탈분단의 언어를 만드는 주체가 시급히 형성되어야 함을 역설했다. 남한의 통일 담론을 보면 '적과 우리의 구분'에서 '적과 동포라는 이중적 규정', 그리고 냉전 이후에는 이런 담론이 동요되고 새로운 지형이 부상하지만 중요한 것은 이런 변화에도 불구하고 통일 담론은 "북한을 타자화 하면서 부정하는 논리를 철회하지 않는다."는 것이다. 그래서 남한의 통일 담론은 "의사소통 의지가 없이 의사소통 형식만을 빌린 담론"으로서 "대화의 형식을 빌려 자기 언어의 코드를 대중에게 강제하기 위한 정치 담론의 일부라고 할 수 있다."[30]

한편 북한학은 문화적 '순수성'을 내세워 '이질성'의 담론을 생산하고 '인간 본성'(자유 vs. 이기심)을 내세워 '동일성'의 담론을 생산함으로써 "'우리와 같다'가 자본주의의 승리를 상징화한다면, '우리와 전혀 다르다'는 앞으로 교정해야 할 필요성을 함축한다. '우리와 같다'는 규정은 지배의 희망을 재생산한다." 이처럼 북한학은 "북한에 대한 '내적 식민지화' 전략

---

28) 위의 글, 32.

29) 전효관, 「분단의 언어, 탈분단의 언어: 통일담론과 북한학이 재현하는 북한의 이미지」, 조한혜정, 이우영 엮음, 『탈분단시대를 열며: 남과 북, 문화 공존을 위한 모색』(서울: 삼인, 2000) 67.

30) 위의 글, 81.

을 정당화하는 담론의 확산이라고 할 수 있다."[31] 따라서 분단의 언어는 타자성을 억압하고 타자를 내적 식민지로 만드는 언어를 가리킨다. 결국 분단의 언어를 해체하고 새로운 언어를 소통시키는 과제, 상대주의적 입장에 선 새로운 문화적 주체를 건설하는 것이 중요하다는 것이 저자의 결론이다.

분단의 언어에 대한 극복 없이 사회체제의 통합이 어렵다는 전효관의 주장에 동의하면서 조(한)혜정은 남북한의 통합에 대한 논의를 위해서는 기존의 분단 상황에서 만들어진 학문적 담론의 틀을 벗어나 새로운 관점과 언어를 만들어내야 한다고 주장했다. 이와 관련해서 조한혜정은 "북한사회를 대상으로 하는 연구는 현재 대부분이 자체 내 시각 교정의 과정을 거치지 않고 상당히 안일하게 이루어지고 있는 편"[32]이라고 비판했다. 그는 그 원인이 냉전 시대가 준 자기가 끼고 있는 안경을 연구자가 의식하지 못하기 때문이라고 했다. 그는 문화적 상대주의를 전제로 해서 획일주의, 권위주의, 근대화론, 민족주의를 재검토함으로써 자기 자신에 대한 근원적 성찰과 재구성 작업을 요구한다. 앞으로의 통일 논의는 "북한만이 아니라 남한 사회까지도 새롭게 조명해 낼 수 있는 새로운 학문적 패러다임을 만들어 낼 수 있어야"하며, "냉전 체제에서 통일 작업을 추진해 온 '단일 주체'를 해체하고 다양한 주체"들이 참여해야 하며, "다원주의적 관점과 새로운 의사소통의 코드로 새로운 공공 영역으로서의 통일 공간을 열어 가야 할 것인데" 이 새로운 공간은 "'시민사회' 라 불러 온 영역일 것이다."[33]

새로운 '북한' 연구 방법/접근 방식은 '땅의 통일' 을 넘어서서 '사람의 통일' 에, 체제통합을 넘어서서 사회문화적 통합에 관심을 갖는다. 이런 접

---

31) 위의 글, 92.
32) 조한혜정, 「통일 공간과 문화: 비판적 재해석」, 『탈분단 시대를 열며』323.
33) 위의 글, 333.

근 방식은 '북한'을 타자화하거나 남한의 내적 식민지로 삼는 것에 반대하며, 냉전 시대의 분단 언어를 해체하고 남북의 의사소통을 가능케 하는 탈분단 언어를 모색한다. 또 분단 문화를 지양하고 근대화론이나 민족주의의 단일 주체를 해체하고 남북의 기존 정체성을 넘어서는 탈분단의 제 3의 문화적 주체 형성을 위해 노력한다. 이런 접근 방식은 불가피하게 다원주의적 관점을 갖는 시민사회를 통해 이뤄져야 한다는 주장이다.

6. '북한' 선교와 평화통일운동 참여자들이 '북한' 연구 동향으로부터 얻을 수 있는 교훈

우선 연구 자료의 한계를 인정하고 우리가 얻을 수 있는 제한된 '북한' 관련 자료에 대해 신중하게 판단해야 하며 가급적 직접적·간접적인 자료를 많이 수집하기 위해 노력해야 한다. 90년대에 들어서는 '북한' 방문자가 많이 늘었으며, 97년 이후에는 '탈북자'가 급증했기 때문에 이들도 중요한 연구 자원이 된다. 둘째 연구 자료의 한계를 인정하더라도 연구자가 치밀한 과학정신과 다양한 실증자료를 활용함으로써 과학적이며 비판적인 태도를 견지해야 할 것이다. 연구자의 희망이나 바람을 '객관적인 또는 학문적인 전망'처럼 착각해서는 안 된다. 셋째 '북한' 연구 접근방식에 있어서 내재적인 방식은 '진보적'인 학자들의 방식이고, 외재적인 방식은 '보수적'인 학자들이 사용하던 방식이라는 이분법적 도식이 무너졌다. 아무리 '북한' 체제에 호의적인 학자라 하더라도 그/그녀는 체제 바깥에 사는 외부인이다. 따라서 그/그녀는 '북한' 체제와는 다른 외부자의 시각을 가질 수밖에 없다. 과거의 외재적 방식이 '북한' 체제를 전체주의 체제로만 규정하는데 문제가 있던 것이지, 외재적 관점 자체가 문제가 있는 것은 아니다.

또 연구자가 체제 '안'이나 '밖'에 있는 것이 중요한 것이 아니라 연구자의
자세가 경험과 사실에 바탕을 둔 것인지 아니면 '선험적인'-보수든, 진보
든- 주장이나 입장에 바탕을 둔 것인지가 더 중요하다. 그러므로 과거의
'진보적'인 학자든 '보수적'인 학자든 과거의 접근방식에 얽매이지 말고
그것들에 대해 비판적이며 과학적인 연구 자세를 가져야 할 것이다. 마지
막으로 새로운 연구 방법과 경향에 대해 선교학적으로 선교 활동에 어떻게
응용할지 연구가 필요하다. 새로운 '북한' 또는 탈분단 연구는 사회체제통
합보다는 사회문화적 통합을 중시하고, 분단의 언어를 극복하며, 문화상대
주의 또는 다원주의의 시각에서 남북간에 새로운 문화주체 만들기, 시민사
회의 역할 등을 제시하고 있다. 이런 연구를 어떻게 '북한' 선교와 평화통
일운동에 적용할지 그 한계는 어떤 것인지를 규명하는 것이 과제다.

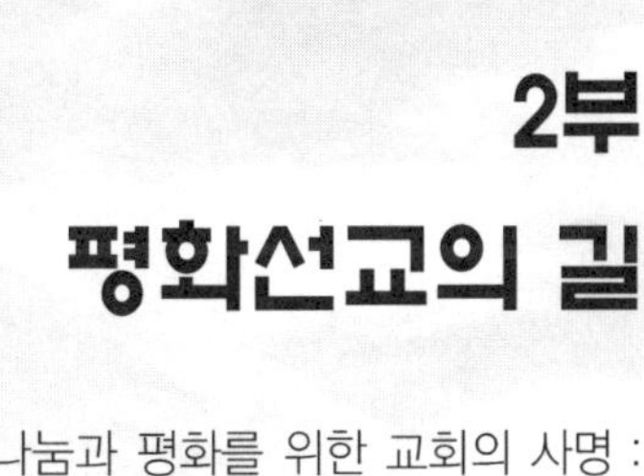

2부
평화선교의 길

4장_ 한반도에서 나눔과 평화를 위한 교회의 사명 : 대북 인도적 지원을 중심으로

지난 3.1절에는 일부 기독교인들이 시청 앞과 광화문에서 미국 국기를 흔들며 친미반북 집회를 열었다. 또 다른 기독교인들은 촛불집회를 통해 미선·효순 양 사망 사건에 대해 미국의 사죄와 책임자 처벌 등을 요구했다. 지난 4월 용천역 폭발참사는 남남갈등을 넘어서서 북한 피해자를 돕는 데 하나가 되었다. 6월 16일에는 체제를 선전하는 확성기가 42년 만에 철거되어 한반도의 평화에 중요한 진전을 이뤘다. 세계교회협의회는 21세기 첫 10년을 '폭력극복의 10년' 으로 정했고, '화해와 치유' 라는 주제로 세계선교와전도대회(CWME)가 아테네에서 2005년 열릴 예정이다. 1994년부터 생명신학 프로그램이 시작되어 우리나라에서는 1995년부터 1996년 사이에 생명신학 연구 프로그램이 진행되었다. 역설적이게도 비슷한 시기 북한에서는 수백 만 명의 아사자가 나왔다. 남한에서는 1997년 경제위기로 인해 많은 가정이 해체되었고 실직·노숙인이 급증했다.

탈냉전의 바람은 10년 늦게 한반도에도 불기 시작했다. 2000년 6·15 남북 정상회담은 한반도에서도 탈냉전이 시작되었음을 보여주는 역사적 전환점이 되었다. 1972년 7 · 4 공동성명이 미국과 중국 사이의 데탕트를 배경으로 하고, 1991년 남북기본합의서가 냉전종식을 배경으로 하고 있다면, 6 · 15 공동선언은 남북 사이의 독자적이며 주체적인 행위였다.[1] 비록 서로 다른 배경에서 나왔다 하더라도 남과 북이 만날 때 이 세 가지 합의된 원칙은 견지되어야 한다. 1972년 7 · 4 공동성명의 자주, 평화, 민족대단결 원칙, 1991년 남북사이의 화해와 불가침 및 교류 협력에 관한 기본합의(특히 1조: 상대방의 체제를 인정하고 존중한다. 4조: 상대방을 파괴 · 전복하려는 일체 행위를 하지 않는다), 2000년 남북정상회담에서 합의된 자주, 남측 연합제안과 북측의 낮은 단계의 연방제안의 공통성 인정, 이산가족, 경제협력과 남북교류 활성화, 당국 사이의 대화의 원칙 등이다. 이런 원칙을 거부하면 남북 사이의 역사를 거스르는 것이 되며, 남북 교류나 만남 자체가 불가능해진다. 이는 다시 냉전 시대로, 아니 전쟁으로 우리 민족을 몰아넣는 행위가 되기에 용납될 수 없다.

그런데 남북간 사회적 상황은 정전체제다. 통일을 위해서 남북 사이에 교류를 한다지만 정전체제가 평화체제로 바뀌기 전에는 남북 관계가 정상적 관계로 이뤄지기 어렵다. 바꿔 말하면 남북 사이의 단기적 목표는 평화공존이어야 하고, 중장기적으로 평화통일이 되어야 한다. 정전체제로부터 평화공존으로 나아가기까지는 남북 사이의 나눔과 교류는 살얼음을 걷는 심정으로 진행될 수밖에 없다.[2] 왜냐하면 남북 사이의 긴장과 갈등과 대립과 불신이 상호이해와 양보로 나아가는 것을 방해하기 때문이다. 그러면 우리 민족이 아직도 '우리의 소원은 통일'이라는 노래만을 부른다면 통일

---

1) 이승환, "남북정상회담 이후 민간단체의 대북지원 현황과 과제" 「극동문제」 극동문제연구소, 제294호(2003년 8월호), 15.
2) 박경서, "한반도 평화와 민간부문 협력사업" 강원발전연구원 북강원연구센터, 「북강원 포럼」 통권 2호 (2001년), 23–25.

은 결코 이뤄지지 않는다. 이제는 통일을 이루기 위해 구체적인 행동을 해야 한다. 그것이 나눔, 인도적 지원, 다양한 남북 교류이다.

이 글은 한국 기독교가 북한과의 나눔을 통해 한반도에 평화를 정착하는 데 기여했는가 그리고 어떻게 기여하는가를 살피고자 한다. 남측의 대북지원은 남북 경협과 남북 교류의 틀 안에서 이뤄지기에 먼저 간단히 남북경협과 남북교류에 대해 알아보고자 한다. 남한 기독교의 북한에 대한 인도적 지원에 대해 살핀 후 신학적인 차원에서 반성을 하고 바람직한 방향을 모색하고자 한다. 이 과정에서 '남남갈등'을 극복하고 한반도에 그리스도의 평화를 정착시키기 위해 기독교가 무엇을 해야 하는지를 제시하고자 한다. 그런데 기존의 글들은 기독교의 인도적 지원의 다양한 형태나 문제점은 지적했으나, 남북교류나 인도적 지원이 북한을 얼마나 변화시켰는지에 대해서는 거의 언급하지 않고 있다. 따라서 이 글은 남북 사이에 평화를 지향하는 나눔의 과정에서 먼저 정부와 비정부기구를 통한 남북교류를 살피고, 교회와 기독교 비정부기구를 통한 남북교류 현황을 알아본 후 남북교류 과정에서 북한의 변화를 추적하고, 남북교류를 위해 신학적으로 반성하고, 남한교회의 변화를 모색하며, 한반도에서 나눔과 평화를 위한 교회의 사명을 찾고자 한다. 그런데 나눔은 물자에 국한되지 않는다. 나눔의 범위에 인도적 지원과 경제협력, 그리고 사회문화 교류를 포함하되 이 삼자 사이의 관계를 한반도의 평화라는 관점에서 정리하고 기독교의 참여 방안을 제시하고자 한다. 이런 대안을 '생명살리기운동'과 관련지어 제시하고자 한다.

1. 정부와 비정부기구(NGO)를 통한 남북교류

1) 남북 경제 협력

냉전 시대의 남북관계는 주로 군사안보적 차원에서 다뤄졌다. 세계적인 탈냉전 흐름 속에서 남북관계는 군사안보적 차원으로만 다룰 수 없고, 경제적 차원, 국제적 차원 등 다차원을 다뤄야 한다. 이와 같이 다차원을 지닌 남북관계에 대해 포괄적인 접근의 핵심은 경제협력이다.[3] 남북경협은 북한의 경제적 문제 해결의 중요한 축이면서 동시에 북한 내부의 정치적 변화와 대외적 행위 패턴의 변화를 촉발하기에 정치적, 안보적, 국제정치적 의미가 있다. 포괄적 접근의 핵심으로서 남북경제협력의 내용은 무엇인가? 남한, 일본, 미국, 유럽 등은 북한에게 경제협력을 제공하고, 그 대가로 북한은 군사위협 제거문제에서 양보해야 한다. 이것은 북미 관계 정상화와 북일 수교를 초래한다. 북한은 사회주의 체제를 고수하면서도 시장경제를 도입한다. 이것은 상호 모순되는 것처럼 보이지만 "정치적 통제와 경제적 개방"이라는 남한의 유신 모델을 북한에 적용할 수 있을 것이다.[4]

군부에 기반을 둔 북한은 정치적 자유화에 대한 욕구를 최대한 억압하면서 경제개방으로 인한 물질적 보상으로 체제의 정당성을 획득하고자 한다. 국제적으로도 독일과 프랑스는 여러 차례 전쟁을 했지만, 석탄과 철강 등 전략물자의 공동생산과 관리를 통해 공동의 번영과 평화를 초래했다. "남북한간 경제통합을 통해 민족경제 형성을 추진하는 경우 남북한간의 평화구축 뿐 아니라 주변국들에게도 통일을 위한 유리한 국제적 여건을 조성할

---

3) 남성욱, 서론, 윤영관 · 박선원 엮음, 『북한의 체제전망과 남북경협』(서울: 한울아카데미, 2003), 9.
4) 윤영관, "남북경협의 국제 정치경제적 의미", 윤영관 · 박선원 엮음, 위의 책, 24.

수 있을 것이다."[5] 결국 경제협력을 통해 남북문제를 포괄적으로 접근함은 경제적 번영을 너머 동북아 지역의 평화에까지 기여할 수 있음을 의미한다. 이처럼 남북경협은 평화 정착에 기여할 수 있을 뿐 아니라 남북통일의 시간과 비용을 절약하는데 기여할 수 있다.

크게 나누어 남북경협은 인도주의적 지원과 정부 차원의 협력사업, 민간 기업의 사업으로 분류된다.[6] 인도주의적 지원은 정치·경제적 목적과 무관하게 인도주의적 관점에서 시행되어야 하며, 민간 차원의 지원과 정부 차원의 지원이 있다. 정부 차원의 협력사업은 한반도 에너지 개발기구의 경수로 건설, 경의선 단절구간 복원공사 등과 같이 남북관계를 어느 방향으로 발전시킬 것인가에 대한 국가의 전략적 고려에서 시행되어야 한다. 민간기업의 사업은 수익성 원칙에 입각해서 이뤄져야 한다. 1989년 단순교역으로 출발한 남북경협은 1992년부터 위탁가공교역으로 발전하였고, 2000년 6월 이후 투자 단계로 발전하려 하고 있다.

〈표 1〉 사회문화부문 남북한 방문 현황(1989 – 2003. 2)

단위: 건(명)

분 야	북한방문		남한방문	
	신 청	성 사	신 청	성 사
교육학술	54(325)	42(243)		
문화예술	63(1,008)	46(882)	5(384)	5(384)
체 육	174(1,733)	150(1,453)	8(1,044)	8(976)
종 교	94(596)	62(397)	1(10)	
언론출판	64(450)	50(389)		
계	449(4,112)	350(3,364)	14(1,438)	13(1,360)

자료: 통일부 협력국, 월간 『남북교류협력 및 인도적사업 동향』 제140(통일부, 2003. 2)
(출처: 배성인, 윤홍석, "김대중 정부의 남북 사회문화 교류협력: 평가와 과제", 16)

---

5) 위의 글, 26.

6) 신지호, "남북경협의 원칙과 기준" 김연철·신지호·동용승 지음, 『남북경협 가이드라인』(서울: 삼성경제연구소, 2001), 16–17.

2) 남북 사회문화 교류

민간차원의 대북 교류협력사업은 정치적 성격의 민족화해운동, 인도적 차원의 교류와 협력, 언론·학술·문화예술·종교·체육 등 일반사회문화교류로 나눌 수 있다.[7] 민족화해운동은 민족화해협력범국민협의회(이하 민화협)가 주도하고 있다. 2001년 6.15 금강산민족통일대토론회, 8.15 평양민족통일대축전, 2002년 6.15 금강산민족통일대축전, 8.15 서울민족공동행사, 2003년 서울3.1민족대회 등은 모두 이에 속한다. 인도적 교류지원은 다음 장에서 보기로 한다. 사회문화교류를 부면 우선 인적 교류의 급증을 볼 수 있다. 남한 주민의 북한 방문의 경우 〈표 1〉에서 보는 것처럼 체육 분야가 43.2%를 차지한다.[8] 북한 주민 접촉 현황을 보면 1989년 이후 1997년까지와 김대중 정권 시기를 비교하면 〈표 2〉에서 보는 것처럼 신청 건수는 거의 비슷하지만, 성사건수는 대단히 높은 증가율을 보이고 있다. 교육학술 분야의 경우 간접교류 형태를 취했지만, 학문 교류는 일천한 상태였다.

〈표 2〉 사회문화 분야별 북한주민 접촉 현황

단위: 건(명)

분 야	연 도	신 청	성 사
교육학술	1989 – 1997	387(2,827)	112(1,626)
	1998 – 2003. 2	318(1,647)	146(810)
문화예술	1989 – 1997	232(1,150)	32(552)
	1998 – 2003. 2	287(871)	129(435)
체 육	1989 – 1997	126(366)	31(94)
	1998 – 2003. 2	161(985)	79(667)

---

7) 이용선, "민간단체의 남북교류운동 현주소와 전망", 「민족화해」(2003년 5–6월호), 33. 이승환, 위의 책, 17.

8) 배성인, 윤홍석, "김대중 정부의 남북 사회문화 교류협력: 평가와 과제", 극동문제연구소, 「극동문제」 제291호 (2003년 5월호), 16–17.

분　야	연　도	신　청	성　사
종　교	1989－1997	244(1,167)	59(577)
	1998－2003. 2	181(921)	111(650)
언론출판	1989－1997	206(570)	32(102)
	1998－2003. 2	220(575)	126(398)

자료: 통일부 교류협력국, 월간 『남북교류협력 및 인도적 사업 동향』 각 월호(1990－2003. 2)
(출처: 배성인, 윤홍석, "김대중 정부의 남북 사회문화 교류협력: 평가와 과제", 17)

　　문화예술 분야는 1998년 이후 급증했다. 체육교류는 남북당국을 통해 주도되었으나, 민간기업이나 민간단체를 통한 교류가 조금씩 나타나기 시작했다. 언론출판 분야의 교류협력은 2000년 8월 언론사 사장단 방북 이후 급증했다. 이산가족의 경우 북송을 희망하는 비전향 장기수 63명 전원을 송환했다. 2002년에는 이산가족 관련 6개 항목에 합의함으로써 제도적 해결의 전기를 마련했다. 이산가족 교류현황은 〈표 3〉과 같다.

〈표 3〉 이산가족 연도별 교류현황

단위: 건

구 분		85	90	91	92	93	94	95	96	97	98	99	2000	2001	총계
민간차원	생사확인		35	127	132	221	135	104	96	164	377	481	447	208	2,527
	서신교환		44	193	462	948	584	571	473	772	469	637	984	579	6,716
	제3국상봉		6	11	19	12	11	17	18	61	108	195	148	165	771
	방북상봉										1	5	4	5	15
당국차원	생사확인	65											792	744	1,601
	서신교환												39	623	662
	방남상봉	30											201	100	331
	방북상봉	35											205	100	340

(출처: 김민정, "6·15남북공동선언 이후 햇볕정책, 평가와 발전방안－여성의 시각을 중심으로－", 110.)

3) 대북 인도적 지원

가) 인도적 지원의 필요성

북한은 90년 냉전 종식이 되면서 국가 존폐의 위기를 맞이했다. 60년대까지도 고속성장을 하던 북한 경제가 70년대 이후 서서히 속도가 낮아지기 시작했다. 그래도 80년대까지 북한의 농업은 높은 생산성을 유지해왔다. 소련 해체와 중국의 시장경제 도입으로 90년대 초부터 북한은 이들 나라와 우호적인 무역거래를 할 수 없게 되었다. 대신에 북한은 에너지 수입 비용이 갑자기 급증했다. 그리고 북한의 화학 비료를 사용하는 기계집약적인 농업은 큰 타격을 받았다. 바로 이런 상황 직후에 큰 물 피해가 95년 이후 연속적으로 일어났다. 그래서 농업이 거의 붕괴되다시피 했다. 또 원유값 폭등으로 에너지 문제가 심각해지자 공장이 제대로 가동되지 못해 산업 전반에 심각한 영향을 초래했다. 식량과 에너지 문제가 심각해지는데 북한의 고민은 그 대안을 찾기 어려웠다.

북한의 자립경제 체제는 남한의 수출주도적 경제와 달리 소련과 중국 이외의 국가로부터 원유나 기계 등을 구입할 달러가 부족했다. 이것은 구조적인 문제여서 악순환을 초래했다. 결국 국가가 인민에게 하루 식량 배급을 세 번에서 두 번으로, 다시 한 번으로, 그리고 일부는 제공하지 못하는 상태로 악화되어 갔다. 북한 어린이 10명 가운데 4명은 영양실조 상태이고, 생후 12개월에서 24개월 된 어린이 1/3이 급성영양실조에 걸려 있다(방글라데시보다 어린이 영양 실조율이 더 높다). 금년 2월부터 유엔식량기구는 북한 인구의 1/6에 해당하는 400만 명의 노인, 어린이, 여성에게 식량공급을 중단했다. 어느 서구 학자는 지난 10년 간 북한처럼 급속하게 탈산업화된 국가는 지상에 없었다고 했다. 바로 이런 사정 때문에 북한은 6자 회담에서 보는 것처럼 경수로 건설이나 평화적 핵 사용에 대해 집착하고 있다.

또 1995년 이후 북한에 대한 장기적인 지원으로 인해 서구 구호 단체들의 원조 피로 현상(fatigue of aid)이 나타나고 있다. 그런데도 북한 주민들의 건강 상태나 식량상태는 호전될 기미를 보이지 않고 있다. 따라서 북한과 같은 민족이고 지리적으로도 가장 가까우며 화해 분위기 조성을 위해서 남북 사이의 나눔과 교류는 절실하다.

나) 현황

국제기구의 대북지원 현황〈표 4〉과 정부, 민간 대북지원 현황〈표 5〉, 남한 대북 지원과 국제사회 지원액 대비〈표 6〉를 보면 전체 대북 지원액에서 남한 지원액의 비율은 31.3%에 불과하다.

〈표 4〉 국제기구의 대북 지원 현황(1995. 9 – 2003. 12. 3)

단위: 만 불

연 도	목표액	지원액	비 고	지원/목표
95.9 – 96.6	2,032	927	미국 222.5 일본 50	46%
96.7 – 97.3	4,364	3,470	미국 717 일본 600 한국 339 EU 860	80%
97.4 – 97.12	1억 8,439	1억 5,781	미국 4,537 한국 2,653 EU 2,752 일본 2,700	84%
98.1 – 98.12	3억 8,324	2억 1,587	미국 17,185 EU 1,380 한국 1,100 캐나다 395 노르웨이 239 이집트 280 호주 132 체코 2	56%
99.1 – 99.12	2억 9,208	1억 8,980	미국 16,070 EU 798 스웨덴 383 캐나다 340 호주 227 덴마크 194 핀란드 72	51.5%
00.1 – 00.12	1억 9,746	1억 526	일본 3,522 미국 2,922 한국 1,807 호주 628 EU 478	53.3%
01.1 – 01.12	3억 8,398	2억 4,796	일본 10,370 미국 8,999 한국 1,579 독일 291 호주 288	64.58%

연 도	목표액	지원액	비 고	지원/목표
02.1-02.12	2억 4,683	2억 204	미국 6,346 한국 1,623 EU 458 호주 339	81.85%
03.1-03.12	2억 2,936	1억 3,304		58%

(출처: 이금순, "대북 인도적 지원의 영향력 분석", 53)

〈표 5〉 우리정부 · 민간의 대북 지원 현황(1995. 6 - 2003. 11) 자료: 통일부 인도지원국

기간	정부차원	민간차원	합계
'95	23,200만불(1,850억원) 쌀15만톤, 직접지원	25만불(1.9억원), 담요 8천매 국적 경유	23,225만불 (1,851.9억원)
'96	305만불(24억원) CSB, 분유, 기상자재 UN기구 경유	155만불(12.4억원) 밀가루, 분유, 식용유 국적 경유	460만불 (36.4억원)
'97	2,667만불(240억원) CSB, 옥수수, 분유, 보건 의료, UN기구 경유	2,056만불(182.1억원) 옥수수, 밀가루, 감자, 라면 등 국적/남북적십자 경유	4,723만불 (422.1억원)
'98	1,100만불(154억원) 옥수수 3만톤, 밀가루 1만톤 UN가구 경유	2,085만불(275.3억원) 밀가루, 옥수수, 식용유, 비료, 한우, 젖소, 비닐, 분유, 설탕 등 남북적십자 경유	3,185만불 (429.3억원)
'99	2,825만불(339억원) 비료 11.5만톤 직접 지원	1,836만불(223.6억원) 밀가루, 옥수수, 약품, 비료 4만톤 등 한적/독자창구(2.10-)	4,688만불 (562.6억원)
'00	7,863만불(943.6억원) 비료 30만톤 직접 지원	3,513만불(421억원) 옥수수, 감귤, 의류, 설탕, 분유 등 한적/독자창구	11,376만불 (1,365억원)
'01	7,045만불(913억원), 내의 150만벌, 옥수수 10만톤, 비료 20만톤, 말라리아방역지원, 직접지원/WFP/WHO경유	6,494만불(844억원) 옥수수, 감귤, 의류, 설탕, 분유 등 한적/독자창구	13,492만불 (1,757억원)

기간	정부차원	민간차원	합계
'02	8,375만불(1,075억원) 옥수수 10만톤(WFP경유) 비료 20만톤, 말라리아치료제 (WHO 경유)	5,117만불(641억원) 농기계, 의류, 의료장비, 씨감자 등 한적/독자창구	13,492만불 (1,716억원)
'03	6,199만불(744억원), 말라리아치료제(WHO경유), 취약계층 50만불(UNICEF), 비료 20만톤, 옥수수 10만톤(WFP)	6,279만불(752억원) 한적창구 11차 66억원 독자창구: 28개단체 191회 600억원	12,478만불 (1,496억원)
계	5억 9,579만불(6,283억원)	2억 7,587만불(3,353억원)	86,445만불 (9,550억원)

(출처: 이금순, "대북 인도적 지원의 영향력 분석", 50–51)

〈표 6〉 우리측 대북지원의 국제사회 지원액 대비　자료: 통일부 인도지원국

단위: 만 불

구분	'95.6~	'96	'97	'98	'99	2000	2001	2002	2003.11	누계
정부	23,200	305	2,667	1,100	2,825	7,863	7,045	8,375	8,701	62,081
민간	25	155	2,056	2,085	1,863	3,513	6,494	5,117	7,091	28,369
계(A)	23,225	460	4,723	3,185	4,688	11,376	13,539	13,492	15,762	90,450
국제사회(B)	5,565	9,765	26,350	30,199	35,988	18,177	35,725	25,768	16,013	197,985
총계(A+B)	28,790	10,225	31,073	33,384	40,676	29,553	49,264	39,260	31,775	288,435
A/A+B(%)	80.7	4.5	15.2	9.5	11.6	38.5	27.5	34.0	49.6	31.3

(출처: 이금순, "대북 인도적 지원의 영향력 분석", 53)

다) 문제

북한의 필요에 따라서가 아니라 남한의 형편과 편의에 따라 잉여농산물을 보냈다. 남북협력기금을 비정부기구(NGO)가 지원받으면서 사업의 중복과 경쟁 치열, 능력 한계 등 부작용을 낳았다. 그리고 지원물자에 대한 분배투명성이 보장되지 않는데 따른 부정적 여론이 있었다. 인도적 지원을 북핵 사태, 서해교전, 인권 등 정치 논리와 연계했다.

그러나 가장 중요한 문제는 인도적 지원이 정확한 판단을 적기에 내리지 못함으로써 대량 아사자를 막지 못했다는데 있다. 우선 북한은 인도적 지원물자를 자신의 통제에 두려했다. 북한 통계에 문제가 있었으며, 취약계층에 대한 파악이 제대로 이뤄지지 않았다. 또 에너지 문제로 인해 운송수단이 없어 북부와 동부지역의 피해가 심각했다. 남한은 식량의 전용 논란으로 분초를 다투는 지원이 지연되었다. 그러나 보다 근본적인 원인은 북한 위기 상황에 대한 정확한 평가가 없었다는데 있다. 북한 식량위기는 95년 이후가 아니라, 냉전 종식 직후 경제난이 시작됨으로써 경제체계가 제대로 작동하지 않았다.[9]

라) 과제

정부와 민간 단체의 역할을 구분하여 정부는 남북화해와 협력정책의 주요 수단이라는 실용적 측면에서 국가이익을 고려하여 민간단체를 통한 전략적 지원을 해야 한다. 그리고 북한의 주체성을 부정하는 국제민간단체의 시행착오를 극복해야 한다. 북한 체제를 인정하지 않는 서방 단체들이 관행대로 지원현장에 거주하거나 주민을 조직하고 훈련하고자 시도하다가 추방당한 경우가 많은데 이는 그들이 북한을 전혀 이해하지 못하거나 불신한 결과다. 민간단체에 대한 남북정부의 불신을 극복하는 것도 향후 과제다. 조급성을 탈피하고, 전문성을 함양시켜야 한다.

---

9) 이금순, 『대북 인도적 지원의 영향력 분석』, (서울: 통일연구원, 2003), 53-56.

2. 교회와 기독교 비정부기구(NGO)를 통한 교류

1991년 남북기본합의서가 발효되고, 세계적으로는 냉전이 종식되고, 국제사회가 자연재해를 당한 북한을 돕자는 호소를 하자 보수 진영의 교회들이 대거 인도적 지원에 참여했다. 이로써 80년대 기독교통일운동에 앞장섰던 진보 중심의 남북교회교류의 지형이 변화되었다. 소련해체와 동구권 사회주의의 붕괴로 보수 기독교단이 통일과 북한선교에 대한 새로운 관심을 갖게 되었다. 보수 기독교는 만약 준비 없이 통일을 맞는다면 통일은 우리 민족에게 축복이 아니라 재앙이 될 수 있음을 깨닫자 통일운동에 관여하기 시작했다. 보수교회들은 1995년 이후 계속되는 북한의 기아에 대하여 인도적 지원에 동참했다. 진보적인 교회들은 재정적인 열악함 때문에 인도적 지원에서는 큰 역할을 하지 못했다. 민족통일을 위해 보수와 진보가 연합하여 1993년 발족한 단체가 '평화와 통일을 위한 남북나눔운동' 이다. 그러나 시간이 갈수록 진보의 역할이 줄어들고 보수교회가 주축이 되었다.

지난 10여 년 교회 교류의 세 흐름은 통일운동, 선교활동, 인도적 지원 등이다. 세 흐름 가운데 통일운동과 선교활동을 접목하려는 시도가 있었다. 1990년부터 동경에서 통일과 신교라는 두 가시 목표를 갖고 '조국의 평화통일과 선교에 관한 기독자 회의' 가 시작되어 지금까지 지속되고 있다.

1) 통일운동

한국기독교교회협의회는 1981년 제4차 한독교회협의회를 계기로 1982년에 통일문제연구원 운영위원회를 설치하면서 국내에서 여러 차례 논의를 시작하려 했지만 당국의 방해로 무산되고 해외에서 해외동포들이나 세계교회의 도움으로 통일 논의와 활동을 진전시킬 수 있었다. 세계교회협의회가 1984년 일본 도잔소에서 개최한 동북아시아의 정의와 평화협의회에서 남한교회와 세계교회가 한반도의 평화와 통일에 대해 논의했다. 1986년 세계교회협의회의 주선으로 제 1차 글리온 남북기독자협의회가 열려 남북이 함께 성만찬에 참여했다. 1988년 한국기독교교회협의회 총회에서 "민족의 통일과 평화에 대한 한국기독교회의 선언"이라는 역사적 문서가 채택되었다. 분단에 공헌한 죄를 원죄로 보고, 통일원칙을 제시하고, 교회의 실천과제를 제시하며 1995년이 평화통일의 희년이 되도록 노력하기로 했다.

그런데 90년대 들어오면서 정부는 과거에 통일운동에 관여하지 않던 보수 교회 지도자들에게 북한 방문을 허용하고, 북한도 이들을 적극 수용하면서 통일운동 대오에 혼란이 일어났다.[10] 통일운동을 주도해오던 진보적 교회들은 인도적 지원에 적극 나서지 못하면서 통일운동에도 소극적이 된 듯하고, 이제까지 통일에 무관심했던 보수적인 교회들이 통일을 주도하는 것 같은 인상을 주었다. 1995년을 희년으로 선포한 것을 준비하기 위해 1993년 8월 15일에 열린 '남북인간띠잇기대회'는 여러 가지 면에서 획기적이었지만 교인들의 통일에 대한 의식이 성숙하지 못하고, 통일교육이나 공과 등에 의해 뒷받침 되지 못해 소모적 행사로 전락했고 1994년 행사는 제대로 되지 못했다.[11] 1995년 이후에는 희년을 언급하는 사람조차 거의 없었다. 2000년대 통일운동은 주로 민화협을 통해 6.15 금강산민족통일대축전, 3.1민족대회 등을 통해 타종교와 함께 추진되고 있다.

2) 선교활동

선교에 대한 이해에 따라 선교활동도 달라진다. 하나님의 선교 입장에

---

10) 홍성현, "한국교회의 평화통일운동" 평화와통일신학연구소 편, 『평화와통일신학1』(서울: 한들, 2002), 78-79.
11) 고현영, "1990년대 한국교회 통일운동의 전개와 그 성과" 『평화와통일신학1』, 94-95.

선 그리스도인들은 통일운동, 평화운동을 주요한 활동으로 여긴다. 이에 반해 북한을 선교의 대상으로 여기는 교인들에 의해 북한교회 재건운동이 펼쳐진다.[12] 이들의 입장은 명시적이지는 않지만 주로 북한의 지하교회를 지원하는 것이며, 북한의 공식교회를 인정하지 않았다. 그러나 차츰 인도적 지원을 통해 북한과 만나면서 저들도 조그련과의 교류의 필요를 느끼고 조그련을 인정하게 된다.[13] 한편 사회복지선교를 말하는 입장은 인도적 지원과 상당 부분 중첩되지만 동일한 것은 아니다.

3) 인도적 지원

가) 현황

대북 인도적 지원은 교회를 통한 지원과 기독교 비정부기구(NGO)를 통한 지원으로 구분된다. 대표적인 대북 비정부기구(NGO)로서는 남북나눔운동과 기독교북한동포후원연합회, 한민족복지재단, 우리민족서로돕기운동, 유진벨재단, 굿네이버스, 월드비전, 국제기아대책기구, 국제옥수수재단 등이다. 1998년 상반기까지 민간부문의 대북지원은 대한적십자사 단일창구를 통해서 이뤄졌으나 김대중 정부의 햇볕정책에 의해 4월부터 대북 인도적 지원을 활성화히는 차원에서 지원창구를 다원화하는 조치를 취했다. 따라서 교회든 비정부기구(NGO)든 1998년 이전의 지원 현황을 정확히 알 수 없다. 대한적십자사를 통한 개교회의 대북간접지원 〈표 7〉과 민간단체의 독자적인 대북 지원 현황 〈표 8〉을 살펴보면 기독교의 인도적 지원의 윤곽을 알 수 있다. 기독교단체가 북한에 인도적 지원을 한 액수는 1995년 이후

---

12) 임희모, "북한교회 재건론의 문제" 『평화와통일신학1』, 101-130.
13) 황홍렬, "'북한' 선교/평화통일운동 접근 방식에 대하여" 『평화와통일신학1』, 33-47.

2003년 4월말까지 900억원으로 추정된다.[14] 남한 교계의 1년 예산이 약 3조원으로 볼 때 매우 미약한 실정이다.

　예장통합은 2001년 봉수교회 뒤편에 온실재배시설 설치 지원, 2002년 온실재배에 필요한 씨앗과 보온못자리용 비닐 제공, 아동용 의류와 내의(7,500백만원 상당)를 지원했다. 예장합동은 평양에 봉수빵공장에 설치할 제빵기계와 설비 지원(1억 6천만원 상당), 밀가루를 매년 30톤씩 보내기로 했다. 기장은 쌀 60톤을 선적(1억 3천만원)했다. 감리교회는 평양신학교 건립에 앞장섰고, 예장 통합은 재정을 지원했다.

〈표 7〉 대한적십자사를 통한 개교회의 대북 간접 지원(1995. 9. 15-2000. 12. 12. 31)

민 간 단 체	지원규모(천만 원)	순 위
한기총북한동포돕기위원회	42.0	1
세계기독교통일신령협회	30.5	2
말일성도예수그리스도교회	17.2	3
월드비전	14.0	4
광림교회	12.0	5
한국기독교교회협의회	10.0	6
한국국제기아대책기구	7.0	7
(재)기독교선교횃불재단	7.0	7
영락교회	6.0	9
예루살렘교회	2.78	10
할렐루야교회	1.0	
한겨레미디아선교회	1.0	
금란교회	1.0	
사랑의 쌀 나누기운동	1.242	

---

14) 제성호, "한국교회의 대북 지원현황과 과제- '남북나눔' 과의 관련성을 고려하여-", 평화통일을 위한 남북 나눔운동, 「남북나눔운동 10년과 한국교회의 과제」(2003년 4월 28일), p.41.

민 간 단 체	지원규모(천만 원)	순 위
예장총회남북한선교통일위원회	1.0	
고척교회	2.107	
대한예수교장로회총회(개혁)	2.0	
예장총회본부(예장합동)	2.0	
대한예수교장로회경남노회	1.541	
시흥교회	1.33	
대한성결교회종로교회	1.3	
한전본사신우회	1.049	
한국복음주의협의회	1.015	
한국교회부활절연합예배위원회	1.0	
한국기독교목회자포럼	1.0	
연세대학교교회	1.0	
사랑의 교회	1.0	
평강교회	1.0	
계	18.342	

자료: 대한적십자사, 『대북지원활동 1995-2000』, 32.
(출처: 제성호, "한국교회의 대북지원 현황과 과제", 42)

월드비전은 씨감자 연구와 보급, 국수공장 운영과 수경재배, 개천인민병원 건축(20억 상당)을 지원했다. 굿네이버스는 젖소 목장 운영, 평양 제2인민병원, 평양안과병인 건립(50억 상당)을 지원했다. 한민족복지재단은 평양 빵 공장과 평양병원 현대화(52억 3천만 원 상당)를 지원했다. 유진벨 재단은 결핵검진차량과 관련물품(51억 7천만 원 상당)을 지원했다. 국제옥수수재단은 협동농장에 옥수수 종자와 비료, 농약, 농기계(20억 상당)를 지원했다.[15]

---

15) 보다 자세한 내용은 제성호, 상게서, 35-47, 임희모, "한국교회의 북한 사회복지 선교", 임희모, 『한반도 평화와 통일선교: 통전적 접근』(서울: 다산글방, 2003), 139-151을 참조하시오.

〈표 8〉 민간독자창구 지원실적(대한적십자사 창구 제외) 2003년 2월 28일 현재

단위: 불

단 체 명	지 원 액			북한측 파트너
	2001	2002	2003	
*한민족복지재단	8,187,954	3,850,540	837,220	아태평화위원회
우리민족서로돕기운동	6,926,045	4,551,006	967,620	아태평화위원회
*한국기독교북한동포후원연합회	6,427,610	9,590,006	4,742,500	조선그리스도교련맹
*굿네이버스	6,174,798	4,941,001	438,377	아태평화위원회
제주도민운동본부	4,386,000	35,000	0	민족화해협의회
남북어린이어깨동무	3,372,213	5,225,996	2,612,887	민족화해협의회, 어린이영양관리소
*유진벨	3,164,307	4,662,732	0	보건성
*월드비전	1,228,319	1,817,590	0	민족경제련합회, 농업과학원
천주교한마음한몸운동	681,442	788,397	0	조선카톨릭중앙위원회
새마을운동중앙회	518,900	576,066	14,426	아태평화위원회
남북농업민간협력연대	387,239	357,120	0	아태평화위원회
*국제옥수수재단	368,830	1,455,998	152,000	민족경제련합회, 농업과학원
한국제이티에스	294,699	440,555	88,355	라진선봉인민위원회
어린이의약품지원본부	224,402	747,478	0	민족화해협의회, 어린이영양관리소
조국평화통일불교협회	206,756	358,944	179,360	조선불교도련맹
원불교	147,174	852,093	125,546	조선불교도련맹
불교종단협의회	131,114	289,650	0	조선불교도련맹
평화의 숲	75,450	5,972	0	아태평화위원회
*대한예수교장로회	18,400	155,255	0	조선그리스도교련맹
21세기 통일봉사단		338,400	0	민족화해협의회
남북강원도협력협회		1,179,480	0	민족화해협의회
새천년생명운동본부		148,500	0	민족경제련합회
동북아문화재단		76,466	0	나선인민위원회
천주교주교회의민화위		388,176	0	조선카톨릭협회
한국건강관리협회		762,69	0	아태평화위원회

단 체 명	지 원 액			북한측 파트너
	2001	2002	2003	
한국복지재단		86,304	0	아태평화위원회
*국제기아대책기구			346,778	민족화해협의회
계	42,921,652	43,681,420	10,505,069	

자료: 통일부 인도지원국 (출처: 제성호, "한국교회의 대북 지원현황과 과제", 40)

나) 특징

1998년 하반기부터 교회가 독자적으로 북한과 교섭 창구 개설했다. 대북지원은 인도적 물자에 국한되었다(현금지원 배제). 거의 긴급구호(식량, 아동용 영양공급)에 치중했다. 몇몇 대형교단의 소규모 대북지원을 제외하면 대부분 기독교와 관련있는 국내창구를 통해 간접적으로 이뤄진다. 교회의 대북창구는 조그련, 아태평화위원회, 민족화해협의회 등 3개 단체가 80%를 차지했다. 교회의 대북지원이 부분적으로 모니터링이 되고 있으며 그 과정에서 신뢰관계가 형성되고 있다. 마지막으로 주요 기독교단체는 정부의 매칭 펀드를 2000년 이후 지원받기 시작했다(굿네이버스, 한민족복지재단, 유진벨, 한국기독교북한동포후원협의회).

다) 문제

안정성 확보가 시급하다. 대표자에 따라 모금액이나 지원 액수의 차이가 커진다. 이는 적은 헌금을 내는 다수 회원/교인을 확보하지 못했음을 의미한다. 그동안 소비성 물품에 치중해 왔다면, 생산제 등 품목 다변화가 필요하다. 개교회, 특정교단 중심이 아니라 초교파적, 범교단적 차원에서 이뤄지는 것이 바람직하다. 기독교대북지원단체간 경쟁과 갈등, 심지어는 상호비방 사례까지 생겼다. 조그련과 직접 교류하는 단체는 두 곳에 불과하여 남북교회간 교류에 이바지 못한다. 그리고 모니터링이 다분히 형식적이다.

라) 과제

일반대중, 특히 취약계층(아동, 임산부, 육아원생, 노인)이 수혜자가 되도록 노력해야 한다. 평양 중심에서 탈피하여 변경지역, 내륙 깊숙이 지원해야 한다. 남한 교회간, 지원단체간 과당경쟁이나 중복사업 시행 등으로 물자 낭비, 편중된 지원, 비효율적인 분배 등의 문제가 있어 교회, 단체간 협력네트워크를 구축하고 정보를 교환하는 것이 시급하다. 긴급구호로부터 개발사업(특정 분야 특정 프로젝트를 통해 중장기 사업)으로 전문화, 체계화 전환이 필요하다. 그리고 전문인력 양성이 필요하다. 교회재건(건축)으로부터 봉사/복지선교로 전환해야 한다. 마지막으로 남한 교회 교인들과 국민들의 대북지원에 대한 공감대 형성에 주력해야 한다.

3. 남북 교회 교류의 문제와 신학적 반성

1) 남북 교류와 남북한의 변화

가) 북한은 변했는가?

남북교류나 인도적 지원이 실제로 북한에 어떤 변화를 일으켰는지 확인하기는 어렵다. 그렇지만 '고난의 행군'이 끝난 1998년 이후, 남북정상 회담이 열린 2000년 6월 이후, 특히 경제관기개선조치가 시행된 2002년 7월 이후에는 상당한 변화를 볼 수 있다.

1989년 임수경의 방북은 북한 천주교 부활에 결정적 힘이 되었으며, 성호 긋기, 이전까지 금지되었던 반 팔 티셔츠를 유행시켰다. 그보다 앞선 문익환 목사의 방북도 북한 주민에게는 큰 충격이었다. 목사가 국빈 대접을 받

고, 김 주석과 두 번 회담을 했다. 1991년 평양을 방문한 한 기자는 식당 접
대원으로부터 "신부나 목사는 미국 사람들 앞잡이 노릇만 하는 줄 알았는데
나라와 통일을 위해 저렇게 감옥까지 가면서 애쓰는 분들도 있구나 하는 것
을 알았지요." 두 사람의 영향으로 실제 기독교가 『철학사전』에서 정의하는
제국주의적 기독교와 다르지 않느냐는 반론 때문에 기존의 『철학사전』을
회수했다. 북한의 국어사전에서 정의한 종교와 미신 항목이 바뀌었다. 종교
에 대한 기존의 비판을 없애고 비판 대상을 미신으로 한정한 것이 1981년
출판된 『현대조선말사전』과 1992년 발간된 『조선말대사전』의 차이다.[16]

남북 사회문화 교류가 북한사회에 초래한 변화는 남한 사람들의 상상을
뛰어넘는다. 텔레비전 드라마의 경우 이전에는 금기시되었던 불륜이나 가
부장제 비판 등이 소재로 등장하기도 한다. 이전에는 사회적 차별의 상징
이었던 월남가족이 드라마('우물집 여인')에서 재평가되고 있으며, 노동당
에서는 전혀 차별하고 있지 않다고 변화된 정책을 간접 홍보하기도 한다.
처음에는 남한 예술이 '썩은 예술'이라고 혹독하게 비판했는데 차츰 긍정
적으로 평가하고 있다. 남측의 김연자 씨가 두 번 평양 공연을 한 뒤에는
남한 가요를 20곡을 부를 수 있게 했다. 이런 가요들은 이전까지는 민족 허
무주의직이고 되페직이라고 비난을 받아왔나. 남북 관계에서도 실리 주구
경향이 완연해졌다. 과거의 통일전선술 대신에 경제성, 상업성을 강조한
다. 2002년 열린 아리랑 축전에서는 다양한 '관광상품'을 개발했다. 심지
어는 비무장지대를 관광지대화 하고 있다.[17] 2002년 9월에는 윤도현 밴드
의 록 음악 공연이 평양에서 생중계 되었다. 그동안 록은 북한이 가장 경계

---

16) 김흥수, 류대영, "북한 주요 종교의 현황과 남북 종교교류의 가능성에 대한 연구" 한국기독교역사연구소,
『한국기독교와 역사』 제16호(2002년), 134-136.

17) 조한범, "정상회담 이후 사회·문화 교류가 북한사회에 미친 영향", 통일연구원, 『남북정상회담 2주년 기념
국제학술회의 발표 논문집』(2002. 6. 14), 104-110.

해온 미국 음악의 상징이었다. 이것이 북한의 청소년들에게 미친 영향은 임수경의 방북으로 비유되기도 한다.[18] 2003년 6월에는 장애인 보호법이 통과되었다. 이는 한국장애인보호협의회의 지원 사업이 준 영향 때문이었다. 조한범은 이런 사회문화적 변화를 체제 이완에 따른 동요 계층을 유화적으로 관리하고 충성을 유도하며, 격변하는 남북관계에 북한 사회의 적응력을 키우고 충격을 완화시키기 위한 것으로 해석했다.[19]

대북 인도적 지원이 북한 사회에 끼친 영향은 우선 정치적으로는 원조 외교 정책의 변화를 들 수 있다. 처음에는 국제사회의 지원 방식을 비난하다가 나중에는 국제지원에 익숙하지 않다는 것을 이해해달라고까지 했다. 국제지원과 관련해 초기에는 '조공'으로 인식하게 하다가 나중에는 지원 국가와 비정부기구(NGO)에 대해 긍정적으로 평가했다.[20] 경제적 영향과 관련해서 위기 상황이 완화된 것을 볼 수 있다. 2003년 곡물 생산은 약 415만 톤으로 1995년 이후 최대 증산이었다. 이는 무엇보다 비료 지원이 생산량을 두 배로 늘린 것과 밀접한 관련이 있을 것이다. 또 장마당이 활성화되고 개인 경작지가 활용되고 있다는 것도 무시할 수 없다. 어린이 영양상태도 상당한 진전을 이뤘지만 지역별 차이가 2-3배에 달하는 것은 문제다. 취약지역에 대한 지원이 절실하다. 북한 식량사정도 호전되었지만 지역과 계층에 따라 극심한 편차를 보이고 있다. 그렇지만 보건 분야는 거의 마비된 실정이다.[21]

무엇보다 결정적인 변화는 2002년 7월 1일 실시된 경제관리 개선조치였다.[22] 핵심 내용은 임금과 물가를 크게 인상하고 공장과 기업의 독립채산제

---

18) 배정인, 윤석홍, 상게서, 미주 12번 참조.
19) 조한범, 상게서, 108-109.
20) 이금순, 상게서, 59-79.
21) 상동, 80-88.
22) 이일하, 신석호 지음, 『토요일에는 통일을 이야기합시다』(서울: 필맥, 2003)

를 완성, 강화하는 것으로, 목적은 무너진 국가 계획경제를 복원하고 생산을 늘리는데 있다. 그런데 사회주의 원칙을 고수하면서도 경쟁을 도입해 생산성을 높이되 집단주의를 견지하기에 실리사회주의 추구라고도 한다. 실제로 평양의 구빈리 협동농장에서는 염소를 키우는데 월수입 차이가 '똑똑하게 한 사람'과 '건달뱅이' 사이에 5배가 된다. 이제 농장에서는 농번기가 되어도 공무원이나 군인의 도움을 거절한다. 그래야 수입이 증가하니까. 평양 시내에는 간이 매대(노점상)가 16개나 있다. 심지어는 김일성 주석 만수대 생가 귀퉁이에도 초라한 간이 매대가 있다. 옥류관은 작년부터 음식 15가지 조리법을 담은 CD를 판매하고 있다.

북한이 경제관리 개선조치를 실시한 것은 김일성 주석 사망 후 3년 간 '고난의 행군'을 배경으로 하고 있다. 이제까지 '사상대국' '강성대국' '경제대국'을 주창해왔는데 경제난을 겪으면서 '경제대국'을 1999년부터 두드러지게 강조하기 시작했다. 북한은 2000년부터 2년 동안 유럽연합의 지원을 받아 간부들을 서방에 연수를 보내 경제관리개선조치를 준비해왔다.[23] 그러나 북한의 경제관리개선조치는 '선군(先軍)사상'과 밀접한 관련이 있다. 북한의 지도사상이 정치지상주의에서 어려움에 처한 나라를 군인이 보호하고 지킨다는 선군사상으로 바뀌었다. 그러나 이면에는 군인들이 국방을 맡을테니 민간인들은 경제대국을 만드는데 총력을 기울이라는 것이 선군사상의 핵심이다.

그런데 최근의 변화는 경제개선조치가 개선이냐 개혁이냐 하는 논쟁을 불러일으키고 있다. 2003년 4월 1일자 〈조선신보〉는 최홍규 북한 국가계획위원회 국장과의 인터뷰에서 북한이 시장을 통제의 대상으로 보지 않으며, 농민시장을 공산품도 취급하게 하도록 시장으로 부르게 한 조치 등을

---

23) 이금순, 상게서, 90.

언급했다. 북한이 시장의 기능에 대한 관점을 변화시켜 학자들 사이에는 경제개선이 아니라 경제 개혁이라는 논란이 일고 있다.

그러나 북한의 최근의 급격한 변화는 남한에 잘 알려져 있지 않다. 남한에는 북한의 인권과 자유에 대해 염려하는 사람들이 상당히 많다. 북한은 하나님 나라의 잣대로 보면 자유와 인권에서 많은 개선이 이뤄져야 한다. 그렇지만 그 개선은 일방적 강요나 힘에 의해서 이뤄져서는 안 될 것이다. 북한 교회는 미약하지만 북한 사회의 변화를 위해 기도하고 행동해야 하며, '돈 선교'의 유혹을 뿌리쳐야 한다. 북한 사회의 변화는 인간의 생각을 넘어서는 하나님의 구원 활동 가운데 이뤄질 것이며, 한반도의 평화와 하나님 나라를 목표로 해야 한다.

나) 남한은 변했는가?

현재 남한에는 어떤 변화가 일어나고 있는가? 먼저 90년대 북한이 만난 해외동포나 남한 동포는 90%가 북한 사회를 배신한 사기꾼이라고 한다. 북한 사회를 크게 도울 것처럼 약속하고는 거의 지키지 않을 뿐 아니라 북한사회를 악의적으로 비방한다는 것이다. 특히 6·15 남북 정상회담 이후 북한은 정체, 경제, 사회, 교육 등 거의 전 사회가 변하고 있다. 이런 변화의 상징은 이산가족에 대한 태도 변화일 것이다. 그런데 오히려 남한이 변하지 않고 있고 미국의 눈치를 보는 남한에 대해 북한이 당황하고 있다고 한다. 남한은 통일 비용에 대해 북한에 사회간접자본을 지원하는 정도로 대부분 이해하지만 이일하는 북한 스스로 자립 기반을 갖도록 지원하는 것이라고 했다. 유엔 고등판무관실의 통계에 의하면 난민 3000만 명을 1년 돌보는데 드는 비용은 3억 명에게 1년 간 긴급구호를 보낼 수 있는 비용이라고 한다. 즉 당장 준비되지 않은 가운데 통일이 되어 북한 난민이 남한으

로 밀려들어오면 우리 경제의 20-50%를 지원해야 하고, 원조로 지원할
비용의 10배를 지불해야 한다는 것이다. 그런데도 남측의 상당수 사람들은
현대 정주영 전 회장의 대북 사업이 북한에 대한 독점권으로 엄청난 이윤
을 추구하는 것으로 보아왔다. 바로 이러한 편견이, 고정관념이 그를 죽게
했다. 이제라도 남한 사람들은 그의 죽음 앞에서 현대의 대북 투자는 화해
와 협력을 위한 '공공재'라고 이해해야 하지 않을까?

　냉전이 종식된지 10년이 더 지났다. 남한 사람들 일부는 냉전시대를 청
산하기 보다는 냉전문화 속에 안주하고 있다. 그 대표적인 것이 '퍼주기론'
이다. 우리만 주고 북으로부터 받는 것은 거의 없다. 우리는 주는데 북은
변하지 않는다. 우리가 줘도 북은 우리가 원하는대로 사용치 않는다. 우리
가 준 쌀을 인민군에게 먹여 우리에게 총칼을 들이댄다. '퍼주기론'의 시각
은 남북 관계를 대등한 국가 사이의 관계로 전제한다. 그러나 남북 사이의
국력 차이는 20-30배 정도다.

　독일 통일을 거울삼아 '퍼주기론'에 대해 비판하고자 한다.[24] 서독은
1969년 브란트 수상이 '동방정책'(평화공존과 관계개선 모색)을 펼쳤는데
그 배경에는 서독의 월등한 경제력, 주변국들의 통일 반대, 동서독 사이의
집촉 부재는 동서독 사이의 긴장고조와 분단 고착화를 우려한 점 등이다.
1972년 통행조약, 관계 정상화를 명문화한 기본조약을 체결한 후 동독을
지원하자 당시 보수파들은 브란트의 정책을 서독의 재산을 팔아먹는 것이
라고 비난했다. 동독이 외화부족 때 서독은 상업차관을 제공했다. 통행 인
원이 연간 수 백만 명이 되었다. 1987년 서독인의 동독 방문은 550만 명이
고, 동독인의 서독방문은 340만 명이었다. 그런데 서독의 '동방정책'을 동

---

24) 김정만, "분단국 교류협력 사례와 시사점" 한국수출입은행, 「수은해외경제」 제22권 8호(2003년 8월),
　　37-52.

독이 수용할 수 있었던 배경의 하나는 소련의 보호였다. 서독은 동독을 통일의 대상이 아닌 상호공존의 협력 대상자로 여겼다. 그런 가운데 서독은 경제지원을 동독 체제 변화를 유도하는 유인책으로 사용했다. 1983년 10억 마르크를 제공하면서 국경에 설치한 자동화기를 철거하게 했다. 1984년 9억 5천만 마르크의 차관을 제공하면서 서독으로의 합법적 이주자를 35,000명(83년에는 7,700명)으로 늘렸다.

서독교회의 지원은 동독교회의 생존에 결정적이었다. 서독교회는 자체 재원과 헌금, 그리고 서독정부의 위임을 받아 정부예산을 동독교회와 주민에게 지원했다. 동독정부는 목회자의 사례와 교회와 부속건물(병원) 유지를 위해 서독의 지원을 묵인했다. 1957년-90년 개신교의 현물이전 총액은 약 18억 마르크, 구교의 현물지원액은 5-10억 마르크였다.

인권문제와 관련해 서독은 이중정책을 폈다. 내정간섭을 회피하기 위해 표면적으로는 화해정책을 강조했지만, 비밀협상을 통해 특별한 노력을 기울임으로써 동독 주민의 인권상황이 개선되도록 노력했다. 이런 동서독 교류와 지원이 결국 동독인들로 하여금 스스로 체제를 선택하게 했다.

우선 서독에서도 '퍼주기론'에 대한 비난이 동방정책 초기에 있었다는 것을 알 수 있다. 그렇지만 가장 큰 차이는 당시 동독 뒤에는 소련이 있었지만 현재 북한의 뒤에는 아무도 없다는 점이다. 대화는 대등하거나 자신의 체제에 대해 자신이 있을 때 하게 된다. 북한도 9년 연속 마이너스 성장을 끝내고 나서야 2000년에 남북 정상회담에 응했다. 김정일 국방위원장의 답방이 늦는다고 비난하는 사람들도 많다. 그렇지만 독일 경우에도 서독의 빌리 브란트가 동독을 방문한 시기는 1970년 3월이었지만 동독의 호네커가 답방한 시기는 1987년이었다. 그리고 현금 지원이 동독을 동구권에서는 가장 잘 사는 나라로 보이게 했지만 사실은 재정 악화를 방지했다. 남한의 북한에 대한 현금 지원은 남침으로 이어질 것으로 얘기하는 사람들이 많다. 그런데 북한은 경제개선조치 내지는 경제개혁에서 외부 지원이 절실히 필요한 시기다. 이 때를 놓치면 북한은 자립할 기회를 영영 놓칠지 모른다. 이것이 통일비용임은 위에서 언급했다. 중요한 것은 전쟁을 통한 통일이 아니라면 북한 주민 스스로 체제를 선택하도록 끊임없이 북한에 대해 지원하는 일이 필요하다.

2) 남북 교회교류와 대북 인도적 지원에 대한 신학적 반성

가) 하나님 나라

한국교회의 성장이 성령에 의한 것이라면 성장한 한국교회는 가난한 자에게 복음을 전하고 이 땅에 하나님의 나라를 선포해야 한다. 교회가 사람들을 구원의 방주로 모이게 하면서 사회의 모순을 회피하게 한다면 그것은 창조주가 되시고 역사의 주재자가 되시는 하나님을 거스르는 것이 된다. 십자가는 그리스도인들로 하여금 하나님의 나라가 고난을 통해 다가온다는 것을 알려주며, 역사에서 그들이 회피할 수 없음을 깨닫게 한다. '그리스도의 남은 고난'에 동참하지 않는 한 그리스도인들은 화해의 직책을 감당할 수 없다. 구원은 영혼 구원과 깨어진 가정을 회복하고 갈라진 민족이 하나 되며 빈부차이, 성차별, 인종차별을 넘어서서 그리스노 안에서 새사람이 되어 새 하늘 새 땅을 이루는 것이다. '피조물의 신음'을 듣고 지구생명공동체의 회복까지 포함하는 것이 구원이다.

"종말론적 하나님의 나라는 개인의 종말인 영생, 역사의 종말인 하나님의 나라 및 우주의 종말인 새 하늘 새 땅이 장차 실현될 하나님의 무한한 영광 안에서 함께 조화를 이룩하는 샬롬 공동체"[25]이다. 가난한 자들은 복

음 전도의 대상이 아니라 하나님의 선교(*missio Dei*)에서 주요한 일꾼들이다. 부활하신 예수가 그들과 함께 하신다면 가난한 자들의 문제는 윤리의 문제가 아니라 복음의 문제다. 하나님의 나라야말로 그리스도인들이 분리시키려던 복음전도와 봉사를, 개인구원과 사회구원을, 역사와 종말을 하나로 묶는다. 구약성서에서 하나님의 나라에 대한 희망은 출애굽 경험과 좌절의 경험에서 비롯된다. 이사야 61장의 고난받는 종은 묵시적 전통과 예언자적 전통을 화해시킨다. 신약성서에서 복음서의 하나님 나라 선포는 서신서에서는 예수 그리스도의 주권으로 표현된다. 그러므로 그리스도인들의 모든 봉사는 우주적 갈등의 현실에서 공중의 권세잡은 자들을 포함한 일종의 악령 추출 행위라고 할 수 있다.[26] 부활은 새로운 출애굽으로서 하나님 나라의 희망을, 악에 대한 예수 그리스도의 승리를 개인에게, 민족에게, 온 우주에 명백히 보여 준다. 남북 사이의 나눔은 물질 뿐 아니라 복음을 나눔으로써 한민족이 하나님의 자녀로 거듭나고 분단된 남북이 예수 그리스도의 십자가로 화해하며 금수강산을 회복함으로써 한반도에 하나님 나라를 이루기 위해 하나님의 선교에 동참하는 활동이다.

나) 코이노니아

코이노니아는 공동체, 교제, 나눔, 참여, 연대, 헌금 등 다양한 의미를 갖고 있다. 코이노니아는 성부, 성자, 성령 하나님의 사랑에서 비롯된다. 사랑의 하나님께서 화해하게 하시는 현존이 코이노니아이기 때문에 하나님께서는 교회일치, 인류의 일치, 피조물의 일치를 원하신다. 먼저 교회가 치유되지 않고서는 세상에 확신을 갖고 치유를 선포할 수 없으며, 교회가 먼

---

26) Emilio Castro, *Freedom in Mission: The Perspective of the Kingdom of God: An Ecumenical Inquiry*, (Geneva: WCC Publications, 1985), 41–53.

저 인종적, 국가적, 민족적 적대감을 극복하지 않고서는 자유와 화해의 상징이 될 수 없다. 코이노니아는 선물이면서 동시에 소명이다. 코이노니아는 인간이 획득할 수 있는 것이 아니라 은혜 가운데 주어진다. 그러나 이것은 인간이 수동적으로 기다리기만 하면 주어진다는 의미는 아니다. 성령 안에 있는 그리스도인들은 코이노니아를 체험하도록 행동하게 된다. 이런 체험 속에서 하나님은 그리스도인들을 여러 가지 사회적 장벽을 넘어서도록 부르신다. 코이노니아를 체험하는 그리스도인들은 타자를 위협으로 여기지 않고 그들의 다름(신학, 인종, 문화, 언어 등) 속에서 그들을 존중하며 그들의 이야기를 들으며 그들을 이해하도록 격려받는다. 타자를 직면하는 것은 항상 고통스런 과정이며, 도전적이다.

이 때 필요한 자세는 예수께서 자기를 부인하고 자기를 비우신 것(kenosis)이다. 이러한 자기비움은 우리로 하여금 정체성 상실에 대한 두려움을 일으키며, 우리로 하여금 연약성을 느끼게 한다. 그러나 이런 연약성은 바로 예수의 연약성과 죽음의 사역에 충실함이다. 이를 통해 그리스도인들은 하나님과의 교제, 이웃과의 교제를 이룬다. 이렇게 해서 인간이나 집단 사이의 화해를 이룬다. 그리스도는 화해의 패턴이며 수호자이다.[27] 그리스도인들은 특히 가난한 자, 소외된 자들의 고난에 동참하며 그들을 편들며 정의와 평화를 세우기 위한 고난을 감수해야 한다. 이런 코이노니아의 입장에서 볼 때 남한 교회가 북한 교회나 북한 당국에게 자신의 요구를 강요하는 것은 자기를 비우라는 주님의 명령에 불복종하는 것이요, 사랑의 하나님에게서 오는 코이노니아를 거절하는 것이요, 따라서 화목의 직책을 감당하라는 주님의 명령을 무시하는 것이다.

---

27) Ed. by Thomas F. Best & Günther Gassmann, *On the way to Filler Koinonia*, (Geneva: WCC Publications, 1994), 226, 232-233.

다) 디아코니아

남북 사이의 나눔/코이노니아는 디아코니아를 통해야 바르게 행해진다.[28] 디아코니아는 주는 자-받는 자 도식의 바알 유형의 디아코니아도 있고, 야웨 유형의 디아코니아가 있다. 남북 사이의 나눔에서 받는 자와 주는 자가 고정된 것은 바알 유형의 디아코니아다. 이런 경우 도움을 받는 사람은 주는 자에게 감사할 뿐 아니라 무의식적 적대감을 지닌 내적 장애인이 된다. 반면에 주는 자는 타자의 도움을 받지 않고 주기만 하려는 강한 자가 된다. 이는 기독교 활동가들의 직업적 죄다. 왜냐하면 인간에게 죄/결함은 본질적 규정이기 때문이다. 그 어떤 인간도 남을 도울 수 없는 사람이 없다. 이것이 공동체의 본질이다. 또 주는 자는 주는 행동을 강조함으로써 행동주의에 빠지게 되며, 이신칭의, 칭의론을 부정하게 된다. "주는 일을 통해 더 많은 것을 받는다는 것을 깨달으면 그것이 나누는 일이다. 주는 것은 물질일 수 있지만 나누는 것은 나 자신이다."[29] 동료 인간 사이의 호혜적 만남의 경험은 치유 사건을 일으킨다.

디아코니아는 사회 가장자리에 있는 사람을 연대를 통해 중심으로 이끄는 일이며, 상호의존관계를 통해, 사회정의를 이룩하는 것이다. 올바른 디아코니아를 위해서는 도움이 필요한 사람에 대한 책임과 다른 사람의 삶에 대한 존중을 구별하는 지혜가 필요하다. 디아코니아적 사랑이 온정주의로 변질될 위험을 경계해야 한다. 타자가 자신의 책임을 스스로 지려할 때, 두 사람 사이의 관계는 우정의 관계로, 동역자의 관계로 나아가야 한다. 그렇지 않으면 지배의 관계를 위장하는 위험에 빠질 우려가 있다. 그리고 디아

---

28) 황홍렬, "사회복지, 디아코니아/사회봉사와 선교" 한국선교신학회 편, 『선교와 디아코니아』(선교신학 5집, 2002년), 44-52를 참조하시오.
29) 오재식, "절제와 사랑으로 약한 생명을 돌보자" 「기독교사상」 제475호(1998년 7월), 48.

코니아는 하나님의 나라를 목표로 한다. 그래서 디아코니아는 개인 사이의 관계로 그치지 않고 대안공동체 모델을 형성하게 된다. 그 공동체는 집단적 돌봄과 공동체로의 통합을 지향한다. 남한 기독교인들은 북한에 대한 지원 행위를 통해 북한에 교회를 세우거나 신앙을 갖도록 강요해서는 안 된다. 북한에 대한 지원/줌을 통해 더 많은 것을 받는다는 것을 배울 줄 알아야 한다. 주는 것이 받는 것보다 복 있다는 말씀을 바르게 깨달아야 한다. 그것은 물질로 되돌려 받는다는 것이 아니다. 그러나 이것은 북한이 받으면서 자기 마음대로 하라는 것은 결코 아니다. 남과 북은 그리스도의 십자가 안에서 새 민족을 이뤄야 한다. 남북은 나눔을 통해 남과 북이 아닌 그리스도 안에서 화해된 하나님의 백성이 되고, 하나님의 나라로 나아가야 한다.

라) 성만찬

남북 교회 사이의 나눔은 성만찬을 그 모델로 삼아야 한다.[30] 구약성서에서 하늘나라의 잔치로 이해된 공동식사를 통해 체험한 하나님의 현존은 하나님과 이스라엘 사이의 관계를 유지하고, 이스라엘의 사회법 제정에 영향을 주었으며, 사회구소를 변화시키는데 기여했다. 특히 공농식사는 사회적 약자들과 함께 할 때 그 의의가 더욱 두드러진다. 그렇지 않으면 공동식사가 지닌 종말론적인 중요성을 상실하게 된다. 예수의 식탁 역시 음식의 나눔을 통해 새로운 사회질서를 형성하고, 사람들 사이의 화해를 드러내며, 죄인의 회개와 죄인에 대한 용서 등 하나님 나라의 빛 안에서 해석되었다. 남북 사이의 나눔과 공동식사/밥상공동체는 가난한 자들을 불러 이 식탁에

---

30) 김동선 지음, 『예수는 생명의 떡이요 밥은 하늘입니다』(서울: 한국장로교출판사, 2003)

초대하여 용서와 화해를 통해 새로운 사회관계를 형성하도록 하는 과정이 되어야 한다. 즉 남북 사이에 나눔과 공동식사는 새로운 사회를 향한 입구가 되어야 한다. 예수 그리스도는 병들고 귀신들린 자들, 세리와 죄인들을 찾아가 그들과 함께 먹고 마셨다. 세리와 죄인의 친구가 되심을 통해 예수는 당시 유대교 지도자들로부터 소외되었고 배척을 받았다. 그는 그들과의 동일시로 인해 힘있는 사람들로부터 배척을 당하는 연약한 자였지만 하나님에 대한 신뢰를 십자가까지 견고히 붙들었다. 남북 사이의 나눔에 참여하는 그리스도인들은 예수 그리스도처럼 끝까지 참고 저들의 변화와 하나님을 기다리며 신뢰하며 끝까지 헌신해야 한다. 이것은 십자가를 지는 길이요, 일종의 순교다.[31] 남한 그리스도인들이 걸어야 할 십자가의 길은 성령께서 함께 하시는 길이며, 성령만이 남과 북을 변화시키며 화해하고 용서하게 하며 새 하늘 새 땅으로 나아가게 하신다.

마) 평화운동

하나님의 나라는 정의로운 평화다. 글렌 스타센은 정의로운 평화의 모형으로 주도권의 전환을 제시하고 있다.[32] 그에 의하면 평화운동에 참여하는 자들은 불의한 자에게 대항해야 하지만 정의와 평화의 주도권을 인간으로부터 하나님께로 돌려야 한다는 것이다. 그는 산상수훈이나 신약성서 모두에서 주도권의 전환을 제시한다. 이는 하나님의 은혜에, 하나님의 현존, 하나님의 행동에, 하나님의 구원에 참여하는 것이다. 겨자씨 안에서 경험되는 종말론적인 기쁨이다. 그가 제시하는 평화운동의 일곱 단계는 우선 공

---

31) Anthony J. Gittins, *Bread for the Journey: The Mission of the Transformation and the Transformation of Mission*, (Maryknoll, New York: Orbis Books, 1993), 63.

32) 글렌 H. 스타센 지음, 신상길, 김동선 옮김, 『평화의 일꾼』(서울: 한국장로교출판사, 2003)

동의 안전을 확언하고, 독자적인 주도권을 취하고(내가 먼저 변하고), 상대편과 대화하고, 인권과 정의를 구하고, 악순환을 인식하며, 도덕적 판단의 선전(프로파간다)을 중지하고, 시민단체와 연대하는 길이다. 그는 구체적으로 독일에서의 핵무기 제거를 예로 들었다. 여기서 중요한 것은 정의로운 평화가 추상적인 말이 아니라 구체적 행동이라는 점과, 그 행동의 주도권을 하나님께서 쥐고 계신데 우리도 거기에 동참해야 한다는 것이다.

앞에서 언급한대로 하나님의 선교에 동참한 사람들이 먼저 변해야 한다. 마찬가지로 정의로운 평화운동에 참여한 그리스도인들이 먼저 변해야 다른 사람들을 변화시킬 수 있다. "칼을 쳐서 보습을 만들고 그들의 창을 쳐서 낫을 만들 것이며 이 나라와 저 나라가 다시는 칼을 들고 서로 치지 아니하며 다시는 전쟁을 연습하지 아니하리라."(이사야 2, 4)는 말씀대로 우리는 살아야 한다. 오늘 한반도에서 사는 그리스도인들은 전쟁을 반대하고 핵무기를 반대하며 미사일 방어체제를 반대해야 한다. 정전체제를 평화체제로 전환시키는데 앞장서야 하며, 이를 통해 남북 사이에 군축을 실현하고, 그 재원으로 사회복지 체제를 제대로 갖추도록 해야 한다.

4. 한반도에서 나눔괴 평화를 위한 교회의 사명

1) 전쟁 기억 치유를 통한 민족의 화해

전쟁은 불가피 하게 민간인에게 피해를 준다. 과거에는 군인들의 희생이 민간인 보다 컸지만 과학과 기술이 발달하고 무기가 발달하면서 민간인 피해가 군인들의 피해에 9배에 달한다고 한다. 한국전쟁은 동족상잔의 대비극이다. 이 비극 가운데 많은 그리스도인들이 북한에 의해 순교를 당했다. 유엔군도 많은 희생을 치렀다. 그렇지만 한국전쟁 전후에 인민군, 미군, 국군, 경찰에 의한 민간인 학살도 있었다. 과거의 진상 규명은 민족의 평화와 화해, 그리고 통일을 위한 필수불가결한 작업이다. 이를 위해 정부는 제주 4.3 특별법, 거창 사건 특별법을 제정했다. 또 민간인 차원에서 한국전쟁 전후 민간인 학살 진상규명과 명예회복을 위한 범국민위원회, 미군 학살만행 진상규명 전민족특별조사위원회 등이 구성되었다. 미군 학살만행 진상규명 전민족특별조사위원회는 한국전쟁 당시 미군이 민간인 학살을 저지른 곳은 충북 영동 노근리 등 남쪽에서만 60곳이 넘으며, 북쪽 지역에서도 황해도 은율 등 100곳을 넘는다고 주장했다. 그러나 한국전쟁 당시 우리의 민간인들은 미군에 의해서만 학살된 것이 아니다. 한국전쟁 전후해서 국군과 경찰에 의해 양민이 학살된 사건들을 국회 차원에서 '양민학살사건 진상조사 특별위원회'가 구성되어 1960년 5월 31일부터 6월 10일까지 조사한 보고서에 의하면 경상도와 전라도, 제주도 등 5개 도에서 양민 학살자가 8522명이라는 보고서가 나왔지만 5.16 쿠테타로 보고서가 방치되고 진상조사가 이뤄지지 않다가 2001년 6월 11일 국회 대정부 질문에서 이런 사실이 밝혀졌다.[33] 한국교회는 전쟁에 대한 아픈 기억을 갖고 있는 민족의 상처를 치유하는 역할을 감당해야 한다. 특히 장례도 지내지 못한 자들의 주검을 수습하는 장례목회를 해야 한다. 이와 같은 민족의 상처를 치유함을 통해 한민족을 화해와 평화로 인도해야 한다.

전쟁 기억에 대한 치유는 남북간 신뢰회복에 앞선다. 현재 남북의 지도자들은 전후 세대로 일부 교체중이지만 전쟁을 직접 경험하지 않더라도 그 상흔은 남아있어 남북간 신뢰회복, 화해와 평화로 나아가는 길을 막고 있다. 따라서 교회는 남북 사이에 화해의 다리가 되어야 하는데 한국교회 역

---

33) 동아일보(2001년 6월 12일)

시 전쟁의 피해자로 자신의 상처를 먼저 치유하기 전에는 화해자로 나서기 어렵다. 로버트 쉬라이터의 화해론에 근거해 화해의 방향을 제시하고자 한다.[34] 폭력은 인간의 정체성을 지탱하는 자신의 이야기를 파괴하고 폭력 자체의 이야기(거짓 이야기)로 대체시키려한다. 기억은 우리로 하여금 자신의 이야기에 우리를 연결시켜주는 수단이다. 기억은 우리의 정체성을 담는 중요한 저장소이다. 고난 속에서도 자신의 이야기를 지탱해 줄 수 있는 구원의 이야기를 발견해야 한다. 가해자와 피해자 사이의 화해는 폭력의 기억과 폭력의 행위를 분리시키고 폭력에 굴레를 씌움으로써 과거의 폭력이 오늘 파괴적인 영향을 끼치지 않게 해야 한다.

이 과정에서 화해의 주도자는 하나님이시고, 화해시키는 하나님의 은혜를 체험한 피해자가 화해의 주역이 된다. 예수 그리스도의 고난, 죽음과 부활은 남북 사이의 구원의 이야기가 된다. 용서는 과거의 폭력으로부터 자유롭게 되어 과거와는 다른 새로운 미래를 선택하게 하는 자유의 행동을 가능하게 한다. 남한 교회는 과거의 폭력 행위로부터 자유롭게 되어 새로운 미래를 향해 나아가야 한다. 먼저 '참 교회됨'이 없이, '예수 그리스도의 화해'를 살지 않고서는 화해의 직분을 감당할 수 없다. 한국교회는 한국전쟁 당시 폭력에 연루된 행동에 대해, 형제긴 증오를 부추긴 빈공 이데올로기에 앞 장 선 역사적 죄를 고백하고 참회하며, 민간인으로서 학살당한 자들의 시신을 수습하여 장례를 치르고, 진상을 규명하여 남북 화해로 나아가는 일에 앞장 서야 한다.

---

34) 황홍렬, "한반도 전쟁 위기 상황에서 평화를 향한 한국교회의 과제" 한민족평화선교연구소 편, 「한반도와 평화」(한민족평화선교연구소 자료집, 2003), 66–73. Robert J. Schreiter, *Reconciliation: Mission & Ministry in a Changing Social Order* (Maryknoll, New York: Orbis Books, 1992), *The Ministry of Reconciliation: Spiritualities & Strategies* (Maryknoll, New York: Orbis Books, 1998)

2) 평화체제 확립과 군축

인도적 지원이나 사회문화 교류나 경제협력 모두 중요하고 북한에게는
필요하다. 그러나 현 시기에 북한에게 가장 필요한 것은 무엇일까? 우선 계
획경제와 시장경제 사이의 모순이나 시장경제 도입과 북한 체제사이의 딜
레마, 시장경제 전환 속도의 문제- 중국이나 베트남은 농업국이어서 점진
적 도입이 가능하지만 북한은 다르다-도 해결하기 쉽지 않은 난제들이다.
그렇지만 북한에 이미 남한에서 실패했던 환경과 공간을 고려하지 않았던
경제개발 모델을 적용하는 것은 피해야 한다.[35] 현재 가장 심각하게 고려해
야 할 사항의 하나는 대북 지원이 일부 민간단체들의 인도적 차원에 맡길
수 없는, 국가에 의한 전략적 지원이 전제되어야 한다는 점이다. 그래야 민
간단체의 대북 지원이 제대로 된 결실을 맺을 수 있다[36]는 점이다.

이는 북한의 위기에 대해 올바르게 이해할 때 바른 처방을 내릴 수 있다
는 말이다. 북한의 식량위기는 단순한 재해나 일시적 위기가 아니라 북한
의 전 국가적 문제요, 경제 체계 전체의 문제다. 따라서 농업의 복구는 공
업 분야의 개선과 병행되어야 하며, 북한 산업의 복구 차원의 지원이 필요
하다.[37] 이런 문제를 국내 또는 국제 비정부기구(NGO)가 해결할 수 있다고
생각하는 사람은 아무도 없을 것이다. 남한의 힘만으로도 이것을 감당할
수 없다. 오직 대북 경제 제재가 해제되고 북미 수교와 북일 수교가 이뤄지
면서 세계경제로부터 북한경제가 집중적 지원을 받을 때나 가능한 일이다.
따라서 앞서 주장했던 포괄적 접근으로서의 경제협력은 한계가 있을 수밖
에 없다. 현재의 한반도 상황에서의 포괄적 접근은 핵문제 해결을 통해 전

---

35) 이상준, "남북경제교류협력의 과제" 국토연구원, 「국토」(2001년 4월), 51, 미주 31번을 참조하시오.
36) 이윤상, "남북한 화해협력과 NGO" 민주화평화통일자문회의 북한연구회, 「분단·평화·여성」 통권 6호
   (2002년), 114.
37) 이금순, 상게서, 93-97.

쟁을 방지하고, 정전체제를 평화체제로 전환하면서, 북미 수교와 북일 수교를 통해 한반도 평화 체제를 구축하지 않으면 인도적 지원 뿐 아니라, 경제 협력조차도 별 큰 힘을 발휘하기 어렵다.

따라서 남한 그리스도인들의 한반도 평화를 위한 과제는 남북 군축 이전에, 통일운동 이전에, 정전체제를 평화체제로 전환하고, 북한의 핵개발을 반대하고, 미국과 일본의 미사일 방어체제를 반대하며, 북미 수교와 북일 수교를 이루도록 하는데 참여하는 것이다. 독일에서의 핵 미사일 철거가 실제적인 평화운동의 과제였다면 한반도의 평화운동 과제는 미사일 방어 체제 반대와 평화체제 확립, 그리고 남북 군축 등이다. 물론 이제부터 모든 경협이나 인도적 지원을 중단해야 한다는 주장은 아니다. 다만 문제의 경중을 다질 때 보다 시급한 평화운동이 남한 기독교인의 과제라는 인식이 공감대를 넓혀야 한다. 이런 전제 하에서 이뤄지는 경협이나 인도적 지원은 지속적으로 이뤄져야 한다고 본다. 한국교회는 남북교류나 인도적 지원에 쏟은 힘만큼, 아니 그 이상으로 정전체제를 평화체제로 전환시키고, 북한 핵개발을 반대하고, 미사일 방어체제를 반대하며, 군축을 실현시키는데 앞장서야 한다.

3) 민족 코이노니아와 하나님의 경제

일용할 양식을 기아 속에서 고통당하는 북한 주민들과 함께 나누는 일은 평화를 위한 교회의 중요한 사역이다. 이제까지 기독교 비정부기구(NGO), 교단, 개교회 차원에서 인도적 지원을 해왔다. 최근에는 지역 단위의 교류와 지원 사례들이 나오고 있다. 강원도는 남북으로 분단되어 있으며, 농업 개발 분야를 전문적으로 지원하는 가운데 남북이 함께 잘 사는 길을 지방자치단체와 민간단체 차원에서 추진되고 있다.[38] 제주도는 4·3의 역사적 상처를 소

---

38) 조성운, "민간부문 협력지원" 강원도발전연구원 북강원연구센터, 「북강원 포럼」 통권 2호(2002년)

승적으로는 〈제주4·3사건 진상규명 및 희생자 명예회복에 관한 특별법〉을 제정해 치유하고자 하지만, 대승적으로는 "평화의 섬"이 됨을 통해 한반도의 평화, 동북아의 평화를 이루고자 한다. 북한에 감귤을 지속적으로 보내 2002년에는 제주도민 250명이 제주도-평양 직항로를 통해 방북했다.[39] 이런 사례들은 교회로 하여금 남북 사이에 지역 단위로, 노회 단위로 교회가 민간단체들과 연대하여 지원하고 교류가지 발전하는 새로운 모델을 제시하고 있다.

이처럼 교회는 당장 양식이 필요한 자들에게 양식을 나누는 사명도 감당해야 하지만, 근원적으로는 가난한 자들이 죽음에로 내몰리는 불의한 세계 경제체제를 생명을 향한 살림의 체제로 바꿔내는 일에 참여하는 것이 필요하다. 세계교회협의회의 총무인 콘라드 라이저는 1998년의 8차 세계교회협의회 총회에서 세계 지배를 목표로 하는 지구화의 비전과 모든 피조물을 위한 지속 가능한 생명의 공동체를 목표로 하는 그리스도인들의 세계에 대한 비전 사이에 갈등이 있음을 회고하면서, 대화와 연대를 대안적 생명문화의 중심적인 징표들로 제시했다. 그는 이 세상의 지구화의 한 특징을 폐쇄성이라고 했다. 즉 가난한자들의 안전이나 존재의 기초를 찾을 수 있는 빈 공간이 없으며, '역사의 종말'을 주장함으로써 열린 미래, 근본적인 변화의 가능성 또는 특별한 역사나 기억의 가치를 부정한다고 했다. 이와 같이 '닫힌 공간'과 '역사의 사라짐'을 그는 죽음의 상징들이라고 했다. 그리스도인들에게 세계(oikoumene)는 모든 생명이 자기 삶을 펼쳐나가도록 하나님에 의해 지음 받은 삶의 공간으로서의 세계라고 했다.[40]

---

39) 고성준, "민간단체의 대북지원과 교류협력 확대 연계방안-남북협력제주도민운동본부의 사례분석을 중심으로-", 제주대학교 평화연구소, 「동아시아 연구논총」 제13집(2002년)

40) Konrad Raiser, "Opening Space for a Culture of Dialogue and Solidarity: The Missionary Objectives of the WCC in an age of globalization and religious plurality" in *International Review of Mission*, vol.88, no.350 (July 1999).

이 세상이 지향하는 죽임의 경제(economy)에 대해 하나님의 생명의 경제, 하나님의 경제학(economy의 희랍어인 oikonomia는 집을 뜻하는 oikos와 법을 뜻하는 nomos의 합성어로 '하나님의 집을 살리는 법'으로 '생명 공동체의 살림살이/경제'를 뜻한다.)[41]을 제시해야 한다. 선교가 긴박한 구호에 참여할 뿐 아니라 보다 근원적인 문제 해결에 나서는 것처럼, 지구화의 희생자들을 돌보는 것과 아울러 근원적인 문제 해결을 위해 세계교회가 나서야 한다. 세계교회가 제시해야 할 것이 바로 하나님의 생명의 경제, 피조물의 살림살이다. 이것은 오늘날 생태계의 위기를 극복하는 것과도 밀접한 관련이 있다. 이 때 세계교회는 가난한 자들, 북한 주민들, 여성들, 소위 '원주민들', 이주 노동자와 난민들을 어떻게 하나님의 살림살이에서 주체로 서게 할 것인지에 대해 고민해야 한다. 한국교회는 북한에 대한 인도적 지원을 교단연합이나 교단적 차원 뿐 아니라 노회나 지역 차원에서 할 수 있는 길을 모색해야 한다. 그리고 북한이탈주민에 대한 선교를 돈으로 좌우하려는 유혹을 뿌리치고 남한사회에 정착하도록 사회적 적응, 문화적 적응 등을 지원하며, 이 과정에서 신앙인으로 살아가도록 지도해야 한다. 아울러 북한이탈주민의 정착 과정을 돕는 과정에서 남과 북이 화해하고 평화통일을 이루는 멀고도 험한 길에 보탬이 되는 지혜를 배우도록 노력해야 한다.

4) 평화운동과 평화의 사도

교회의 평화운동에서 중요한 것은 교회 일치와 연합(ecumenism)과 생태계의 위기 극복(ecology), 그리고 하나님의 경제학(economy)은 서로 밀

---

41) M. Douglas Meeks, 홍근수, 이승무 옮김, 『하느님의 경제학: 신론과 정치경제학』, (서울: 한울, 1998).

접한 관계를 가지며, 동일한 어근(oikos, oikoumene)을 갖는다는 것을 깨닫고 이들을 밀접하게 연결시켜야 한다는 점이다. 즉 교회와 그리스도인들의 평화운동은 하나님의 경제, 살림살이에 바탕을 두어야 하며, 이 세계와 동북아, 한반도를 향한 평화운동에 앞서서 교회가 먼저 하나되고 연합을 이뤄야 한다는 것이다. 아울러 남북 사이의 평화 공존을 위해 한반도 뿐 아니라 동북아의 평화를 지향하는 그리스도인들, 비정부기구(NGO)와 연대하며 네트워크를 구성하는 것이 필요하다. 6자 회담이 진행되는 것처럼 각 나라의 그리스도인들과 다양한 비정부기구(NGO)들이 함께 모여 평화대회를 열고, 평화를 위해 한 발자국씩 나아간다면 큰 반향이 있을 것이다.

통독과정에서 동독 교회가 보여준 평화기도회와 분단 장벽을 넘는 연결고리 역할, 정의로운 평화의 사도의 역할은 우리에게 평화운동의 새로운 지평을 열어준다.[42] 사회적 여건은 다르지만 우리 실정에 맞게, 정치에 과다하게 매몰되지 말고 기독교인들의 신앙을 평화운동으로 동력화시키는 일에 지혜를 모아야 할 때다. 한국교회가 구체적인 사안을 놓고 사회, 국가, 동북아 평화를 위한 기도회를 여는 것이 필요하다. 한반도의 평화를 위한 기도회를 한 달에 한 번 한국기독교교회협의회 소속 교회들로부터 시작하는 것도 한 가지 방안일 수 있다.

그리고 여성이 평화운동에서 주도적 역할을 해야함은 아무리 강조되어도 지나치지 않다. 독일의 경우 통일 과정에서 진정으로 '잃은 자'들은 여성이었다. 우리의 경우에도 여성이 통일의 과정에서 가장 소외될 것으로 예측되고 있다.[43] 그러므로 기독 여성들로 하여금 평화운동과 인도적 지원

---

42) 김영한, "독일통일과 교회의 역할" 기독교학문연구회 엮음, 『민족통일과 한국기독교』(서울: 한국기독학생회출판부, 1994), 102-105.
43) 김민정, "6·15 남북공동선언 이후 햇볕정책, 평가와 발전방안-여성의 시각을 중심으로-" 민주평화통일자문회의 북한연구회, 『분단·평화·여성』, 4-27.

과 경협 등 이 모든 과정에 적극적으로 참여하게 하는 것이 필요하다.

5) 평화교육

교회와 그리스도인들은 교인들, 학생들, 자녀들에게 그리스도의 평화를 가르쳐야 한다. 그래서 교회가 신앙공동체로서 샬롬의 비전을 간직하도록 해야 하며, 사회적 장벽을 헐고 담을 허무는 사람들이 되게 해야 한다. 또 자신과 생각, 느낌, 성, 혈색, 문화, 언어, 가치관, 인생관, 종교가 다른 사람들과 잘 어울려 더불어 사는 사람, 자신과 다른 사람을 있는 그대로 보고 받아들이는 사람, 다름을 차별로 만들지 않는 사람, 나아가서 다름을 통해 자신을 보고 깨달으며 다른 사람으로부터 배우려는 사람이 되도록 가르쳐야 한다. 특히 가정에서 부부관계, 부모와 자녀 관계 사이에 바람직한 의사소통을 이루는 방식에 대해 가르치는 것이 바람직하다. 북한에 대해 구체적으로 배우며, 남과 북이 함께 사는 길을 함께 배워야 한다. 이를 위해서는 기독교 평화교육의 교재 제작이 시급하며, 교사 자신의 변화가 선행되어야 하며, 교사와 학생들, 그리고 교사들 사이의 관계도 변해야 할 것이다.

맺는 말

인류 대다수는 21세기가 평화의 세기가 되기를 희망했다. 그러나 부시 대통령은 9 · 11 참사를 계기로 세상에서 가장 가난한 나라 가운데 하나인 아프간과 전쟁을 하고, 대량살상 무기도 없고 알카에다와 연계도 없던 이라크를 침략하여 전쟁을 일으킴으로써 21세기를 전쟁의 세기로 만들었다. 우리나라는 이라크에 추가파병을 결정함으로써 이라크 선교에 대한 비전을 지녔던 김선일씨가 피납되었다가 알카에다 하부조직에 의해 피살되었다. 한반도의 평화와 한민족의 생명이 세계평화와도 연관되어 있음을 보여준 사건이다.

한반도에서 생명을 살리는 길은 한민족에게 복음을 전하여서 하나님의 자녀가 되게 하고, 동족상잔의 비극을 겪고 서로 증오하며 전쟁할 준비를 마친 남북 사이에 화해하며, 통일을 이루고, 빈부차이, 성차별, 지역차별, 학벌차별, 인종차별을 극복하고, 삼천리 반도 금수강산을 회복하여 샬롬 공동체를 이루는 길이다. 이제까지 한반도에서 나눔을 통해 평화를 이루는 길에 대해 살펴보았다. 이를 정리하면 첫째 남한이 북한에 대해 인도적 지원을 하는 것은 북한의 변화를 부분적으로 초래했지만, 현재 북한에게 절실한 것은 인도적 지원이나 남북교류를 넘어서서 북미 수교, 북일 수교 등을 통해 세계경제로부터 집중적인 경제지원을 받아 경제개혁을 이루고 산업 전반을 일으키는 것이다. 이는 인도적 지원이 불필요하다는 것이 아니라 한반도에서 국제적인 냉전 관계가 해소되지 못하면 인도적 지원이나 남북교류는 한계가 있을 수밖에 없다는 점이다. 둘째 한국교회는 북한에 대한 인도적 지원만큼이나 아니 그 이상으로 정전체제를 평화체제로 전환시키고, 미사일 방어체제, 북한 핵개발, 북한에 대한 선제공격 등에 반대하고, 군축을 실현시키는 평화운동에 적극 참여해야 한다.

셋째 한국교회는 인도적 지원을 통해 남한의 시각이나 기준에 따라 북한을 변화시키려서는 안 되고, 나눔을 통해 신뢰관계를 형성하고 북한의 변화를 참을성 있게 기다리며 기도해야 한다. 넷째 한국교회는 한국전쟁의 피해자이지만 폭력에 연루된 것이 있으면 이를 고백하고, 반공이데올로기에 집착하기보다는 한국전쟁의 상처를 치유하고 화해의 사도로 거듭나야 한다. 다섯째 한국교회는 북한이탈주민 선교를 통해 남북 사이의 이질적 체제, 사상, 문화로 인한 차이가 차별이 아니라 다양성으로, 통일 한민족의 문화와 살림살이를 풍성하게 하는 길을 준비해야 한다. 여섯째 한국교회는 전쟁의 기억과 증오 대신에 평화문화를 정착시키고 평화교육을 위해 힘써야 한다. 일곱째 북한교회는 남한교회의 나눔을 통해 북한의 복음화와 자유와 인권을 위해, 하나님 나라를 이루기 위해 노력을 해야 한다.

앞으로 과제로서 남겨진 것은 북한 복음화를 위해 북한 교회를 어떻게 지원하고 강화하며 남한 교회는 어떻게 협력해야하는지, 비무장지대를 생태공원이나 평화공간으로 만드는 일에 교회가 어떻게 기여할지, 한반도의 평화를 발판으로 동북아 평화에 어떻게 기여하는지 등에 대한 연구이다.

5장_ 조선족의 사회전기를 통해 본 조선족선교의 현황과 과제

들어가는 말

연변에 '남조선 바람'(난차오센풍)이 분 것은 한중수교(1992년) 이전이었다. 1990년에 이미 연변에서는 조선족들에게 '모국방문'이 잘 살고 못 사는 기준이 되었다. "남한을 다녀와야 저승길이 밝다더라."는 말까지 나돌았을 정도고, 남한은 "꿈에 보던 '하늘나라'요 '용궁'이더라고 입을 모았다."고 한다.[1] 한중 수교 이전부터 연변 조선족은 남조선 바람에 시달리기 시작했다. 1995년 국내 한 언론사가 동북 3성에 한국에서 취업했다가 산재나 피해를 당한 사람들에 대한 현지취재를 했다. "당신들이 정말 우리와 피를 나눈 동포인가 묻고 싶은 심정입니다." "동포라구요? 그런 건 한국 언론에서나 하는 얘기죠. 실제 조선족을 대하는 태도는 식민지 이등국민, 그 이상도 이하도 아니잖습니까?" "기대를 안고 '조국'을 찾았다가 '식민

---

1) 김정하, "남조선 바람에 시달리는 연변조선족" 「옵서버」(1990년 9월) 452.

지 이등민족' 취급을 받고 돌아선 사람들의 가슴 속에 '또 다른 38선'이 그어졌다."[2] 조선족 '불법' 체류자가 증가하여 단속이 강화되어 연수 취업이 어려워지자 조선족 여성들은 대거 국제결혼쪽으로 몰려가고 남성들은 밀입국 방식을 택하기까지 되었다.

일부 언론은 "코리안드림에 무너지는 조선족 사회" 특집을 제작하기도 했다.[3] 1991년~2000년의 기간에 조선족 소학교와 중학교를 떠난 교원은 4,200명으로 교원 총수의 53.1%에 해당하고, 1990년대 중반까지만 해도 연변 조선족 중고등학생들의 평균성적과 합격률이 한족 학생들보다 월등히 높았으나 2001년에는 길림성 전체 평균보다 낮아졌다.[4] 연변 조선족 사회가 이주 140년사에 있어서 가장 큰 해체 위기를 맞고 있다고 했다. 한중 수교 이후 지난 10년간 한국으로 시집간 조선족 처녀를 6만 명으로 추산한다. 현재의 연변 조선족 사회를 연변의 한 조선족 작가는 '물먹은 담'에 비유하기도 한다.[5] 최근에는 가명 신분증을 만들어 한국인 남성과 위장결혼한 이중국적자만 연변시에 1만 명이 있다고 하여 큰 사회문제가 되고 있다.[6]

연변 조선족에게 '코리안 드림'이 5-6년도 못 되어 조선족 사회를 무너뜨린다고 하고 이제는 해체 위기까지 나오니 꿈이 아니라 악몽이라는 말이 맞다. 작년 5월 한민족평화신교연구소는 총회 국내선교부와 공동으로 조선족선교정책워샵을 열어 이 문제에 대한 대안을 찾으려 했다. 그 때 제기된 중요한 제안들은 첫째 국내조선족선교는 연변조선족선교와 연계되어야 한다는 것, 둘째 조선족선교백서가 필요하다는 것, 셋째 연변조선족을 위한

---

2) 특별취재반, "대한민국! 당신들이 동포인가"「한겨레21」 제88호(1995년 12월 14일), 20-21.
3) 황의봉, "코리안 드림에 무너지는 조선족사회"「신동아」 제441호(1996년 6월).
4) 김두섭, "연변 조선족사회의 최근 변화: 사회인구학적 접근"「한국인구학」 제26권 제2호(2003년), 134.
5) 편집자, "연변 조선족 자치주, 지금은"「Overseas Koreans TIMES」, 제106호(2002년 9월), 15.
6) 최영철, "'신분세탁' 조선족 여인의 이중생활"「주간동아」 제447호(2004년 8월 12일).

사회개발 선교가 시급하다는 것이었다. 이 글은 이런 제안들을 염두에 두고 있다. 즉 이 글은 조선족선교의 과제를 연변과 국내를 연결시켜 이해하려 하고, 조선족선교백서에 담길 내용과 범위, 기본방향을 제시하고자 하며, 사회개발 선교에 대해 구체적인 제안을 하고 있다. 이 글의 연구 방법론으로는 김용복의 민중의 사회전기를 사용하되, 이 방법을 국내에서 노동하는 조선족들에게 적용했다. 이러한 방법론을 사용하려는 것은 조선족선교의 주체는 조선족을 포함해야 한다고 생각하기 때문이다. 조선족선교의 의제를 설정하는데 조선족의 주체적 참여가 필수적이다.

조선족복지선교센터와 중국동포의 집/동포교회의 조선족 15명의 사회전기를 2004년 11월 15일부터 2005년 1월 4일까지 인터뷰를 통해 작성했다. 인터뷰 항목은 인적사항, 종교적 배경, 공산당원 여부, 성장과정, 직장생활, 결혼, 한국에 오게 된 경위, 정착과정, 직장, 당면과제, 진로와 희망, 가족변동사항, 센터/교회를 알게 된 경로, 한국사회에 대하여, 한국교회에 대하여, 재외동포법 개정에 대하여, 국적회복운동에 대하여, 자신의 정체성, 연변 조선족사회의 미래 등 19개 항목이었다. 한국에서 노동하다가 귀국한 조선족 5명과 2004년 7월 연변을 방문했을 때(12일, 14일) 인터뷰 했다. 인터뷰 내용은 인적사항, 배경, 출국전 사항, 출국과정, 출국전 목표, 한국생활, 귀국 후 애로사항과 진로 등 7개 항목이었다. 한국에 취업하러 온 조선족의 가족(부인) 한 사람과도 인터뷰를 했다. 그러나 인터뷰 대상은 시간 부족으로 임의로 선정해 표본 집단이 전체 조선족을 대변하지는 않는다. 조선족 사회전기를 인용할 때 조선족 사회전기 1, 2, 3... 등으로 한다. 민중의 사회전기는 나름대로 여러 장점이 있지만 여러 제한이 있기에 사회경제적 이해를 보완하고자 했다. 즉 2장은 인터뷰를 통해 재구성한 조선족의 사회전기를 싣고, 이를 토대로 조선족들의 입장에서 본 조선족선교의 과제를 제시하려 했다. 3장은 여러 사회경제적 자료를 통해 조선족선교의 과제를 제시하려 했다. 이렇게 2장과 3장에서 사용한 두 접근방식은 서로 보완적 역할을 한다.

이 글에서 조선족과 중국/재중동포는 혼용해서 사용한다. 그것은 두 단체 회원들을 인터뷰했다는 점도 있지만, 두 단어 각각에 장단점이 있기 때문이다. 조선족의 경우 중국정부는 56개 민족을 중화민족으로 묶고 그 하위단위로 한족, 조선족 등으로 분류했다. 중국 조선족은 다른 나라에 사는 한민족과는 달리 중국 정부 수립에 혁혁한 공을 세우고 그것을 국가적으로 인정받아 조선족자치구/자치주를 획득했다. 조선족은 남한이나 북한과 다른 제 3의 정체성을 지녔다. 따라서 조선족은 중국정부와 관련해서 사용하는 측면이 강하다고 할 수 있다. 반면에 재중동포는 많은 조선족들이 그렇게 불러 달라고 하지만 법적으로 아직 인정을 받지 못하고 있다. 2004년 재외동포법이 개정되었지만 시행령이 마련되지 않아 실제로 다른 동포와 같은 대우를 받지 못하고 있다. 또 남북한 사이에 지정학적으로나 문화적으로 평화와 통일에 기여할 바가 제일 큰 특별한 동포들이다. 이 글은 조선족이 중국선교와 북한선교, 한반도의 평화와 동북아 평화에 매우 중요한 존재임을 진제하고 있다.

이 글에서 조선족선교라 함은 연변이나 한국에서 당하는 어려움을 나누고 그들의 문제 해결에 동참하며 대안을 제시하는 가운데 하나님의 사랑을 나누고 예수 그리스도를 영접하게 함으로써 하나님 나라의 일꾼으로 변화시키는 하나님의 선교에 동참하는 것이다. 조선족선교와 관련해 사회전기를 통해 조선족의 입장에서 선교과제를 제시한 것은 이 글이 처음이라고 생각한다. 그렇지만 숫자가 제한되어 있고 3장에서 제시된 사회경제적 자료들은 좀 더 보완되어야 한다.

1. 연구 방법론: 민중의 사회전기

민중신학에서 가장 독특한 방법론의 하나가 민중의 사회전기다. 김용복은 민중의 사회전기가 신학에 대한 새로운 역사적 틀이라고 했다.[7] "민중은 역동적이고 변하며 복합적인 살아있는 실재를 의미"[8]하기 때문에 민중은 자신의 이야기를 통한 자기정의 외에는 달리 정의할 수 없다. 민중의 사회전기는 억눌린 자들의 전기와 역사일 뿐 아니라 그들을 억압하는 기존 지배체제에 대항하여 역사의 주체가 되는 민중운동의 이야기다.[9] 그는 출애굽에 근거해서 고난받는 백성의 이야기가 역사와 사회를 이해하는 중요한 열쇠라고 보았다. 그는 "전기가 개인주의적이 되는 성향이 있으며, 공동체나 사회적 차원을 특별히 강조하지 않기"[10] 때문에 "사회" 전기를 강조한다. 역사가 때로 역사를 만들어 가는데 참여한 사람들의 전기를 사용하지만 대부분은 권력자의 전기이지 민중의 전기가 아니었다. 김용복은 민중의 사회전기를 다음과 같이 정의했다. 민중의 사회전기는 민중이 주인공이고 지배자가 적대자인 드라마로서 이 드라마 안에서 양자 사이의 갈등과 모순이 다양한 방식과 과정으로 해결되며, 민중이 역사의 주체라는 측면에서 민중의 사회적(물질적) 경험과 문화적(영적) 경험의 내용과 차원들이 통합되고 상호관련을 갖게 한다.[11] 그러나 김용복은 민중이 "종말론적인" 역사 주체임을 강조했다.[12] 역사 안에서 민중의 주체됨을 보증하는 것은 민중 자

---

7) 김용복, "민중의 사회전기와 신학" 『민중과 한국신학』, 370.

8) Kim Yong-bock, "Messiah and Minjung: Discerning Messianic Politics over against Political Messianism" in *Minjung Theology: People As the Subjects of History*, 184.

9) 김용복, "민중의 사회전기와 신학", 374.

10) Kim Yong-bock, "Minjung Social Biography and Theology" in *Ching Feng* 28:4 222.

11) 위의 글, 222-6.

12) 김용복, "민중의 사회전기와 신학", 371ff.

신이 아니라 하나님의 주권이다. 따라서 그는 민중의 주체됨을 실현하는 것과 민중 권력의 실현을 구분하는 것이 중요하다고 했다. 그는 전자를 메시아적 정치라고 했고 후자를 정치적 메시아주의라고 했다.[13] 그는 이 둘을 구분하는 기준을 메시야를 고난받는 민중과의 동일시함과 민중의 자유를 향한 열망을 성취하기 위한 종으로서의 역할, 이 둘을 제시했다. 이런 맥락에서 볼 때 그는 민중을 우상화하거나 메시아적 정치를 위해서 이데올로기적으로 민중을 대상화하지도 않았다. 그러나 그의 "종말론적 주체로서의 민중"은 역사적 존재로서 지나치게 추상적이라는 비판을 받았다.[14]

김용복의 민중의 사회전기는 신학방법론으로써 구체적인 방법을 언급하지 않아서 적용하기에 어려움이 있다. 그러나 민중의 사회전기는 민중신학의 중요한 자원이 될 수 있고, 사회과학적 접근방식을 첨부해 보완될 수 있으며, 민중의 사회적 경험과 문화적 경험을 통합시키는 장점이 있다.

김용복의 민중의 사회전기를 이 글에서는 조선족들에게 적용시키려 한다. 그들은 한민족이면서 우리 사회 밑바닥을 온 몸으로 떠 바치고 일하는 민중이다. 그들이 어떻게 해서 이 땅에서 노동하며 살게 되었는지를 성장과정부터 가족 배경, 성장환경, 입국 동기, 한국사회와 한국교회에 대한 생각 등을 통해 소선족선교의 과제를 이해하고자 한다. 민중의 사회전기가 비록 15명이라는 적은 숫자이긴 하지만, 조선족선교의 과제를 이해하기 위해 처음으로 조선족들에게 적용되었다.

---

13) 위의 글, 381, Kim Yong-bock, "Messiah and Minjung", 191.
14) 박재순, 『열린 사회를 위한 민중신학』(서울: 한울, 1995), 280.

2. 사회전기와 인터뷰를 통한 조선족 이해와
조선족 입장에서 본 조선족선교의 과제

1) 조선족 사회전기를 통해 본 조선족 이해

가) 성별, 연령, 출생지, 생활수준, 고향, 종교, 남북한 우호정도

15명 가운데 9명이 여성이고, 6명이 남성이었다. 연령은 20대가 1명, 30대가 3명, 40대가 1명, 50대가 5명, 60대가 5명이었다. 가족 인원수는 5-6명이 9명, 7-8명이 2명, 9명 이상이 4명이었다. 출생지는 길림성이 10명, 흑룡강성이 5명이었다. 부모 직업은 농민이 10명, 광부가 2명, 회사원, 교원, 기술자가 각각 1명이었다. 생활수준은 중(中)이 2명, 하(下)가 13명이었다. 할아버지의 고향은 경상도가 6명, 함경도가 4명, 충청도, 경기도, 평양, 북한이 한 명 씩이었다. 종교는 모르거나 없거나가 12명, 기독교가 3명이었다. 그러나 외가에 기독교인이 있거나 어머니가 어렸을 때 교회를 다녔거나 할아버지가 점쟁이인 경우도 있었지만 본인에게 영향을 주지 못했다. 공산당원은 3명이고 나머지는 당원이 아니었다. 북한에 대해 우호적인 경우는 9명, 남한에 대해 더 우호적인 사람은 3명이었고, 대등하게 여기는 경우는 2명, 남북한을 잘 몰랐다고 한 경우가 한 명 있었다.

나) 성장과정, 학력, 직장, 결혼

초등학교 중퇴가 1명, 초등학교 졸업이 1명, 중학교 중퇴가 1명, 중등학교 졸업이 7명, 고등학교 중퇴가 1명, 고등학교 졸업이 2명, 대학교 졸업이 2명이었다. 아버지가 사망한 경우는 4명이었고, 부모가 사망한 경우도 1명 있었다. 2살에 친어머니와 헤어졌다가 20년 만에 만난 경우도 있었다. 아버지가 일제 시대에 산림경찰로 차출되었다가 문화혁명 때 모진 고생을 한 가정도 있다. 직장 생활은 농사가 3명, 상업이 2명, 식당이 2명, 교원이 2명, 회사가 2명, 공무원, 준공무원, 사업, 연구소가 각각 1명이었다. 결혼한 자가 14명이고 미혼은 1명이었다. 결혼 연령은 20대가 10명, 30대가 3명이었다. 가족 인원수는 3식구가 3명, 4식구가 8명, 5식구가 2명, 6식구가 1명이었다. 중매결혼이 12명이고, 연애결혼은 3명에 불과했다. 결혼에서 눈에 띄는 사례는 아버지의 친일행적으로 고생했던 사람이 사상이 투철한 공산당원(5대 빈농)과 결혼했다. 배우자 학력은 중학교 중퇴가 1명, 중학교 졸업이 5명, 고등학교 졸업이 3명이었다. 배우자의 직업은 농민이 4명, 기술자가 3명, 공안이 1명이었다. 결혼 이후의 가정형편은 상(上)이 1명, 중(中)이 3명, 하(下)가 1명이었다.

다) 중국에서의 신앙생활

천진에서 직장 생활하다가 전도사를 통해 전도 받고 가정교회에 출석하다가 미국에서 온 비디오로 신학공부를 했다. 신학 공부 중 방언 은사를 받았다(조선족 사회전기 2). 작은 외할아버지가 교회를 섬겨 작은 어머니 권유로 1987년부터 교회를 다니기 시작했다(조선족 사회전기 4). 남동생의 전도로 1995년부터 교회를 다니기 시작했다가 치질이 3개월 만에 완치되고 방언은사를 받게 되어 목회자를 꿈꿨다. 남편도 세례를 받았다(조선족 사회전기 5). 1991년 이모가 중국을 방문했을 때 전도했다. 찬양소리에 끌려 나중에 찬양대 지휘자가 되었다. 병이 치유되었고 신유은사도 받았다. 길림시에 교회를 개척했다. 총집사 20명과 함께 3년 간 신학을 공부했다(조선족 사회전기 7). 악성 피부병을 고치러 교회 갔다가 3일 회개기도 후 7년 동안 앓던 병이 완치되었다. 그 후 15년 동안 그 병이 재발하지 않았다. 내가 나간 교회는 북한지역 교회가 1911년에 세운 교회로 전도대원

300여 명은 독립운동을 하면서 선교 활동을 했다고 한다. 그들은 학교와 교회를 세웠는데 학교장 장로와 교회 목사가 일제에 의해 순교했다고 한다. 내 병이 완치되어 남편과 친척, 친구들이 교회에 나왔다. 어머니도 전도하니까 교회 나오셨다가 유언이 돈 그만 벌고 하나님의 일하라는 것이었다. 집사를 임명받고 선교사를 통해 신학 공부하고 훈련을 받았으며 개척교회에서 봉사했다(조선족 사회전기 8). 할아버지와 할머니가 모두 기독교인이어서 문화혁명 때 투쟁의 대상이 되어 고생을 많이 했다. 그래서 아버지는 교회를 싫어 하셨다. 그러다가 1985년에 복음 전도자로 인해 아버지가 신앙생활을 시작하셨는데 주위에 교회가 없어 가정예배를 드렸다. 나는 끝까지 예배에 참여하지 않다가 1990년에 교회로 끌려가 예배를 드리다가 1991년에 세례를 받았다(조선족 사회전기 9). 99% 치사율이 있는 열한병이 치유되었다. 결혼 후 시할머니가 교회를 다니셔서 교회를 다니다가 1990년에 주님을 영접했다(조선족 사회전기 10).

라) 한국에 오게 된 경위, 입국 목적, 연도, 정착 과정, 급여, 가족의 입국

우선 2차 입국이 2명, 1차 입국은 11명이었다. 친척 방문이나 초청 비자가 11명, 연수생 비자가 2명, 업무가 1명이었다. 비자 만들 때 들어간 비용은 3-5만 위안 미만이 1명, 6만 위안 3명, 7만 위안이 1명, 8만 위안이 1명이고 나머지 정식으로 들어온 경우는 큰 비용이 들지 않았다. 입국 목적은 자녀 대학 진학이나 결혼 등 돈을 벌러 온 경우가 11명, 신학 공부가 2명, 남편 병 치료를 위해서가 1명, 사기꾼에게 돈 받기 위해서가 1명이었다. 체류 기간은 1년 미만이 2명, 1년 이상~3년 미만이 2명, 3년 이상~5년 미만이 3명, 5년 이상~9년 미만이 4명, 9년 이상이 4명이었다. 정착과정에 도움을 준 사람은 가족이나 친척이 7명, 친구가 1명이었다. 직업은 여러 직종을 거쳐 갔기에 여기서 분류하는 것은 큰 의미가 없다. 예를 들면 간병인, 요리사와 식당, 건설현장의 다양한 일들(토목, 목수, 철근, 해체 등)을 거쳐 갔다. 연수생인 경우 월급은 50만원 미만이었지만 여러 수당과 야근 등을 통해 70만원을 받기도 했다. 다양한 직종을 거치면서, 같은 직장도 임금이 높은 곳으로 이동하다보니 보수를 일원화시켜 말하기 곤란하다. 그렇지만 구체적으로 보면 50만원 이상~70만원 미만이 1명, 70만원 이상~80만원 미만이 1명, 80만원 이상~90만원 미만이 1명, 100만원 이상~120만원 미만이 1명, 120만원 이상~150만원 미만이 1명, 150만원 이상이 2명이었다. 또 일당으로 치면 5만원 이상~7만원 미만이 1명, 7만원 이상~9만원 미만이 1명, 9만원 이상이 1명이었다. 특기할만한 사항은 혼자서 입국하지 않고 가족들이 함께 입국하는 경우다. 본인의 아들이 입국한 경우가 2명, 아들과 어머니가 입국한 경우는 1명, 남편이 입국한 경우는 2명, 어머니가 입국한 경우도 2명, 부부가 함께 온 경우는 1명, 동생 7명을 모두 초청한 경우도 1명 있었다.

마) 애로사항, 문제점과 가족변동사항

한국어 의사소통에 문제가 있거나 영어 때문에 문제가 되는 경우가 많다. 음식(고춧가루) 때문에 고생하기도 했다. 여성 연수생의 경우 남자(사장)와 함께 욕실과 화장실을 사용하게 해서 불편했다. 국제금융기구로부터 금융지원을 받던 시기에 입국했던 조선족들은 일자리를 구하지 못해 어려웠다. 시집온 딸이 한국인 사위에게 너무나 고생을 해 자살 기도를 하기도 했고 결국 어렵게 이혼했다. 할아버지를 간병했는데 함께 살자고 해서 어려움을 당하기도 했다. 체불 임금도 문제이고, 한국인에게 빌려준 돈을 받지 못해 고통당하는 조선족도 있다. 산재보상금을 받지 못하고 출국한 경우도 있다. 교통사고를 당했는데 보험회사가 미등록 노동자라고 산재 처리를 제대로 하지 않으려 해서 변호사를 통해 어렵게 산재 처리하기도 했지만 큰 도움을 받지 못한 사례도 있다. 기술이 더 많아도 한국인과 임금 차별은 여전하다. 한국 생활이 오래될수록 조선족들의 소비수준이 올라간다. 남편이 간암으로 중국에 귀국했는데 6개월 후 사망했다. 그러나 한국에 있는 딸 혼자 빚을 갚을 수 없어 부득이 장례에 참석하지 못했다. 표본 집단 가운데 합법 체류자는 3명이고, 미등록 노동자가 12명이다. 중국이나 한국에서 가족이 사망한 경우가 3명이고, 남편이 발병한 경우는 2명이다.

바) 당면과제

한국 입국시 진 빚은 집을 팔아서 갚거나 한국에서 일해서 갚은 경우가 대부분이지만 산재로 인해 갚지 못한 경우도 있다. 저축을 하지 못한 경우는 1/3이 넘는다. 돈을 많이 번 경우는 1/3이 못 된다. 나머지는 빚 갚고 집을 사거나 약간 모았다.

교통사고 후유증으로 인해 "죽지 못해 일하는" 경우도 있다. 빚을 받으면 출국하려는 동포가 있고, 입국한지 얼마 안 되어 아직 송금 한 번 못해본 경우도 있다. 그동안 송금한 액수가 중국 돈으로는 엄청난데 아직도 집에서는 송금하라고 하니 돈으로 문제가 다 해결되지 않는다고 느껴 집에서 남편으로 하여금 자립의지를 키우도록 하는 경우도 있다. 가정문제가 복잡한 경우도 있다. 폐결핵을 완치하고 건강을 회복하는 동포도 있다. 신학을 공부하려는 경우가 있고, 신학 공부 중이거나 곧 마치는 경우도 있다. 조선족 동포들이 한국에서 받는 부당한 대우를 개선하는, 역사를 뒤집는 사명을 감당하겠다거나 역사를 바꾸라고 해서 바꾸지 못하면 하나님께 죄짓는 것이니 이 일에 정진하겠다는 동포도 있었다.

사) 귀국 조건, 시기, 진로

1년 더 일하고 귀국해서 식당을 하거나, 자신들이 빌려준 돈을 받으면 귀국하여 자녀 뒷바라지 하겠다. 신학공부를 마치고 귀국하여 목회하거나 교회 봉사를 하겠다는 동포가 7명이다. 연변에 조선족센타를 만들겠다는 동포도 있다. 그러나 돈 벌어서 한국국적을 지닌 딸과 함께 한국에 살면 좋겠다는 동포도 있다.

아) 센터와 교회를 알게 된 경로

친구나 친지를 통해서 알게 된 동포들이 9명으로 대다수였다. 나머지는 길거리 홍보나 같은 지역으로 이사 오면서 알게 되어 오거나 목회자를 직접 만나 나오게 되었다.

자) 한국사회에 대하여

한국은 많이 발전되었지만 한국인은 겉과 속이 다르다. 길을 물어보면 친절하게 가르쳐 주지만 속은 임금체불처럼 다르다. 제 민족(조선족)을 알아보지 못하고 고구려를 찾겠다는 것은 우스운 애기다. 한국인들은 조선족이 사회주의에서 왔으니까 차별한다. 전쟁 나면 남한에게 총을 쏘고 싶나(조선족 사회전기 1). 한국과 중국이 축구를 하면 동포들의 70-80%는 한국을 응원한다. 그런데 한국은 조선족을 돈이 없다고 무시하거나 동포라고 여기지 않는다. 한국은 일이나 교통이나 모든 것이 빠르다. 중국은 공산당만 있는데 한국은 여러 당이 있어 싸우는 것이 문제다(조선족 사회전기 2). 당파가 나뉘어 싸우면 어떻게 나라가 발전하겠는가?(조선족 사회전기 3). 나는 공항식당에서 일하다가 강도를 만났다. 나중에 가해자 가족과 합의 보는 과정에서 그 식구들은 돈으로 해결하려 했는데 나는 부모 교육이 중요하다고 해서 합의 보지 않았다. 여관에서 일할 때 한국인들은 우리보다 늦게 출근하고 일찍 퇴근하며 화장실 청소나 험한 일을 우리에게 시키고도 월급은 20만원 더 받았다. 며느리, 손녀 정도 되는 사람이 하대하면 참기 어렵다. 그렇지만 좋은 사람도 많이 만났다(조선족 사회전기 4). 한국은 질서는 잡혔지만 차별의 장벽이 있다(조선족 사회전기 5). 굳을 대로 굳은 자본 세력이 빈곤 없는 사회로 나아가게 하지 못하고 있다(조선족 사회전기 6). 한민족인데도 어떤 때에는 한족보다 흑인보다 더 차별한다. 불법 체류 주 단속 대상이 조선족이다(조선족 사회전기 9). 조선족과 한국인 사이에 문화차이가 많은데 차별을 한다. 우리를 동포로 여기고 동등하게 대해주면 좋겠다(조선족 사회전기 10).

중국의 예절(남녀평등)과 달리 한국에 (남존여비의) 봉건습속이 있다. 자본주의 사회에서도 불쌍한 이웃을 돕는 것을 보고 놀랐다. 경쟁은 좋지만 당파끼리 싸우는 것은 좋지 않다. 탈북자를 한국에 데려오면 북한의 가정이 깨진다. 동포도 다 돌보지 못하는데 탈북자 데려오는 것은 문제가 있다. 한국인 일부는 동포를 머슴처럼 대하고 일부는 대등하게 대한다. 암 환자에게까지 불법체류에 대한 벌금을 물게 하는 것은 문제다(조선족 사회전기 11). 한국인은 돈 문제에 대해 너무 야박하다. 임금체불이나 사기꾼이 돈을 부인 명의로 하면 받지 못하도록 되는데 이런 한국법은 잘못되었다. 중국동포로 하여금 자유왕래 못하게 하는 정책은 잘못된 것이다(조선족 사회전기 12). 고구려사 애기를 하는데 그 땅을 지키는 조선족을 왜 이렇게 핍박하는가? 그 땅을 지키는 동포부터 보호하라! 한국법이 너무 여물지 못하다. 중국 동포에 대한 문제를 여러 번 들었을 텐데 국민들이 너무 무관심하다. 그러니 동포들이 반한 감정을 갖게 된다(조선족 사회전기 13). 초창기보다는 한국인과 중국 동포 사이의 갈등이 깊어졌다. 강제추방당한 사람들, 그들의 가족들, 친척들은 한국인을 '한국놈' '개새끼들'(중국에서 가장 큰 욕)이라고 한다. 분단으로 인해 첫째 이산가족이 나왔다면, '불법' 체류자로 인해 두 번째 이산가족이 나왔고, 탈북자는 세번째 이산가족이다. 중국 동포를 대하는 것은 남한보다 북한이 낫다. 남한에서는 젊은이들이 노인들보다 훨씬 낫다. 아마도 과거 정권의 영향과 일제 식민의식을 청산하지 못했기 때문으로 보인다(조선족 사회전기 14). 자본주의 사회는 착취와 악법뿐이라고 초등학교에서 배웠다. 한국에 와 보니 중국보다 낫다. 내 병(폐결핵)은 중국에서라면 죽었을 것이다(조선족 사회전기 15).

차) 한국교회에 대하여

교통사고로 병원에 있을 때 근처 교회 전도사가 음식을 갖고 자주 방문했다. 그 후 병원에서 가까운 교회에 다니기 시작했다(조선족 사회전기 1). 한국교회는 동포들을 위해 힘을 쏟으며 동포에 대한 차별이 없다. 그런데 중국 전도사나 집사가 한국교회의 목사급에 해당된다고 생각한다. 한국교회의 집사는 중국의 집사와는 다르다. 한국에 오기 전에는 한국 목사를 대단히 존경했다. 와보니 그렇지 않은 분들도 봤다(조선족 사회전기 2). 한국인들이 중국을 드나들면서 중국인들의 교회에 대한 인식이 굉장히 안 좋아 지고 있다. 10년 전 두 목회자가 중국을 다녀왔나. 열심 있는 집사기 18세의 딸을 목회자들 편에 한국에 보내 공부시키려 했다. 한 달 반 만에 그 딸이 미쳐서 귀국했다. 목사한테 강간을 당했다. 그러니 그 동네에 복음이 들어갈 수 있는가? 한국교회는 선교사를 파송하지 말고 동포를 훈련시키는 것이 바람직하다. 왜 한국교회는 모든 것을 직접 다 하려고 하는가? 중국인/조선족들을 지도자로 훈련시켜 세우는 것이 낫다. 교회 건물 세우면 집사들이 팔아 돈을 챙기기도 한다. 집사들을 강훈련시켜야 한다. 한국교회가 교회 몇 개 세웠다는 것을 과시하려고 해서는 안 된다(조선족 사회전기 5). 중국에서는 한국교회가 바로 알고 잘 믿는 줄 알고 신앙 차원이 높은 줄 알고 사모했었다. 내가 와서 한국교회를 직접 보니 너무 안타깝다. 많은 목회자들의 설교에서 현실은 빠지고 하늘만 설교한다. 교인들도 평소에 하고 싶은 대로 살다가 대학 입시때 교회에 가서 기도한다. 믿음이 영적이어야 하는데 육적이다. 한국교회 교인들의 겉모습은 너무나도 거룩하게 보이지만 앉은 뱅이 같은 믿음을 지녔다(조선족 사회전기 7). 한국교회는 이단 싸움과 교단 싸움에 빠졌다. 중국에 있던 1994년에 박옥수 파한테 교회를 빼앗기는 것을 보았다. 여호와의 증인, 안식교 등 이단 문제가 중국에 심각하다. 중국에서도 한국에서도 이해가 되지 않는 것은 정식 교단이 이단보다 왜 열정이 없는가 하는 점과 왜 이렇게 선교를 제대로 하지 못하는가 하는 점이다(조선족 사회전기 8). 한국인 남자에게 시집와 한국 음식 잘 못해 어려움 당하던 딸을 위해 교회가 김치를 담가줬다. 남편과 시누이가 핍박했지만 교회가면 사람대접 받았다(조선족 사회전기 11). 기독교는 공산당과 서로 나누고 남을 구하라는 점에서 비슷하다. 과거에는 기독교가 착취한다고 생각했다. "패션 오브 크라이스트" 영화를 보니까 대신 십자가 지는 것이 공산당과 기독교가 다른 점이라고 생각한다. 그런데 한국교회는 성경에 어긋나는 데가 있다. 총회 선거할 때 보니까 뒷말이 많다. 그러나 교회가 동포를 바라보는 눈은 사회보다 따뜻하다(조선족 사회전기 13). 한국교회가 조선족을 바라볼 때 너무 어린애 취급하는 것이 아닌가?(조선족 사회전기 14).

카) 한국에서의 신앙생활

작년 성탄절에 조선족복지선교센터에서 지난 3년 간 신앙교육을 받은 8명의 조선족이 세례를 받았다. 중국동포의 집과 동포교회는 세계선교대학을 운영해 많은 동포들이 신학을 3년 동안 공부하고 전도사로 임명되거나 선교사로 파송될 예정이다.

타) 재외동포법과 국적회복운동에 대하여

재외동포법 개정에 대해서는 거의 모두가 지지하지만 빨리 시행되어야 할 것을 주문했다. 특히 자유왕래를 강조한 동포가 11명이었고, 2명은 불법체류자에 대한 사면이 필요하다고 했다. 자유왕래를 위해서는 한국과 중국 정부 사이의 해결이 필요하다는 주장도 있다. 일부에서는 그동안 너무 조선족의 권리만 찾으려 했지 의무를 다하려 하지 않았다고 반성하면서 조선족연합회의 이름으로 북한에 감자나 콩 농장을 차려야 한다고 했다(조선족 사회전기 14). 반면에 국적회복운동에 대해서는 11명이 반대했고, 2명은 지지할 수 있다고 했고, 2명은 지지했다. 반대 이유는 국적을 줘도 혼자일 경우에는 문제가 되고, 문화적 차이가 커서 살기 힘들며, 고향이 북한이어서 안 된다고 하고, 중국국적 포기하면 자유왕래가 어려워진다. 반세기동안 먹여 살려준 나라인데 배반해서는 안 된다. 돈 벌겠다고 국적을 바꿔서는 안 된다. 조선족 역사와 자치주를 무너뜨린다.

파) 정체성

자신을 중국에 사는 동포라고 여기는 경우가 11명으로 다수다. 중국에서는 중국인(한족)들이 조선족을 이방인으로 보고, 한국에서는 조선족을 이방인으로 본다. 우리는 불쌍한 민족이다. 그러나 신앙의 눈으로 볼 때 우리는 축복받은 민족이다. 하나님은 항상 낮은 자를 택해 일하신다. 우리가 복음전도에 씌어져야 한다(조선족 사회전기 2). 나는 중국에 태어난 것을 감사한다. 왜냐하면 중국선교도 할 수 있고 북한선교도 할 수 있기 때문이다. 나는 북한선교를 위해 10년간 기도해왔다(조선족 사회전기 8).

하) 연변 조선족의 미래에 대하여

연변 조선족 사회가 어려워 진 것은 조선족이 한국에 온 이후다. 한국 바람이 불어서 연변이 피해를 봤다. 돈 번 사람은 10명 중 세 사람 정도고, 가정은 절반이 파괴되었다. 인구 감소가 심각하다. 부모들이 중국에 살 때는 이렇게 어렵지 않았다. 근본 원인은 한국 정부의 잘못된 정책 때문이다. 1-2년 있어야 할 사람들이 빚지고 오는 바람에 5년-10년 있어야 한다. 결국 이 모든 문제는 자유왕래로 귀결된다. 자유왕래가 되면 가정문제도 해결될 수 있고, 경제문제도 상당부분 해결된다. 조선족을 지켜야 조선족들이 남북통일에 기여할 수 있다. 현재는 조선족 사회가 무너지기 직전인 것처럼 보이지만 미래는 밝다. 이제까지 싹을 키워왔기 때문이다. 조선족 자신의 문제를 제기하기도 한다. 자기중심적 삶을 살려하고 하나님을 모르는 것도 문제다. 고아들을 믿음으로 양육해서 인재를 양성하고 버려진 노인들을 돌봐야 한다.

2) 조선족 사회전기 분석

가) 성별, 연령, 출생지, 생활수준, 고향, 종교, 남북한 우호정도

인터뷰에 응한 조선족들의 연령은 50대 이상이 10명으로 압도적이었고, 출생지도 길림성이 다수였으며, 아버지의 직업이 농민이 다수였고, 생활수준은 어려웠다가 대다수였다. 할아버지의 고향은 북한보다는 남한이 더 많았다. 종교는 없는 경우가 다수였고, 공산당원은 소수였다. 남한에 대해서보다는 북한에 대해 더 우호적이었다.

나) 성장과정, 학력, 직장, 결혼

사회전기에 나타난 조선족들은 중학교 졸업이 다수이고, 아버지가 성장과정에서 사망한 경우가 30%에 달했다. 대부분 20대에 중매 결혼했고, 가족 인원수는 4식구인 경우가 절반을 넘었다. 결혼 후의 가정형편은 태어났을 때의 가정 형편보다는 훨씬 나아진 것으로 판단된다.

다) 중국에서의 신앙생활

그들 가운데 절반에 해당하는 7명이 한국에 입국하기 전에 신앙을 갖거나 목회자가 될 결심을 했다. 물론 이 비율은 일반적인 것은 아니지만 한국교회가 중국선교나 중국 조선족선교와 관련해 유의할 대목이다. 많은 조선족들이 신앙을 갖고 입국한다는 사실은 중국교회(한족교회와 조선족교회)가 성장하고 있다는 맥락에서 보아야 한다. 조선족교회의 활발한 선교활동으로 인해 조선족들이 그리스도인이 되고, 그들도 한국으로 입국하고 있음을 알 수 있다. 중국 조선족선교의 특징은 병의 치유나 방언의 은사가 나타나고 있다는 점과 뜨거운 선교 열정 등이다. 중국 조선족선교의 과제는 과거 초대교회가 지녔던 독립운동과 선교열정을 결합시켰던 것처럼 사회의 당면과제인 개혁개방 흐름 속에서 어떻게 조선족 사회를 지켜내며 복음화시킬 것인가 하는 점이라 하겠다. 이를 위해 어떻게 목회자와 선교 일꾼들을 잘 훈련시킬 것인가 하는 점이 주요 과제가 된다.

라) 한국에 오게 된 경위, 입국 목적, 연도, 정착 과정, 급여, 가족의 입국

사회전기에 나타난 것을 볼 때 그들 다수는 정식 친척 초청을 받고 입국했다. 그래도 1/3은 6만 위안 이상의 비용을 사용해서 입국했다. 다수(73%)의 입국 목적은 자녀 진학이나 자녀 결혼 등을 위해 돈을 벌기 위해서였다. 신학 공부를 하기 위해서 입국한 동포가 2명 있다는 점이 눈에 띈다. 체류기간은 5년 이상이 8명으로 장기 체류자가 많은 편이다. 정착과정에 도움을 준 사람들이 주로 친척과 친구라는 점은 조선족이주노동자 숫자가 증가함에 따라 인간관계 그물망이 확산됨을 보여준다. 특별히 조선족이가족 가운데 혼자서 입국하지 않고 가족들과 함께 입국한 사례가 9명(60%)에 해당하는 것은 이 점을 잘 보여준다. 앞으로 조선족이주노동자에 대한입체적 이해가 필요함을 보여주는 대목이다. 그러나 직업이나 임금은 워낙다양한 직종을 거치고 같은 직종이라 해도 임금차이가 커서 일반화하기 어렵다. 다만 연수생의 경우는 다른 어느 직종과도 임금에서 큰 차이가 있음은 주지의 사실이다. 그런데 연수생의 경우에도 일반적으로 잘 알려진 것처럼 악덕 사업주도 있지만 조선족들에게 잘 대해주는 사업주도 있음을 보았다. 연수생들에게 최대한 대우를 해줄 뿐 아니라 일거리가 없을 때에는좋은 일자리를 찾아 나서라고 권유하기도 하고, 다시 되돌아 올 때에는 받아주기도 하고, 그 때까지 사업장을 이탈한 것을 신고하지 않으며, 이탈 후인데도 중국을 방문하도록 주선해 준 사례도 있었다.

마) 애로사항, 문제점과 가족변동사항

상당수의 애로사항이나 문제점은 문화 차이에서 비롯되기도 하지만, '불법' 체류자라는 신분을 악용한 사례도 많다. 한국인들이 동포를 대등하게대하지 않고 가난한 나라에서 돈 벌러 왔다는 이유 때문에 차별하는 것이근본원인이라고 판단된다.

바) 당면과제

경제적으로 빚을 지거나 돈을 거의 모으지 못한 경우는 돈을 버는데 주력할 것이다. 그러나 한국에서 돈을 아무리 집에 송금해도 남편이 계속 의존적인 것을 보고 남편의 자립의지를 키우려 한 것은 매우 중요한 대목이다. 연변 조선족 사회 살리기를 위해 주의해야 할 부분이다. 신학을 공부하거나 마치려는 동포들에게 어떤 방식으로 한국교회가 도울 것인지는 중국 조선족선교나 중국선교의 미래를 위해 매우 중요하다. 일부 동포들은 한국에서 개정된 재외동포법이 구체적으로 실현되어 동포들의 불법체류 사면과 자유왕래를 위해 투신하겠다고 다짐했다. 여기에 한국교회가 어떤 방식으로 동참하는지에 따라 한국에서 조선족선교의 미래가 좌우된다고 해도 과언이 아니다.

사) 한국사회에 대하여

조선족의 눈에 비친 한국사회의 모습은 일이나 교통 등 모든 것이 빠른 발전된 사회요 질서가 잡힌 사회다. 중국에서 배웠던 것과는 달리 자본주의 사회인데도 중국보다 나은데도 있고 불쌍한 이웃을 돕는 좋은 사람들이 많이 있다고 했다. 그러나 동포들은 그런 우리 사회의 장점이 겉모습이고 속에는 체불이나 임금차별에서 보는 것처럼 차별의 장벽이 있음을 지적했다. 우리 사회의 경쟁은 좋게 볼 수 있지만 당파가 나뉘어 싸우는 것을 부정적으로 보았다. 중국의 남녀평등 의식과는 달리 한국사회의 성차별을 봉건습속이라고 비판했다.

탈북자를 한국에 데려오는데 대해 북한의 가정이 깨진다고 비판한다. 분단으로 인한 첫 번째 이산가족이 있고, '불법' 체류자로 인한 두 번째 이산가족이 있고, 탈북자로 인해 세 번째 이산가족이 있다고 지적했다. 동포를 대하는 면만 보면 비록 못살지만 북한이 남한보다 훨씬 낫다고 했다. 그들은 이러한 우리 사회의 문제의 근원을 우선 모든 것을 돈으로 해결하려는 점을 들었다. 강도 사건의 피해자인 동포는 부모 교육에 문제가 있다고 했지만 가해자 측은 돈으로 해결하려 했고, 암 환자에게까지 벌금을 물리는 것은 야박하다고 했다. 그리고 한국법에 문제가 있음을 지적했다. 사기를 친 사람이 자기 재산을 부인 명의로 하면 원금을 돌려받을 수 없다는 것은 잘못된 법이라는 비판이다. 한국사회가 빈곤 없는 사회로 나아가는데 장애물은 굳을 대로 굳은 자본 세력이라고 본다. 이런 원인들은 한국사회가 과거 독재 정권의 영향에서 벗어나지 못하고, 일제 식민 의식을 청산하지 못한 것 때문으로 보고 있다. 결국 한국에서 강제추방을 당하거나 심한 차별을 체험하거나 중국에서는 상상도 못할 체불을 경험했던 조선족들은 반한 감정을 갖게 된다. 상대적으로 조선족을 차별하지 않는 북한에 대해 더 우호적일 수 있다.

아) 한국교회에 대하여

조선족들은 한국교회를 어떻게 바라보는가? 조선족들이 병원에 있을 때 교인들이 찾아와 음식을 갖다 주고, 한국 남자에게 시집와 음식 문제로 어려움을 겪을 때 교인들이 김치를 해다 주고, 무엇보다 교회가 동포에 대해 차별을 하지 않아 좋다고 했다. 또 기독교와 공산당을 비교하면 서로 나누고 남을 구하라는 점에서 비슷하지만 십자가를 대신 지는 그리스도가 공산당과 다르다고 했다. 그러나 그들은 한국교회를 중국에서는 크게 기대했지만 막상 와서 보니 여러 목회자들이나 평신도들에게 실망했다고 한다. 그들은 한국교회 교인들의 겉모습은 거룩하게 보이지만 앉은뱅이 같은 믿음, 육적인 믿음을 지녔다고 비판했다. 그래서 중국교회 전도사나 집사를 한국교회 목사급에 비유하기도 한다.

총회에서 선거가 있을 때에도 뒷말이 무성하다. 지금 중국에는 이단과의 싸움이 치열해 일부 교회들이 이단으로 넘어가고 있다. 그런데 중국을 방문한 일부 목회자들은 지역 복음화에 치명적인 악행을 저지르고 있다. 일부 중국/조선족교회 집사들은 한국교회가 지어준 예배당 건물을 팔기도 한다. 이런 문제의 원인은 한국교회가 중국선교를 직접 다 하려고 하기 때문이고, 교회를 몇 개 세웠다는 것을 과시하려는 선교 태도 때문이라고 했다. 또 한국교회가 조선족 지도자들과 신자들을 어린애처럼 보는데(paternalism, 온정주의, 선교사가 선교지 사람들을 마치 아버지가 어린이 대하듯이 하는 태도) 문제가 있다고 했다. 조선족들은 한국교회가 선교사를 파송하지 말고 조선족들을 제대로 훈련시켜 지도자로 세우라고 제안하고 있다. 그들은 정통 교단들이 이단보다 왜 선교 열정이 적은가를, 그리고 선교를 왜 이렇게 못하는가를 비판하고 있다. 그것은 한국교회가 성경과 어긋나 있기 때문이 아닌가 하고 지적하고 있다. 한국교회가 중국/조선족 선교와 북한선교에 앞서서 경청해야 할 대목이다.

3) 연변 조선족 인터뷰를 통한 조선족 이해

한국에서 노동을 하고 귀국한 조선족 5명과 인터뷰를 했다(4명은 2004년 7월 12일, 연길에서 했고, 나머지 한 명은 7월 14일 용정에서 인터뷰 했다). 그리고 한국에서 노동중인 조선족의 부인과 인터뷰를 했다(2004년 7월 14일, 용정). 그들은 출국과정에서 4만 위안으로부터 7만 위안 정도의 비용을 썼다. 입국 목적은 주로 돈을 버는 것이었지만 다리 수술을 잘못해 생긴 후유증을 치료하기 위한 것도 있었다. 그들의 체류기간은 짧으면 2년 반에서 대개 5년~6년 정도였고, 긴 경우는 9년이었다. 그들이 겪은 문제는 체불, 다양한 차별, 성추행 미수, 다단계 관련 사기 등이었다. 조직 폭력배 같은 집에서 일하다가 충격으로 신경쇠약에 걸려 귀국한 사례도 있다(연변 조선족 인터뷰2). 한국인들 중에는 좋은 사람들도 많이 만났다고 한다. 그들이 제기하는 문제는 사기꾼을 잡지 않고 오히려 사기당한 조선족

을 '불법' 체류자라고 구치소로 보내는 것을 보고 '한국법이 잘못 되었다.'
고 했다(연변 조선족 인터뷰4). 부인과 함께 일하다가 부인이 간암에 걸려
먼저 귀국했는데 남편이 귀국 후 한 달 만에 부인이 사망했다. 그의 친구는
'가정을 살리려 한국에 갔는데 부인이 죽었으니 무슨 소용이 있냐?' 하면서
그가 한국 다녀온 것을 실패라고 했다(연변 조선족 인터뷰1). 10년 가까이
한국에 체류하다 보니 가족이 보고 싶은 것이 가장 어려웠다(연변 조선족
인터뷰5). 이에 대한 대안을 자유왕래라고 했다(연변 조선족 인터뷰3). 공
통적으로 지적하는 문제는 한국에서 체류하는 시간이 길어질 수록 한국인
을 닮아 소비 수준이 상승한다는 점이다(연변 조선족 인터뷰1, 연변 조선족
가족 인터뷰). 한국이 4만 5천 명인 '불법' 체류자를 먹여 살리지 못하면서
어떻게 7천 만 동포를 먹여 살릴 수 있겠는가라고 문제를 제기했다(연변 조
선족 인터뷰4). 연변에서는 한국 체류가 오래된 가정의 경우 80%가 가정
이 파괴되었다고 한다(연변 조선족 가족 인터뷰).

교회와 관련해서는 하숙집 주인이 그렇게 자신에게 잘 해주면서 교회 나
가라 했는데 나가지 않다가 마지막으로 가정부로 일한 집 주인 아주머니에
게 교회 나가라고 했다고 한다(연변 조선족 인터뷰3). 귀국 후 진로와 관련
해서는 조선족 역할을 남북한 평화의 교두보로 보고 북한에서 아이스크림
장사를 하겠다는 조선족이 있었다(연변 조선족 인터뷰5).

4) 조선족의 사회전기를 통해 본 조선족선교의 과제

첫째 "무너지기 직전인 것처럼 보이는" 연변 조선족 사회를 살리고 '불
법' 체류자 문제를 해결하기 위해서는 개정된 재외동포법을 조속히 시행하
여 조선족의 자유왕래를 실현하도록 하고, '불법' 체류자 문제 해결에 교회
와 시민사회단체와 함께 지혜를 모아야 한다. 조선족들이 입국할 때 치르

는 과도한 비용은 그들의 체류 기간을 늘리거나 연수생으로부터 이탈하게 하여 '불법' 체류자가 되게 하고 장기 체류자가 되게 한다. 결국 심각한 가정 문제가 생기고, 장례가 나도 방문할 수 없어 사람 도리를 할 수 없게 된다. 조선족의 자유로운 왕래와 노동에 대한 쿼타제 도입 등 보완적인 조치가 함께 도입되면 한국사회나 연변 조선족 사회나 중국 당국 모두에게 윈윈 효과를 볼 수 있다.

둘째 한국사회는 지난 30년 근대화 과정과 지난 10년 정보화 사회로의 전환 속에서 우리가 얻은 것이 무엇이고 잃은 것이 무엇인지를 조선족들이 제기하는 문제들을 통해 냉철하게 되돌아봐야 한다. 금년은 해방과 분단 60주년을 맞는 해이다. 지난 60년 동안 우리 사회의 최우선 과제가 무엇이었고 그것을 어떻게 해결하려 했으며 가장 큰 장애물이 무엇인지를 성찰할 시기가 되었다. 조선족들이 우리 사회에 대해 제기하는 다양한 문제들은 그 단초를 제기한다고 본다. 돈이면 무엇이든지 다 된다고 생각하는 한국인들은 돈 없는 조선족을 동포로 여기지 않고 무시하거나 '불법' 체류자라는 신분을 악용하여 임금을 체불하거나 사기를 치고도 오히려 경찰에 신고하는 사례가 많다. 법조차도 이런 경우 약자의 권리를 지켜주지 못하고 가진 자의 편에 선다면 그런 법 자체는 우리 사회의 기조를 부패시키는 악법이다. 한국인들이 조선족 노동자에 대해 다양하게 차별하는 것은 이런 법과 국민의식에 연유한다. 천민자본주의 형태로는 우리나라가 세계, 특히 가난한 나라들로부터 존경은커녕 비난을 피할 수 없다. 이제 우리는 조선족 선교와 관련해 제기된 문제들을 통해 문화적 차이를 차별로 억압과 착취로 나아가는 우리의 태도와 문제를 일제 잔재를 청산하지 못하고 과거 독재정권의 유산을 청산하지 못한 우리 사회의 근원적 문제들 연관시켜 이해하고, 근원적인 해결책을 찾아가야 한다. 해방 이후, 4월 혁명 이후,

87년 6월 항쟁 이후 우리 사회의 변화를 반성하고 해방 60주년을 맞는 오늘 우리는 우리 사회의 기초를 재점검해야 한다.

셋째 한국교회는 조선족들이 제기하는 중국선교, 조선족선교의 다양한 문제들을 경청하여 받아들일 것은 과감하게 받아들여야 한다. 조선족들이 제기한 가장 심각한 문제제기는 도대체 정통 교단의 중국/조선족 선교가 왜 그렇게 제대로 못하느냐는 따가운 질책이요, 그 근본 원인이 한국교회가 육적인 믿음을 지닌 앉은뱅이 같다는 점이다. 우선 요구되는 것은 과거 한국교회의 중국/조선족 선교 활동에 대한 준열한 반성이다. 조선족 기독교인들은 한국교회가 선교사를 파송하거나 교회 몇 개 건축한 것으로 중국/조선족 선교를 하는 것으로 과시하거나, 조선족 교회 지도자를 어린애 취급하지 말고, 조선족 교회 집사나 신학생 지망생들을 잘 훈련시켜 지도자로 양성하여 세울 것을 요청하고 있다. 또 긴박한 문제로 이단의 침투에 대해서 보다 적극적으로 대응하라는 주문이다. 아울러 한국교회는 파괴된 가정의 어린이들을 사랑으로 믿음으로 돌보아 인재로 양성하고 버려진 노인들을 돌볼 책임이 있음을 부각시켰다.

넷째 중국선교와 북한선교를 위해, 남북한 평화통일을 위해 조선족들의 역할이 크기 때문에 이 부분에서도 한국교회는 중국/조선족 교회와 협력해야 한다. 특히 탈북자 문제는 한국인의 시각에서만 보지 말고 조선족을 포함하여 보다 다양한 시각으로 보아야 한다. 또 한국에 와 있는 조선족 20만 명도 다 돌보지 못하면서 북한의 2500만 동포를 잘 대해줄 것처럼 대하는 일부 보수적인 집단처럼 탈북자에 대해 비현실적인 접근을 하지 말아야 한다. 한국사회도 현재 국제금융기구의 구제금융을 받던 때보다 더 어렵다고 하는데 북한 동포를 다 감당할 것처럼 북한 문제 전반에 접근해서는 안 된다.

3. 사회과학적 분석으로 본 조선족선교의 과제

1) 연변 조선족 사회 이해

국내 조선족선교는 외국인이주노동자선교와 달리 조선족의 고국인 중국 연변과 연계시켜서 고려해야 한다. 왜냐하면 조선족이 중국이나 북한과의 관계에서 한국과 다리 역할을 하는 한민족이기 때문이다. 선교적으로는 중국선교와 북한선교를 위해 필수불가결한 존재가 조선족이다. 따라서 국내 조선족선교나 중국조선족선교 모두 한국과 중국을 연계해 고려해야 한다. 우선 조선족 노동자가 한국에 입국한 것이 연변 조선족사회에 어떤 영향을 주는가를 알아보자.

설동훈은 조선족의 한국 취업으로 인한 조선족 사회의 변화를 경제적 불평등 심화, 과소비 증가, 근로의욕 감퇴, 향락·소비산업 투자, 농촌공동체의 해체와 가족해체, 두뇌유출, 조선족 사회정체성 위기라고 지적했다.[15] 이에 반해 임계순은 한중수교 이후 조선족 사회의 변화를 집거지 해체, 핵가족화와 직업관 변화와 유흥업 번창과 교육수준 하락 등의 가치관 변화, 그리고 조선족에 대한 중국정부의 정책 변화를 지적했지만 조선족 정체성을 새로이 발견했다고 했다.[16]

그러나 연변 조선족 사회의 변화는 조선족의 한국 취업과 관련시켜서만 이해해서는 안 되고 중국사회의 대전환, 즉 계획경제로부터 시장경제로, 농업사회로부터 공업사회로의 전환과 연계시켜 이해해야 한다. 지난 20여 년 시장경제화와 공업화가 빠르게 진행되는 동안 조선족사회는 그 발전조

---

15) 설동훈, 『외국인노동자와 한국사회』(서울: 서울대학교출판부, 1999), 351-362.
16) 임계순, 『우리에게 다가온 조선족은 누구인가』(서울: 현암사, 2003), 313-334.

류에 조응하지 못하고 단순히 벼농사만을 하고 있었다.[17] 중국의 경제체제가 시장경제체제로 전환하면서 연변지역의 기업은 경쟁력에서 뒤떨어져 다른 지역으로 진출은커녕 자기 시장마저 다른 지역 기업들에게 내주게 되었다. 연변의 산업구조는 90년대 초반에는 제2차 산업의 비중이 전국수준을 상회했었으나 90년대 말에는 전국수준보다 10%나 하락했다. 90년대는 조선족의 한국 취업이 증가하던 시기였다. 일부 조선족은 한국 취업으로 경제적 혜택을 보았지만 연변사회 전체로 볼 때 좋지 못한 영향을 끼친 것으로 평가된다. 연길시의 경우 1990년에서 1996년 사이 소비증가율이 연변주 평균의 거의 3배에 이르렀다.[18] 바꿔 말하면 "새로운 경제체제의 적응을 위한 지역 공업구조의 조정 필요가 암시"되던 때 "관광업의 부상이 3차 산업에 대한 수요를 유발시켜 정부로 하여금 3차 산업의 우선적 지원으로 지역경제성장을 이룩한다는 지역경제 정책을 실시하게 하였다."[19]

연변 조선족사회의 문제는 경제에서만 나타나지 않고 인구 측면에서도 심각하게 나타나고 있다. 1990년~2000년 사이에 연변에서 한족은 15만 4천명이 증가한 반면 조선족은 2만 2천명이 감소했다. 연평균 증가율을 보면 한족은 11.8%, 조선족은 -2.6%였다. 조선족의 평균 출생자녀수는 1990년의 1.84명에서 2000년에는 1.01명으로 급감했다. 연변 조선족 인구 센서스에 의하면 1990년 연변 조선족 20-29세 여성은 82,455명이었으나 2000년 센서스에서는 48,465명으로 급감했다. 또 65세 이상 노인인구 구성비율이 1990년에는 5.1%에 불과했으나 2000년에는 7.8%로, 세계

---

17) 김춘송, "중국조선족이 직면한 위기와 대책: 시장경제의 시대적 추세 맞춰나가야 산다" 「통일한국」 제154호(1996년 10월), 42.

18) 최식인, "연변조선족 사회의 유지와 발전방안" 「한국북방학회논집」 제9호(2002년), 257-261.

19) 이종림, "중국 연변조선족자치주의 경제현황 및 전망" 「Overseas Koreans Times」 제108호(2002년 11월), 20.

에서 가장 고령화가 빨리 진행되고 있다는 한국의 7.2%보다 높았다. 이와 같은 인구 통계가 지속된다면 2020년경에는 연변 조선족인구의 구성 비율이 25% 이하로 낮아져 자치주는 유명무실해 질것으로 예측된다.[20]

연변 조선족사회를 활성화시키기 위한 대안으로는 벼농사중심으로부터 다종경영으로 나아가야 하고,[21] 1차 산업의 산물을 원료로 하는 식품가공, 목재 가공업, 천연약재제조업 등 경공업 중심의 2차 산업을 육성하는 것이 바람직하다.[22] 또 생태마을 형 집중촌 건설이나 고부가가치형 생태 농업 등을 모색해 볼 수 있다.[23] 조선족의 한국 취업은 연변의 산업구조 전환과 연계되는 것이 바람직하고, 한국 정부는 장기적인 안목을 갖고 이런 방향으로 나아가도록 지원하는 것이 필요하다.

한편 연변 조선족사회를 유지시키고 발전시키기 위해서는 중국의 조선족에 대한 정책을 이해해야 한다. 중국의 조선족 정책은 중화민족의 인원으로의 편입(1945-1957), 중화민족으로의 동화과정(1957-1992), 그리고 제3 아이덴티티의 형성과정(1992-) 등 세 시기로 구분된다.[24] 중국의 조선족 정책을 염두에 둔 조선족선교 전략 수립이 필요하다.

2) 한국사회에서 조선족 현황과 정부의 조선족 정책에 대한 제안

가) 한국사회에서 조선족 현황

1999년 재외동포법 개정 당시 조선족교회에 모였던 조선족 513명에 대한

---

20) 김두섭, "연변 조선족사회의 최근 변화: 사회인구학적 접근" 「한국인구학」, 제26권 2호(2003년), 114-141.

21) 김병호, "중국 조선족의 사회경제문제-조선족의 농촌경제와 농민문제를 중심으로-" 한양대, 「민족과 문화」, 제5호.(1997년 6월), 226.

22) 최식인, 위의 글, 264-265.

23) 임광빈, "21세기 중국조선족 사회의 전망과 선교적 과제" 예장총회국내선교부, 한민족평화선교연구소 공동 주최 「200년 조선족동포선교정책웍샵」(5월 14일), 별지

24) 이진영, "중국정부가 바라보는 조선족과 조선족 정책" 「교포정책자료」 제62집(2001년).

설문 결과에 의하면 응답자의 89%가 미등록 노동자였고, 여권을 위조해 방문한 사람은 23%였다. 응답자 91%가 빚을 지고 입국했고, 그 중 2/3가 아직 그 빚을 갚지 못했다. 빚의 액수는 응답자의 23%가 천만 원 이상, 37%가 7백만 원 이상 천만 원 미만, 24%가 5백만 원 이상 7백만 원 미만이었다. 전체의 68%가 체불의 경험이 있으며 그 가운데 76%가 아직 돈을 받지 못했다. 전체 45%가 잊지 못 할 심한 차별을 경험했다고 했다. 한국에서 살기를 바라는 조선족은 27%였다. 응답자의 36%가 한국인에 대해 고맙게 생각하는 한편 40%는 좋지 않게 생각하거나 증오한다. 증오하는 비율은 20%다.[25]

2000년 6-7월에 중국 동포의 집에서 350명을 대상으로 실시한 설문조사에서 유효 응답자 수는 225부였다.[26] 연령은 50대가 36.6%, 40대가 23.6%, 20대가 21.3%, 30대가 18.5%였다. 학력은 초등학교 졸업이 8.6%, 중졸이 29.95, 고졸이 42.5%, 대졸이상이 17.8%였다. 월평균 소득은 60만 원 이하가 32.4%로 가장 많았고, 입국 동기는 돈을 벌기 위해서가 71.4%로 나타났다. 입국 방법은 친척초청이 47.3%, 회사연수가 24.3%였고, 현재 직업은 공장기술공이 40.5%, 단순서비스직이 24.2%, 단순노동자가 17.6%였다. 월소득 사용처를 보면 1순위가 집에 보낸다, 2순위는 한국에서의 생활비, 3순위는 저축으로 나타났다. 한국에서 배우고 싶은 것은 직업교육(28%)이 가장 높았다. 한국 정부에 바라는 것은 '같은 민족으로 동등한 대우'(60%)를 요구했고, 다음이 '한국 국적 취득'(18.3%)이었다.

미등록 노동자가 90%에 달한다는 것은 법 자체가 현실을 반영하지 못함을 의미한다. 재외동포법이 작년에 개정되었지만 조선족들이 피부에 와 닿

---

25) 임광빈, "중국동포에 대한 이해와 실태" 총회전도부 외국인근로자선교후원회, 「조선족근로자 선교정책 세미나」(2001년 6월 14일), 7-8.

26) 최덕경, "재한 중국 조선족의 생활 행태 및 삶의 질에 관한 연구" 「한국가족자원경영학회지」 제5권 1호 (2001년 5월).

게 변한 것이 없다. 기본 방향은 자유왕래를 보장하되 취업은 허가를 받아야 하며 불법체류와 불법취업은 엄단하여 근절시켜야 한다. 불법체류와 불법취업의 근절책은 '불법' 체류자를 고용하는 사업주에 대한 처벌 위주로 나가야 한다.[27] 기존 '불법' 체류자 문제에 대해서는 대대적인 사면이 불가피하다. 그리고 일정 기간 이후에는 불법을 철저하게 단속하도록 해야 한다. 그런데 과거에 이주노동자 관련법이나 정책 시행과정을 보면 1995년 이후 15차례나 시행착오를 거쳐 법을 지키고 출국한 외국인만 손해를 보게 했다.[28] 따라서 정부는 조선족관련 정책을 앞에서 제시한 대로 정한 다음 일관되게 밀고 나가야 한다. 또 정부는 2002년 말 북경이나 심양 영사관의 일부 영사나 인천세관의 관리들이 입국관련 비리를 저질러 수 억 대를 챙긴 사건이 들통 났던 것을 상기하여 권력형 브로커가 활개를 치지 못하도록 해야 한다.

나) 정부의 조선족 정책에 대한 제안

정부는 연변 조선족사회의 산업구조를 개선하는데 도움이 되도록 조선족이 원하는 2차 산업관련 직업교육을 실시하는 것이 필요하다. 또 조선족들이 돈을 벌어 귀국 후 생산적인 사업에 투자할 수 있는 길을 정부 차원에서 제시하고 지원하는 방안을 연구해야 한다. 또 체불이나 각종 폭력을 가하는 사업주에 대한 단속과 처벌을 강화하여 근절시키도록 해야 한다. 그리고 문화적 차이가 차별로 고착되지 않도록 기업인들과 한국 노동자들을 교육시킬 의무가 정부에 있다. 이상과 같이 정부가 조선족의 권리를 지킬 때 조선족이 살고 있는 연변을 토대로 고구려 역사를 비롯한 우리 역사를 지킬 수 있게 된다.

---

27) 김해성, " '재외동포법' 개정이후 중국동포 선교의 방향" 「조선족선교정책워크샵」(2004년 5월 14일), 별지.
28) 설용수, "재중동포, 그 빛과 그림자" 「OK TIMES」, 제124호(2004년 3월), 29.

3) 한국교회의 조선족선교과제

첫째 한국교회는 연변 살리기에 동참하되 사회개발 선교의 모델을 창출하도록 해야 한다.[29] 2004년 조선족선교정책웍샵에서 제기한대로 콩 종자를 개발해서 생산성을 높여 농민을 잘 살게 하고 지역사회와 학교를 살릴 때 조선족들에게 희망을 주는 교회로 변화될 것이다. 사기피해자 자녀들에게 장학금을 지원하고, 피해자들 가운데 자활사업을 벌이는 가정에게 자활기금을 지원하거나 농촌의 마을을 선정해 개량된 품종의 콩 농사 등을 통해 소득을 올리고 조선족/중국교회와 함께 함으로써 모두 잘 사는 길을 찾는 것이 바람직하다. 그리고 100여 년 전 한국 초대교회의 전통인 독립운동과 선교를 결합시켰던 것처럼 연변 경제 살리기를 통해 연변 조선족들이 북한을 돕고, 조선족을 통해 남북한 사이에 화해가 이뤄지고 남북한이 평화와 통일을 향해 나아가도록 해야 한다. 그래서 연변이 동북아 평화에 기여하도록 해야 한다. 그리고 한국교회는 연변의 조선족교회가 중국교회임을 잊지 말아야 한다. 1913년 대한예수교장로회 총회가 파송한 3명의 선교사는 한국교회 소속이 아니라 중국 화북대회 래양노회 소속이었다. 이런 전통을 살려 한국교회는 조선족교회가 중국선교와 북한선교를 위해 기여하되 중국교회로 서도록 도와야 한다. 그리고 연변에 조선족복지상담센터를 세워 한국에서 노동하는 조선족의 남은 가족을 돌보고 가족의 해체를 방지하며, 버려진 아이들을 돌보아 인재로 양성하며 노인들을 돌보는 일을 해야 한다. 또 귀국하는 조선족들의 재정착을 도와야 한다.

둘째 한국교회는 조선족의 자유왕래와 불법체류 사면을 위해 지혜를 모아야 한다. 거의 모든 문제가 자유왕래에 의해 해결될 수 있으므로 재외동

---

29) 임희모, "조선족선교의 과제와 전망" 33, 조남현, "조선족과 더불어 짓는 농사", 58-61. 「2004년 조선족 선교정책웍샵」(2004년 5월 14일).

포법 개정 이후 조선족의 자유왕래가 하루속히 시행되도록 해야 한다. 그리고 이제까지의 '불법' 체류자 문제를 해결하고, 앞으로는 '불법' 체류자가 생기지 않도록 해야 한다.

셋째 한국교회는 선교사를 파송하거나 교회 건물을 건축하여 과시하기보다는 조선족 교회 집사나 신학생들을 훈련시켜서 파송하는 것이 훨씬 바람직하다. 그리고 그들을 교회의 지도자로 세우도록 해야 한다. 또 한국교회는 조선족들에게 업적과시용으로 세례를 많이 주기보다는 제대로 신앙훈련을 시켜 세례를 주고 귀국 후 중국/조선족 교회를 섬기도록 훈련시켜야 한다. 특히 조선족들이 돈의 노예나 탐욕의 종이 되지 않도록 영성훈련을 하는 것이 중요하다. 물론 이것은 한국교회 교인들에게 더 절실한 문제다.

넷째 한국교회는 조선족선교의 주체로 조선족연합회준비위원회를 조선족연합회로 발족시키는데 힘을 모으고 협력 지원하는 선교협력 체제를 구축해야 한다. 연변 조선족복지상담센터도 귀국하는 조선족연합회 회원들과 긴밀한 관계를 갖도록 하는 것이 바람직하다.

다섯째 한국교회는 조선족, 외국인이주노동자, 탈북자 등 다양한 배경, 문화적, 종교적, 인종적 차이를 지닌 사람들과 함께 사는 그리스도인들이 되도록 한국교인들을 훈련시킬 책임이 있다. 700만 명에 달하는 한민족은 전 세계에 걸쳐 살지 않는 나라가 거의 없다. 다른 나라에서 그 나라사람들에게 차별을 받지 않고 싶은 것처럼 우리나라에 와 있는 그 어떤 사람들도 우리와 문화 차이나 인종 차이가 차별로 되지 않도록 하는 것이 21세기 한국교회의 중요한 과제다. 조선족선교는 외국인이주노동자선교와 다르지만 문화적 차이라는 측면에서 볼 때 다음의 주장은 조선족 선교와도 관련해 시사하는 바가 크다. 외국인 이주노동자들이 자신들의 "비참과 고난"을 통해 자신의 "역사의 기억과 문화"를 함께 우리나라에 가져옴으로써 문화적

"다양성의 씨앗"이 우리 사회에 널리 뿌려지게 된 점을 우리는 인식해야 한다. 그들은 고국에서는 잊혀진 존재이고, 새로 정착한 우리 사회에서는 차별과 억압을 받기도 하지만, 이 두 사회의 문화 사이에 다리를 만들고, 두 민족과 두 문화 사이에 만남의 장소를 만드는 역할을 할 수 있다.[30] 따라서 외국인이주노동자선교의 과제의 하나는 그들이 지닌 문화 가운데 대안적 공동체에 기여할 수 있는 긍정적 요소들을 식별하여 강화하고, 부정적 요소들을 극복하는 것이다.

이것은 조선족선교에도 적용된다. 조선족은 남한과 중국, 특히 남한과 북한과 문화적으로 차이가 있지만 그런 차이를 통해 양자 사이에 문화적으로 다리를 놓을 수 있다. 이렇게 해서 조선족은 한중 관계 개선에 결정적 도움을 줄 뿐 아니라 남북한의 평화와 통일에도 기여할 수 있다. 이때 조선족을 민족주의적 시각에서 보면 안 되고, 민족까지도 이용하는 자본의 이중성을 이해하고 우리의 자본주의 체제까지도 친일잔재 청산과 분단구조 극복이라는 시각에서 비판적으로 보는 정치경제적인 관점에서 보아야 한다.[31] 과거 조선족 선교의 실패나 조선족과의 만남에서 서로 많이 실망한 근본 원인은 같은 민족이라는 관점만 갖고 보기 때문이다. 서로 다르다는 것을 인정하고 서로의 차이점을 이해하고 존중해 줄 때 만남과 대화가 가능하다.

---

30) Oh Jae Shik, "People are on the Move: The Asian Churches' Response in Historical Context" in CCA, WCC, *Uprooted People in Asia*, (Hong Kong: CCA, 1995), 51.

31) 박현옥, "한민족 공동체와 조선족 동포" 예장총회 전도부 조선족근로자선교위원회 조직 및 세미나 자료집 (2002년 7월 11일).

해체 위기에 직면한 연변 조선족 사회를 살리는 것은 한민족의 일부인 조선족의 문제만은 아니다. 남북한의 평화와 통일을 위해 중요한 역할을 할 수 있는 거의 유일한 한민족이기 때문에 우리의 문제이기도 하다. 연변 조선족사회를 살리는 관점과 국내 조선족문제를 다루는 관점을 연결시키는 것이 정부나 교회 모두에게 필요하다. 즉 정부는 재외동포법 개정에 맞춰 조선족의 자유왕래를 보장하되 취업을 엄격히 제한하고 향후 발생하는 '불법' 체류자를 엄격하게 단속하며 한국에서 취업 후 귀국하는 조선족들이 연변에서 필요한 생산적 사업에 투자하거나 필요한 기술을 습득하도록 정책을 펼쳐야 한다. 교회는 시민사회단체와 연대해 그런 방향으로 국가정책이 결정되도록 노력해야 한다. 그리고 한국교회는 해방과 분단 60주년을 맞으며 조선족들이 제기한 우리사회 문제들을 친일잔재 청산, 분단구조 극복과 자본주의 체제의 모순을 극복한다는 시각에서 시민사회단체와 함께 우리 사회가 하나님의 나라를 향해 나아가도록 노력해야 한다.

조선족 선교와 관련해 중국에 선교사를 파송하기보다는 조선족 그리스도인들을 신학적으로 훈련시켜 지도자로 세우고 지원하는 것이 바람직하다. 연변에 조선족복지상담센터를 세워 한국에 취업한 조선족의 가족을 돌보고 해체된 가정의 어린이들과 노인들을 돌보며 귀국하는 조선족의 진로를 상담하는 활동을 해야 한다. 그리고 조선족 농민이 잘 살 수 있는 사회개발 선교의 모델을 창출하는 것이 시급하다. 이러한 선교방식은 사기 피해자 자녀들에게 장학금을 보내고 가난한 조선족의 자활사업을 지원하며 교회로 하여금 지역사회 봉사에 복지에 동참하게 하는 것과 병행해 실시할 때 더 효과적이 될 것이다. 국내의 조선족선교는 법과 제도의 개선, 복지와 인권 향상과 아울러 복음화를 병행해야 한다. 이 때 중요한 것은 조선족들로 하여금 돈에 대한 올바른 태도를 갖게 하고 하나님 나라의 일꾼이 되도록 제대로 훈련을 받게 해야 한다. 그리고 조선족연합회준비위원회가 연합회로 발전하도록 지원하고 조선족 선교의 대등한 동역자로 세워야 한다.

6장_ 사회전기를 통해 본 북한이탈주민선교의 과제와 전망

들어가는 말

북한이탈주민 만 명 시대가 다가오면서 우리 사회에서는 북한이탈주민에 대한 다양한 논의가 전개되고 있다. 일부 한국교회와 선교단체들은 누구보다 먼저 북한이탈주민 선교에 앞장서 왔고 지금도 중요한 몫을 차지하고 있다. 그러나 이들의 탈북자 선교와 북한이탈주민 선교는 안팎에서 여러 가지 비판에 직면해 있다.[1] 그동안 진보적 진영이 북한이탈주민 문제나 선교에 소극적으로 대응한 이유는 남북관계 호전과 한반도 평화정착 기대, 내정 간섭으로 인한 북한의 반발과 남북관계 악화우려, 중국과의 외교마찰 우려, 북한 체제 흔들기와 북한 고립, 체제 붕괴에 이용될 가능성 경계 등이었다.[2] 그러나 북한이탈주민의 숫자가 증가하면서 만 명 시대를 눈앞에 두면서 산적한

---

1) 이 글에서 탈북자는 북한을 탈출해 북한이나 남한 이외의 제3국 체류자를, 북한이탈주민은 탈북자 가운데 남한에 입국한 사람을 가리킨다.

2) 임광빈, "국내외 북한이탈주민에 대한 통전적 이해" 한국기독교교회협의회, 『교회와 세계』 제237호(2005년 겨울), 26.

문제를 바라만 볼 수 없게 되었다. 더구나 소위 '기획탈북'(사실은 기획입국
이다)을 통해 일부 탈북자를 남한으로 입국시키면서 국제적으로 이슈화 시
키는 과정을 통해 재중 탈북자의 생존을 위협함으로써 탈북자 선교나 북한
이탈주민의 정착을 지원하는 선교 모두에 부정적 평가가 내려지고 있다.

　북한이탈주민 300명에 대한 최근의 한 조사에 의하면 실업자가 61.4%,
월소득 100만원 이하가 65.7%, 제3국으로의 이민을 원하는 자가 66.4%,
기회가 되면 미국 망명을 원하는 자가 70.5%, 만약 처벌이 없다면 다시 북
한으로 돌아가고 싶다는 자도 54.6%이다. 이들을 가장 힘들게 하는 것은
차별이다(47.5%). 남한 거주 7년 이상 된 북한이탈주민들의 70.3%가 남한
언어 이해에 어려움을 겪는다. 취업자 중 정규직의 비율은 16.7%에 불과하
다.[3] 강서구에 사는 북한이탈주민에 대한 설문 결과도 크게 다르지 않았다.
이들을 가장 힘들게 하는 것은 역시 남한 사람들의 부정적 선입관이었다
(58.5%). 남한 주민 가운데에는 북한 출신과 결혼할 의사가 23.9%에 불과
하지만, 북한 출신은 남한 사람과 결혼할 의사가 40.7%에 달한다. 가양 3
동에서 북한이탈주민을 위해 복지활동을 하는 한 사회복지사는 이 동네에
북한이탈주민이 이사 온지가 10년째이지만 남쪽 주민은 여전히 이들의 존
재 자체를 무시한다고 했다. 남한 주민 66.4%는 북한사회를 그런대로 이해
하고 있다고 믿고 있지만, 북한이탈주민 59.3%는 남쪽 사람들이 북한 사회
를 잘못 이해하고 있다고 응답했다. 그러니까 남한 주민과 북한이탈주민이
한 동네에 살고 있지만 공동체를 이루기보다는 '또 다른 분단의 벽'을 두고
사는 것과 같다. 그렇지만 이 분단의 벽은 휴전선만큼 강고하지는 않았다.
북한이탈주민을 만난 경험이 있는 자들의 호감도가 늘고 있다는 점이다.[4]

---

3) "탈북자 300명 특별 리서치" 『월간중앙』(2006. 8.), 131-6.
4) "새터민들, 남한 삶도 고달프다" 『시사저널』(2005. 7. 5.), 52-61.

이 글은 북한이탈주민 선교에 대해 당사자의 목소리를 통해 과제와 전망을 제시하고자 한다. 그리고 기존의 북한이탈주민 선교의 문제점들을 제기하면서 북한이탈주민 선교의 전제와 과제를 새롭게 제시하고 전망을 제시하고자 한다. 북한을 탈출한 사람들에 대한 다양한 호칭이 있다. 광복 후 한국전쟁 사이에 북한에서 남한으로 넘어 온 사람들을 실향민이라 부른다. 휴전 이후 휴전선을 넘어온 사람들을 귀순용사/월남용사 또는 귀순자/월남자라고 부른다. 1990년대 시베리아 벌목장에서 일하던 북한 노동자들 중 현장을 탈출한 자들을 탈북자라 불렀다. 경제악화와 식량난 등으로 북한을 탈출하는 자가 급증하자 정부는 1997년 1월 13일 '북한이탈주민의 보호 및 정착지원에 관한 법률'을 제정하면서 이들을 북한이탈주민이라 부르기 시작했다. 법적 정의는 '북한에 주소, 직계가족, 배우자, 직장 등을 두고 있는 자로서 북한을 벗어난 후 외국 국적을 취득하지 아니한 자'를 뜻한다. 최근에 통일부는 이들을 새터민으로 부르기로 했다.[5] 이 글에서는 남한에 정착하는 자들은 북한이탈주민이라 하고, 북한을 탈출해 중국이나 제 3국에 거주하는 자들은 탈북자로 부르기로 한다.

이 글의 방법론으로는 민중의 사회전기를 차용하여 북한이탈주민에게 적용한 것과 타자와 만남의 선교론을 적용한 것이다. 이런 방법론이 북한이탈주민에게 처음 적용되어 그들의 시각에서 북한이탈주민 선교를 논한 것이 이 글의 의의라 하겠다. 단점은 사회전기의 대상이 일부에 국한되고 숫자가 적다(9명)는 점이다. 그럼에도 불구하고 북한이탈주민에 대한 1차 자료에 의거한 글이 적은 실정에서는 일정정도 기여할 바가 있으리라 본다.

---

5) 김문영, "탈북자와 동북아국제질서" 고려대학교 대학원 정치외교학과, 석사학위 논문, (2003. 7), 3, 각주 4번 참조. 조은식, "한국교회의 북한이탈주민선교의 현황과 참여방안" 대한예수교장로회 총회국내선교부, 「북한이탈주민에 대한 이해와 한국교회의 선교 참여방안」 자료집(2005. 5. 3), 80, 각주 1번 참조.

1. 연구 방법론

1) 민중의 사회전기

민중신학에서 가장 독특한 방법론의 하나가 민중의 사회전기다. 김용복은 민중의 사회전기가 신학에 대한 새로운 역사적 틀이라고 했다.[6] "민중은 역동적이고 변하며 복합적인 살아있는 실재를 의미"[7]하기 때문에 민중은 자신의 이야기를 통한 자기정의 외에는 달리 정의할 수 없다. 민중의 사회전기는 억눌린 자들의 전기와 역사일 뿐 아니라 그들을 억압하는 기존 지배체제에 대항하여 역사의 주체가 되는 민중운동의 이야기다.[8] 그는 출애굽에 근거해서 고난받는 백성의 이야기가 역사와 사회를 이해하는 중요한 열쇠라고 보았다. 그는 "전기가 개인주의적이 되는 성향이 있으며, 공동체나 사회적 차원을 특별히 강조하지 않기"[9] 때문에 "사회" 전기를 강조한다. 역사가 때로 역사를 만들어 가는데 참여한 사람들의 전기를 사용하지만 대부분은 권력자의 전기이지 민중의 전기가 아니었다. 김용복은 민중의 사회전기를 다음과 같이 정의했다. 민중의 사회전기는 민중이 주인공이고 지배자가 적대자인 드라마로서 이 드라마 안에서 양자 사이의 갈등과 모순이 다양한 방식과 과정으로 해결되며, 민중이 역사의 주체라는 측면에서 민중의 사회적(물질적) 경험과 문화적(영적) 경험의 내용과 차원들이 통합되고 상호관련을 갖게 한다.[10] 그러나 김용복은 민중이 "종말론적인" 역사

---

6) 김용복, "민중의 사회전기와 신학" 『민중과 한국신학』, 370.

7) Kim Yong-bock, "Messiah and Minjung: Discerning Messianic Politics over against Political Messianism" in *Minjung Theology: People As the Subjects of History*, 184.

8) 김용복, "민중의 사회전기와 신학", 374.

9) Kim Yong-bock, "Minjung Social Biography and Theology" in *Ching Feng* 28:4 222.

10) 위의 글. 222-6.

주체임을 강조했다.[11] 역사 안에서 민중의 주체됨을 보증하는 것은 민중 자신이 아니라 하나님의 주권이다. 따라서 그는 민중의 주체됨을 실현하는 것과 민중 권력의 실현을 구분하는 것이 중요하다고 했다. 그는 전자를 메시아적 정치라고 했고 후자를 정치적 메시아주의라고 했다.[12] 그는 이 둘을 구분하는 기준을 메시야를 고난받는 민중과의 동일시함과 민중의 자유를 향한 열망을 성취하기 위한 종으로서의 역할, 이 둘을 제시했다. 이런 맥락에서 볼 때 그는 민중을 우상화하거나 메시아적 정치를 위해서 이데올로기적으로 민중을 대상화하지도 않았다. 그러나 그의 "종말론적 주체로서의 민중"은 역사적 존재로서 지나치게 추상적이라는 비판을 받았다.[13]

김용복의 민중의 사회전기는 신학방법론으로써 구체적 방법을 제시하지 않아서 적용하기에 어려움이 있다. 그러나 민중의 사회전기는 민중신학의 중요한 자원이 될 수 있고, 사회과학적 접근방식을 첨부해 보완될 수 있으며, 민중의 사회적 경험과 문화적 경험을 통합시키는 장점이 있다.

김용복의 민중의 사회전기를 이 글에서는 북한이탈주민들에게 적용시키려 한다. 그들은 북한에서 살다가 식량난이나 자유를 찾아 탈북했다가 한국으로 입국한 한민족이면서 우리 사회 정착이 탈북이나 남한 입국보다 더 어렵다고 한다. 그들의 성장 과정부터 가족 배경, 성장 환경, 입국 농기, 남한 입국 경위와 정착 과정과 어려움, 한국사회와 한국교회의 북한이탈주민 선교에 대한 생각 등을 그들의 사회전기를 통해 이해하려 한다. 이를 통해 북한이탈주민 선교의 과제를 제시하려 한다. 민중의 사회전기가 비록 9명이라는 적은 숫자이긴 하지만, 북한이탈주민 선교의 과제를 이해하고 전망

---

11) 김용복, "민중의 사회전기와 신학", 371ff.

12) 상동, p.381. Kim Yong-bock, "Messiah and Minjung", 191.

13) 박재순, 『열린 사회를 위한 민중신학』(서울: 한울, 1995), 280.

을 세우기 위해 처음으로 북한이탈주민들에게 적용되었다.

2) 타자와의 만남의 선교론 [14]

나는 한국민중교회운동의 선교역사(1983-1997)를 정리하면서 민중선교론을 모색했다. 민중교회운동의 선교의 개요는 민중교회 목회자들이 민중의 의식화와 조직화를 통해 민중을 변화시키려 했지만 민중교회 목회자들이 민중을 만남(민중으로부터의 예상치 못 한 반응을 접함)으로써 먼저 자신이 변하게 되었다는 사실이었다. 선교론의 요점은 선교의 전제조건으로서의 약함이나 연약성 그리고 선교와 영성의 밀접한 관계다. 이 두 가지는 선교사(민중교회 목회자)의 타자/민중(others)과, 하나님(the Other)과의 만남에서 비롯된다. 민중교회 목회자들은 민중교회 운동, 민중 상황, 하나님의 뜻에 대한 자기 이해를 갖고 민중선교에 참여했다. 그러나 그 결과는 그들의 예상에 어긋났다.

민중교회 목회자들이 민중선교의 결과를 숙고함에 따라 그들은 민중선교에 관한 중요한 생각들을 바꿨다. 그들은 하나님의 뜻과 민중 상황에 대한 자신의 이해를 바꿨다. 그들의 민중에 대한 이해의 폭이 확장되고 심화되었다. 그들은 이데올로기에 대한 신앙의 우위성을 확립했다. 민중선교는 마지막 시기에 다양화되었다. 민중 교회론도 바뀌었다. 또 민중 목회를 위한 새로운 지향도 갖게 되었다. 그들의 구원에 대한 이해도 개인적, 종말론적, 우주적 차원을 포함하게 되었다. 그들은 민중교회의 선교와 목회를 위해 영성을 새롭고도 중요한 정체성으로, 생명을 새로운 지향점으로 받아들였다. 이런 과정을 통해 민중교회 목회자들은 자신을 변화시켰다. 한 민

---

14) 황홍렬, 『한국 민중교회 선교역사(1983-1997)와 민중선교론』(서울: 한들출판사, 2004), 347-369의 민중선교론을 타자와의 만남의 선교론으로 일반화했다. 자세한 것은 이 책의 1장을 참조하시오.

중교회 목회자가 자신이 개척했던 민중교회로부터 사임하고 집 없는 십대 청소년들과 함께 살고 있다. 이러한 변화는 그가 속했던 민중교회 교인들로부터 절대적인 지지를 받았다.

이러한 민중선교론을 일반화한 것이 타자와의 만남의 선교론이다. 우리는 선교사/신앙 공동체의 변화/변형의 관점으로부터 타자와의 만남의 선교론의 중요한 요소를 다음과 같이 제시할 수 있다: 1) 처음에는 변화의 주체가 선교사(민중교회 목회자)였다. 민중은 그들의 민중선교의 대상이었다. 민중선교의 목표는 민중해방(민중교회 목회자의 하나님의 뜻과 민중 상황에 대한 자기 이해)이었고 방법은 민중 의식화와 조직화였다. 2) 선교사(민중교회 목회자)가 타자(민중)와의 만남, 하나님과의 만남, 민중으로부터의 "예상치 못한" 도전(민중의 민중교회로의 참여 거부)을 받고 하나님의 "뜻밖의" 역사(민중교회의 정체, 국내외 정세의 급격한 변화, 예상치 못한 때와 장소에서의 하나님과의 만남)에 직면해서 선교사 자신을 변화시키지 않는 한 (민중)선교는 발전할 수 없다. 바꿔 말하면 선교사가 타자를 선교의 대상이 아니라 선교의 파트너로 만나지 않는 한 하나님의 선교에서 상호변형은 일어날 수 없다. 3) 이런 과정 속에서 선교사의 옛 정체성은 부인되고 새로운 정체성을 얻게 된다. 몰트만의 "정체성-참여 딜레마(긴장관계)"는 나음과 같이 보완되어야 한다. 선교사들은 하나님의 뜻과 인간 상황에 대한 자신들의 이해(옛 정체성)를 갖고 선교지에 파송된다. 그들이 타자와 하나님을 만남으로써 그들은 자신들의 이해를 바꾼다. 이렇게 해서 그들은 변화되고 새 정체성을 얻는다. 그러나 이런 과정은 끝나지 않는다. 왜냐하면 선교는 "하나님에 대한 자신의 이해에 신뢰를 두지 않으면서도 평생 하나님께 대한 신뢰를 실천하는 것"[15]이기 때문이다. 선교사의 정체성 위기는 그가 선교에 참여하는 한 결코 끝나지 않는다. 그러므로 "정체성-참여" 문제는 끝없이 계속되는 과정이다. 4) 선교사가 자신의 변화에 도전해야 하는 것처럼 선교론은 자기비판으로서 또는 부메랑처럼[16] 신앙 공동체를 변화시키거나 기독교를 변화시키거나 신학을 변화시키는데 도전해야 한다.

선교사가 타자를 선교대상에서 하나님의 선교의 동역자로 인정하지 않는 한, 타자를 하나님의 뜻의 수용자이면서 동시에 선교사(교회)에게 하나님의 뜻에 대한, 하나님에 대한 새로운 이해를 가져올 수 있다는 것을 받아들이지 않는 한, 하나님의 선교 사건은 일어나지 않는다는 것이다. 바꿔 말하면 "우리 자신(선교사)이 하나님의 우선적인 사역 대상임을 인정해야 한다."[17]는 것이다. 왜냐하면 문화차이가 메시지(성경) 전달뿐 아니라 선교사와 현지교회, 선교사와 선교지 주민들 사이의 의사소통에 장애가 되기 때문이다.

2. 북한이탈주민 사회전기를 통하여 본 북한이탈주민 선교의 현황

1) 사회전기 대상 선정, 기간, 방식, 인터뷰 내용과 기록

사회전기 대상자는 북한이탈주민교회(평화통일교회, 열방샘교회)에서 3명, 북한이탈주민선교에 참여하는 교회(온누리교회)에서 2명, 북한이탈주민선교에 참여하는 단체(자유시민대학, 한민족통일선교회)에서 4명 등 총 9명을 선정하되 대상자 결정은 교회나 선교단체의 책임자에게 일임했다. 그러다 보니 신앙이 깊은 분들이 많고 신학생, 전도사들이 포함되어 북한

---

15) Walter Hollenweger, *Evangelism Today: Good News or Bone of Contention?*, (Belfast: Christian Journals, 1976), 96.

16) J. N. J. Klippies Kritzinger, "Studying Religious Communities As Agents of Change: An agenda for missiology" 391-2.

17) 폴 히버트 지음, 김동화 외 옮김, 『선교와 문화인류학』(서울: 죠이선교회출판부, 2000), 120.

이탈주민의 표본 집단이라고 할 수는 없다. 그렇지만 저들의 탈북과 남한에서의 정착 생활 가운데 하나님께서 어떻게 역사하셨는가를 알 수 있는 좋은 기회가 될 수 있다. 또 북한이탈주민들은 자기 마음을 잘 열지를 않는데 신앙을 가진 분들, 특히 치유가 되고 성실하게 살며 선교활동에 참여하는 분들의 인터뷰 내용은 그만큼 신뢰도가 높고 한국교회나 선교단체의 북한이탈주민 선교의 문제점을 잘 지적하고 대안을 제시할 수 있다고 본다.

인터뷰는 2006년 10월 1일부터 12월 31일 사이에 진행되었다. 사회전기를 위한 인터뷰는 해당 교회나 선교기관에서 진행되었으며 인터뷰 시간은 통상 1시간 반에서 두 시간 정도 걸렸다. 그러나 교회나 선교단체의 사정으로 인해 1시간 정도인 경우도 있었다. 여유가 있었을 때에는 인터뷰가 3시간, 4시간까지 진행되기도 했다. 두 번에 나눠 4시간 인터뷰를 한 경우가 한 차례 있었다. 인터뷰는 본인에게 인터뷰 목적에 대해 설명하고 동의를 구한 후 "살아온 이야기"를 자연스럽게 해달라고 요청했고 당사자의 요청에 따라 본인이 직접 질문지를 보면서 이야기 하거나 질문에 답하는 방식을 취했다. 질문 목록은 출생연도와 가족구성, 가정배경(어린시절, 경제형편, 종교), 성장과정(어린시절, 학교, 취미, 특기), 최종학력, 직업과 직장과 수입, 결혼과 가족, 북한생활에서 가장 어려웠던 점, 남한에 대해 알게 된 경위, 탈북 동기와 과정, 제3국에서의 삶과 어려움(삶, 직장, 애로사항, 북한가족과 연락), 한국에 오려는 목적, 한국에 입국하기 위한 준비과정(경비, 통로, 브로커) 애로사항, 입국연도와 입국 시 어려웠던 점, 입국 후 조사과정과 하나원 생활, 정부의 지원금과 지원, 처음 정착 시기에 도움을 준 사람들과 단체, 정착과정/문화충격 극복과정 및 애로사항과 기간, 취업훈련(자격증 취득), 취업(소개자, 직종과 직업내용, 월급, 시간), 직장 내 문제점이나 애로사항, 한국에서 결혼/가정/이성교제/북한에 두고 온 가족과 연락, 자녀가 있는 경우 육아, 교육, 경제 문제, 본인/가족/자녀/주위사람들의 이탈행위, 현재 주거지, 동거가족, 직장, 생활비, 당면과제, 신앙을 갖게된 계기, 입국 전 기대한 것과 입국 후 변화(목적, 생활방식/의식 차이, 가족관계), 장래계획, 현재의 교회/단체를 알게/출석하게 된 계기, 다른 교회/단체 출석 경험(장단점), 남한 교회/선교단체의 북한이탈주민선교의 장단점과 제안사항(기획탈북 포함), 한국교회에 대하여 북한이탈주민과 관련하여 하고 싶은 말/느낀 점(선교과제), 한국사회에 대해 북한이탈주민과 관련하여 하고 싶은 말/느낀 점(사회 과제), 등 33개 항목이었다. 이 항목들 가운데 본인이 대답하기 원하는 것을 듣되 객관적 사실이 빠진 경우에는 추가로 질문을 했다. 그러나 본인이 대답하고 싶지 않은 항목에 대해서는 본인의 의사에 맡겼다. 인터뷰는 현장에서 노트북에 기록했다. 인용 시 사회전기 1, 2, 3... 등 숫자로 표현한다. 신분 보호를 위해 가명을 사용해야 하는데 그것도 편리하지 않아 숫자로 표기하기로 한다.

2) 북한이탈주민의 사회전기

가) 출생, 가정배경과 성장과정

9명 중 여성이 4명, 남성이 5명이고, 연령은 20대가 3명, 30대가 3명, 40대가 1명, 50대가 2명이었다. 출생지/고향은 함경북도가 7명, 함경남도가 2명이었다. 아버지의 직업은 노동자가 4명, 농민이 1명, 기술자/기사가 2명, 건물보수 사업소가 1명, 수의사가 1명이었고, 어머니의 직업은 농민이 4명, 노동자가 2명, 간호사가 1명, 전직 대학교수가 1명이었다. 가정형편은 열악한 경우가 7명, 중간층이 2명이었다. 성분의 문제가 있었던 경우는 4명(큰할아버지가 일제시대 경찰, 아버지가 남한 의용군 출신, 아버지가 역장으로 있다가 치명적 과오, 외삼촌이 월남)이었다. 문학이나 음악에 소질이 있던 경우가 3명, 운동을 잘 하던 경우가 3명(운동선수 포함), 공부를 잘 하던 모범생이 1명, 어려서 신동 소리를 듣던 사람이 1명이었다. 한 명은 급성간염으로 사체실까지 갔다가 기적적으로 살았다.

나) 학력, 직업, 결혼과 가족

학력은 고졸이 5명, 대졸이 4명이었다. 북한에서의 직업은 기관사, 지질기사, 정비, 운동선수, 회계, 연구소 연구원, 교사, 무직 등 다양했다. 미혼이 4명, 결혼이 4명(중매가 3명, 연애가 1명), 미혼모가 1명이었다. 배우자가 공산당 간부 1명, 노동자가 1명, 간호사 출신이 1명이었다. 자녀는 아들 둘, 1남1녀, 1남2녀, 딸 하나 등이었다.

다) 북한 생활에서 어려운 점과 탈북 동기와 과정

어려웠던 점은 식량난/배고픔이 두 명, 출신성분이 두 명, 어려움이 없었다가 두 명, 교통 불편, 자기발전 문제, 전공대로 배치 받지 못함이 한 명씩이었다. 북한에 살던 중 남한에 대해 알게 된 사람은 두 명인데, 한 명은 기관사로 69년부티 중국을 드나들며 소식을 들었고, 다른 한 명은 중국에서 밀수된 라디오를 통해 여관 주인이 듣는 것을 따라 들었다고 한다. 흥미로운 것은 당시 들었던 남한방송이 극동방송의 설교라고 회고하는데, 한국어 방송이지만 내용이 생소해 거의 알아듣지 못했다는 점이다(사회전기 7).

탈북 동기는 어려운 상황에서 집이 도둑을 맞거나 장사 밑천을 도둑맞아 더 이상 살기 힘들어서가 3명, 출신성분 관련이 2명(아버지가 역장을 지내다가 역에서 발생한 사고로 인해 평생 엄청난 고생을 하다가 유언이 탈북), 여동생의 병으로 인한 사망(중국가면 살릴 수 있는 복막염), 아버지의 탈북, 자유 추구, 남한 방송 듣다가 체포되어 탈북한 경우가 각각 1명이었다.

탈북과정은 돈이 있으면 쉽게 되고 돈이 없으면 죽을 정도로 힘들다(사회전기 5)는 표현대로였다. 탈북 유형은 전 가족 탈북이 3명, 일부 가족 탈북이 3명, 단독 탈북이 3명이었다. 탈북 목적이 처음에는 식량이나 돈 벌러 간 것이 2명, 중국에 연고가 있는 가족을 탈북시키다가 전 가족 탈북으로 발전한 경우가 한 명, 처음부터 본인이나 일부/전 가족의 탈북 자체가 목적인 경우가 6명이었다. 탈북 시기는 본인을 기준으로 1997년 5명, 1998년, 1999년, 2003년, 2004년이 각각 1명이었다. 탈북과정에 발각되어 3일만에 석방되기도 했고(1996년 말, 사회전기 1), 함께 두만강을 건너던 일행(탈북을 제안했던 아는 언니)이 익사한 경우(사회전기 6)도 있었다. 두만강을 열 번 건너며 식량과 의복을 나르다가 물이 깊어 고생했는데 이 때 "하나님! 살려주세요!"라는 소리가 절로 나왔다고 했다(사회전기 1).

라) 제3국에서의 삶과 한국 입국 과정

탈북 후 중국생활은 다양하지만 대부분 위기의 순간에 하나님을 만난 체험이 있다. 즉 중국생활과 신앙을 접한 계기가 뗄 수 없는 관계였다. 그렇지만 여기서는 그것을 분리해서 정리하려 한다. 중국 체류 기간은 6개월 이상-1년 미만이 1명, 1년 이상-3년 미만이 3명, 3년 이상-5년 미만이 2명, 5년 이상-8년 이하가 3명이었다. 중국에서 다양한 직장에서 활동을 하다가 교회(조선족, 시골 기도원, 처소교회)에 체류한 경우가 5명, 일시 체류하다가 영사관에 들어가 장기체류한 경우가 한 명, 가족들의 남한 입국을 통해 일시 체류하다가 입국한 경우가 한 명, 여러 가지 일을 한 경우가 한 명, 한족에게 팔려가 아이를 낳은 경우가 한 명이었다. 중국 체류 중 본인이나 가족의 북송 경험이 있는 사람은 본인이 1명, 가족이 북송된 경우가 3명(한 명은 부인이 두 번 북송), 가족이 스스로 귀국한 경우가 한 명이었다. 또 본인의 탈북 후 북한에 남아 있는 가족이 불이익(감옥)을 당한 경우가 1명이었다.

입국 시기는 1998년 한 명, 2001년 3명, 2002년 1명, 2004년 3명, 2006년 1명이었다. 입국 경로는 영사관 경유가 1명, 중국에서 비행기로 입국한 경우가 1명, 몽골 경유가 4명, 동남아 경유가 3명(베트남, 캄보디아, 미얀마)이었다. 입국목적은 신분 불안정 때문이 4명, 신학공부가 2명(한 명은 서원기도), 자유를 찾아서가 2명(체제, 강제결혼), 말이 통하는 곳에 살고자가 한 명이었다.

마) 신앙을 갖게 된 계기

인터뷰 대상자 9명은 모두 기독교 신자다. 중국 체류 중 신앙 체험을 한 경우가 7명이고, 한국에 입국한 이후 신앙 체험을 한 경우가 두 명이었다. 중국에서 신앙 체험을 한 경우도 두 가지 종류로 나뉜다. 하나는 위기의 순간에 하나님의 도우심을 체험한 경우이고, 다른 하나는 성경이나 찬양, 기도, 선교사, 전도사 등을 통해 신앙 체험을 한 경우다. 전자가 세 명으로 단속에서 구해주신 하나님을 체험한 경우가 두 명, 남한 입국 시 국경 지역에서 겪은 어려움을 통해 하나님을 체험한 경우가 한 명이다. 남한 입국 후 신앙을 갖게 된 경우 몽골 국경에서 7월에 때 아닌 사막바람이 불어 위기를 넘겼는데 당시에는 우연이라고 했지만 신앙을 갖게 된 후 하나님께서 함께하셨다고 고백했다(사회전기 2). 후자의 경우, 즉 성경이나 찬양, 선교사 등을 통해 하나님을 체험한 경우는 4명인데, 성경을 통해서가 3명, 찬양을 통해서가 1명이다. 이 가운데에는 국경지대에서 만난 위기를 하나님께서 함께하셔서 극복했다는 경우도 한 명 있다(사회전기 1). 성경을 통해 하나님을 믿게 되었지만 버스로 이동 중 검문이 와서 하나님께 기도했는데 내 앞에서 돌아갔다(사회전기 7). 그러니까 위기의 순간에 하나님을 체험한 경우는 모두 6명으로 2/3에 해당한다.

그런데 성경을 통해 신앙체험을 한 세 가지 사례를 살펴보자. 처음부터 성경이 잘 읽혀지지는 않았다. 기도도 별났고 성경도 의아했었지만, 십계명과 북한의 십대 원칙이 유사하다는 것을 알게 되면서 성경이 읽혀지기 시작했고, 그 뒤에 만났던 한국교인, 목사, 선교사를 만나면서 성경에 빠지게 되었다(사회전기 1). 중국에서의 삶을 "광야 같은 생활" "하나님만 아시는 별 고초를 다 겪었다"는 탈북자는 삶이 너무 힘들어 두만강에 빠져 죽으러 강가에 갔다가 아이 생각이 나서 죽지 못했다. 그러다가 음악 소리에 끌려 간 곳이 조선족 교회였다. 예배가 무엇인지 몰랐지만 계속 눈물이 흘렀고 마음의 평화를 얻었다. 갈 데 없으니 거기서 살라고 해서 살게 되었다. 성경을 읽는데 의심이 들지 않았다. 김일성과 김정일의 명언은 잠언과 유사했고, 북한체제는 사도행전 2장의 초대교회와 비슷했다. 아들도 탈북시켜 함께 기거하며 새벽기도회에 함께 나갔다. 그러다가 주민의 신고로 아들과 함께 북송되었다. 회령의 감옥에 갔는데 짐승만도 못한 취급을 받았다. 생사를 알 수 없게 된 아들 때문에 가장 고통스러웠다. 그 때 하나님을 부인했다. 그러다가 막바지에 다시 하나님을 붙들고 간절히 기도드리게 되었는데 그것은 전적으로 성령의 역사하심이었다. 감옥에서 나는 회심을 했다. 어렸을 때 죄지은 것을 포함해서 어렵게 자라던 시절 남의 것을 탐내던 것들, 증오, 분노, 학생 때 입단 문제 때문에 머리 잡고 싸우던 것 등 잘 생각나지 않던 것들까지 다 회개했다. 가슴이 터질 것 같으면서 크나큰 존재가 가슴에 안겨지는 느낌을 받았다. 거기서 십자가 망치 소리를 들었다. '내가 너를 사랑해서 십자가에 달려 죽었다'는 음성을 들었고, '정말 나는 죄인입니다'라고 고백했다. 계속해서 형편없이 울었다. 이렇게 회개하며 구원의 확신을 갖게 되었다. 그 후 간부가 찾아와 중국에 사는 친척 연락처를 달라고 해서 사흘 후에 나만 감옥에서 나와 중국 교인이 나를 위해 5천 위안을 지불해 기적적으로 자유의 몸이 되었다. 아들은 어린이 구호소에 갔다가 고향으로 갔다가(당시 친척들이 이미 이사했다) 기적적으로 형부에 의해 구해져 중국에서 다시 만났다. 그래서 남한에 보내 주시면 신학 공부해 북한 복음화의 기수가 되겠다고 서원 기도했다(사회전기 6). 시골 기도원에 지내기 위해 하나님을 알지도 못하면서 영접기도를 했다. 처음에는 성경을 읽는데 와 닿는 것이 없었다. 그러다가 팔복이 마음에 와 닿았다. 그 뒤 성경을 읽으면서 하나님을 믿었다. 성경 통독을 하니까 하나님이 계시다는 것이 확실히 믿어졌고 하나님의 섭리로 여기까지 왔다고 고백하게 되었다. 하나님을 믿고 인정하게 되니까 불안하고 술에 의지하던 것으로부터 자유롭게 되고 희망을 갖게 되었다(사회전기 7).

찬양을 통해 신앙 체험을 한 사례를 보자. 외부인을 만나기 쉽지 않은 아파트에 숨어 살면서 심심해서 성경을 읽었으나 이해가 되지 않았다. 그러다가 전도사를 통해 교회에 나가 보니 통성기도를 하는데 마치 미친 사람들 같았다. 그렇지만 찬양(446장, 오 놀라운 구세주)이 심금을 울렸다. 결국 찬양 때문에 교회에 나가게 되었다. 한국에서 온 선교사로 인해 복음을 알게 되고 주님을 영접했다(사회전기 4).

남한에 입국 후 신앙을 갖게 된 두 가지 사례를 살펴보자. 북한에서는 남편이 간부이고 성분이 좋아 잘 살았지만 남한 입국 후 여러 문제로 이혼 후 죽을 만큼 힘든 삶을 살았다. 신앙의 길로 들어서려 하지 않았다. 북한 사람들은 자아가 강하다. 그러다가 예배를 드린 지 1년이 된 후 기독교 단체에서 받은 치유 세미나에서의 내적 치유를 통해 상처가 치유되었다. 나도 모르게 얼었던 마음이 눈 녹듯이 녹아내렸다. 제일 감동 받은 것은 제일 아픈 부분을 사랑으로 이끌어준 사람이 있었다는 점이다. 하나님 안에 있는 사람들은 아픔을 챙겨 주고 받아준다. 치유 교육 후 나를 부인하게 되었고, 하나님 안에서 나를 새롭게 발견했다(사회전기 2). 기독교 단체에서 시행하는 취업과 정착 프로그램에 참여하면서도 나는 하나님을 믿지 않았다. 기독교 선교단체에서 하는 공부를 통해 하나님을 알게 되었고 내 상처가 치유되었다. 중국에서 어려움을 겪을 때마다 좌절하고 타락하고, 남한에 와서 할 수 있는 것이 없어서 죽고 싶을 때가 많았다. 치유 받고 나니까 아픔을 겪어도 이겨낼 수 있게 되었다. 물질이 하늘에서 떨어지는 것은 믿음이 아니다. 아플 때 치유되고 이겨낼 수 있는 것이 믿음이 아닐까?(사회전기 3)

바) 입국 후 문화충격, 초기 어려움/고민, 정착시기에 도움 준 사람/단체

입국 후 문화충격으로는 나무가 많고, 도로가 좋고, 비닐하우스가 많고, 식당 밑반찬이 많고, 인사말로 하는 것을 진심으로 알고 오해한 적이 있다고 했다(두 명). 초기 어려움으로는 두 명이 언어 문제(말투)나 의사소통 문제를, 두 명이 외로움을, 두 명이 취업이나 아르바이트의 어려움을, 두 명이 이혼을 지적했다. 두 명이 남한 사람들의 차별을 지적했고, 두 명이 북한이탈주민 자체의 문제들(불안정, 인내력 부족, 체력 한계)이나 자격지심을 문제라고 했다. 정착에 도움을 준 단체로는 두 명이 교회를 들었고, 한 명은 담당 경찰을, 다른 한 사람은 정착 도우미를 들었다. 다른 한 명은 아들의 담임교사와 친구 어머니를 꼽았다. 담임교사는 아들을 집에까지 데려가 과외공부를 시켰다. 아들을 탈북자라고 놀린 어린이 어머니에게 항의했더니 그 어머니가 자식 교육을 잘못시켰다고 사과해 위로를 받았다고 했다. 하나원에 대해서는 경찰이 감시를 하니 감옥 같다는 평가부터 안식의 공간이지만 지나치게 성공사례만 강조해서 성공에 대해 조급함을 갖게 해 오히려 안

식을 해친다고 했다. 특이한 것은 정착할 때 도움을 받지도 않았고 받기를
원하지도 않았다는 사례다. 북한 출신의 강한 자아를 엿보게 한다.

사) 취업, 훈련, 직장 내 문제

본인이나 가족의 취업의 어려움을 호소하는 사람이 두 명이었다. 직장을
구하려 했지만 북한 출신이라는 점 때문에 취업을 못했다. 더욱 마음을 상
하게 한 것은 남한 사람들이 안 된다고 하지를 않고 기다리라고 한 점이라
고 했다(사회전기 1). 남편이 북한 간부 출신으로 국정원에서는 1년 후에는
연구소에 취직 시켜줄 것처럼 했는데 연락이 오지를 않았고, 경비를 했다가
재계약이 되지 않아 실직했다. 그 뒤에 취업이 어렵다(사회전기 2). 취업의
문만 좁은 것이 아니라 아르바이트도 쉽지 않다. 북한 출신이라고 아르바이
트조차 안 된다. 조선족이라고 하면 아르바이트를 할 수 있지만 자존심이
상한다. 교회에서 아르바이트 자리를 소개해줬다(사회전기 5). 차별을 받기
도 하고 문화차이로 직장에서 어려움을 겪는다. 식당에서 일했는데 남한 사
람보다 적은 월급을 받았다. 그러나 남한 사람들의 차별도 있지만 나의 선
입견도 있다(사회전기 6). 회사 내에서 문화차이로 인한 어려움이 있었다.
나 자신의 사격시심노 있다. 컴퓨터 사격증을 갖고 있는데 취업에 직접 도
움이 되지 않지만(기본이기 때문) 취업 후에는 도움이 된다(사회전기 7). 취
업을 위한 학원을 다닌 경험이 있거나 다니는 사람은 모두 세 명이다.

아) 가족/결혼, 이산가족 여부

일부 가족만 함께 살고 나머지 가족은 북한에 있는 경우가 3명, 혼자 사
는 경우가 두 명, 온 가족이 함께 입국하여 사는 경우가 한 명, 남한에서 북
한이탈주민 사이에 새로 가정을 이룬 경우가 두 명, 모두 입국했으나 이혼

하고 흩어져 사는 경우가 한 명이다. 이혼한 두 명의 경우 한 명은 중국인과의 강제결혼으로 남편인 자가 아이와 친정어머니를 볼모로 국제결혼을 강요해서 불가피하게 이혼한 경우였다. 다른 한 명은 남편이 북한에서 간부였다가 남한에서 낮은 직종으로 다니다가 그마저 재계약이 되지 않아 실직하고, 시어머니는 치매에 걸리고 큰아들은 북한에서 폐인이 되어 입국했고 작은 아들은 대학 입시에 실패하는 등 여러 가지 어려움이 겹치면서 남편이 변하지 않자 이혼하게 된 경우였다.

자) 주거지, 직업, 현 교회/단체 출석 계기, 장래계획

주거지는 강서구 3명, 양천구 2명, 송파구 거여동 2명, 기타(학교 기숙사) 1명이다. 직업은 학생 3명(신학생 두 명), 전도사 1명, 북한이탈주민 비정부기구(NGO) 간사 1명, 운전기사 1명, 무직 3명(대학 진학 준비 2명, 취업 준비 1명)이다. 현 교회/단체 출석 계기는 북한이탈주민교회에 준비과정이나 초기부터 참여한 경우가 3명, 취업 훈련 비정부기구(NGO) 관련해서가 두 명, 한국귀순동포정착지원협의회 소개가 1명, 중국에서 선교사 소개가 1명 등이다. 장래희망은 북한 선교사 1명, 사회복지 재단 설립 1명, 기도원/고아원 설립/세계선교 1명, 북한이탈주민 상담과 치유 1명, 북한 경제 전공하여 남북 경제협력 참여 1명, 유학하여 히브리어 성경 연구 1명 등이다.

차) 한국교회/선교단체의 북한이탈주민선교의 과제와 제안사항

북한이탈주민 선교에 참여하는 교회나 선교단체의 가장 큰 문제는 전도 우선주의와 물질 지원 중심의 선교방식이라고 했다. 전도 우선주의는 북한이탈주민 선교에서 가장 우선시 되어야 할 것이 전도라는 입장이다. 그러나 북한이탈주민은 다르게 생각한다. 처음부터 전도하고 교회 나오라고 강조해서는 안 된다. 북한이탈주민들이 필요한 것을 알고 주는데서 시작해야 한다(사회전기 2). 물질 지원 중심의 선교에 대해서도 강하게 비판한다. 돈도 필요한 사람에게 줘야지 무작정 주면 성한 사람도 망가진다. 불구자처럼 의존적인 사람이 된다(사회전기 4). 북한이탈주민들이 공짜를 좋아한다고 비난하지만 빈곤하면 물질에 집착할 수 있다. 물질보다 우선시 되어야 할 것이 있다(사회전기 3). 북한이탈주민을 늘 구제 대상으로 본다. 선교사들이 생색내는 것도 문제다. 북한이탈주민 선교가 제대로 되지 않으니까 북한이탈주민들이 몸을 낮추는 나쁜 버릇(상대방의 비위를 맞춘다, 북한이탈주민 자신의 경험이나 생각을 말하기보다는 한국교회가 원하는 이야기를 한다)을 갖게 된다(사회전기 9).

　북한이탈주민 선교에 참여하는 자들의 태도의 문제다. 자원봉사자들조차 겉으로는 북한이탈주민들을 위해 봉사한다고 하지만 돌아서서는 그들을 비방하는 것을 보고 충격을 받았다(사회전기 5). 북한이탈주민이 많이 사는 어느 동네의 통장이 목사 사모이다. 그런데 그녀는 북한이탈주민들의 집 앞에 술병이 굴러다닌다고 비난한다. 그들의 아픔에 공감하기는커녕 저렇게 비난하기만 하면 북한이탈주민 선교에 방해가 되고 기독교인인 북한이탈주민들의 힘을 빠지게 한다(사회전기 4). 선교사나 목회자의 편애도 문제나. 일년 간 다닌 교회에서는 목회자가 여성을 편애하는 것을 보았다고 했다(사회전기 6). 한 북한이탈주민은 제 3국에서 남한행 비행기를 기다릴 때 자기 애기가 많이 아파서 빨리 비행기를 타게 하거나 치료를 하게 해달라고 선교사에게 부탁했지만 선교사에게 안마를 해준 여성이 먼저 가고 자신은 오히려 늦어져서 그 선교사에게 복수하겠다는 여성을 하나원에서 만났다고 전했다(사회전기 5). 또 중국에 있는 선교사 가운데에는 준비 안 된 선교사가 많다고 했다. 사소한 문제로 탈북자와 다투거나 사진만 찍어 가거나 지키지 못할 약속을 쉽게 하여 한국 선교사는 거짓말을 많이 한다(사회전기 7). 북한이탈주민 선교를 한다면서 정치적으로 이용하는 것은 큰 문제다(사회전기 6).

그러면 북한이탈주민들이 제시하는 대안은 무엇인가? 기독교 신앙을 바르게 전하라고 한다. 물질적 도움보다 하나님에 대한 신앙을 제대로 전해야 한다(사회전기 8). 구제 대상으로 보기보다는 신앙을 심어주면 배짱이 생긴다. 선교사들이 생색내서 신앙을 바르게 전하지 못해서 큰 문제다(사회전기 9). 그러면 신앙만 주고 물질은 지원하지 않아도 좋다는 의견들인가? 아니다. 필요한 것을 주되 섬김과 사랑으로 북한이탈주민들을 감동받게 해야 한다(사회전기 2). 북한이탈주민에게 첫째로 필요한 것이 치유이다. 그런데 치유는 아무나 하는 것이 아니라 진실한 사랑으로 해야 한다. 물질보다 치유가 우선이다. 둘째로 필요한 것이 인내하고 지켜봐 주는 것이다(사회전기 3). 상대방의 상처를 알아야 상대방과 통한다. 북한이탈주민들이 북한이탈주민들 중심으로 모이는 교회로 오는 까닭은 한국교회가 불편하기 때문이다. 나도 처음에는 그랬지만 믿음이 성장하면서 불편함이 사라졌다. 내 상처를 드러내지 못하니까 불편하고 힘들었다. 북한이탈주민 교회는 가슴 아픈 것이 같고 억양이나 말투가 같아서 편하다. 사소한 점도 다 통한다. 교제 없이 심방을 하는 것도 부담이 될 수 있다(사회전기 1). 북한이탈주민 상담자가 필요하다. 신앙을 통해 하나님 앞에 자기 상처를 털어 놓게 해야 한다(사회전기 6). 북한이탈주민들을 인내로 지켜봐 달라고 한다. 북한이탈주민은 겉으로는 어른이지만 신앙적으로는 아기와 같다. 그런 아기들을 잘 먹여주면서 가르쳐야 한다. 북한이탈주민에 적합한 교재를 개발하고 생활신앙도 지도해야 하며 그들만을 위한 신학도 개발해야 한다(사회전기 6). 교회나 선교단체는 북한이탈주민이 사회에 적응하는 4-5년을 기다려야 한다(사회전기 7). 북한이탈주민은 사회에 대해 겁을 낸다. 그러니까 남한 교인들이 밉다고 밀어낸다고 해도 교회로, 사회로 끌어내야 한다(사회전기 5).

카) 한국교회에게 하고 싶은 말

한국교회의 목회자나 교인의 이중성을 비판한다. 목사와 신자들의 99%가 이중적이다. 입으로는 복음을 말하면서도 실제로는 돈을 최고로 여긴다(사회전기 3). 나는 다른 문화권에서 왔기 때문에 남한교회의 잘못 된 것이 잘 보인다. 선지자들은 목숨을 걸고 하나님의 뜻을 전했는데 과연 그런 목소리를 낼 수 있는 목사가 몇 명이나 될까? 남한 교회가 이대로 가면 하나님의 진노의 대상이 될 것이다(사회전기 6). 설교의 내용에 대해서도 비판한다. 대부분의 설교자들은 자기 삶을 애기하지 않아서 우리를 채워주지 못 한다(사회전기 3). 목회자들이 재정적 문제와 관련해 깨끗하지 못한 것에 실망했다(사회전기 5). 남한 교인들은 북한이탈주민과의 만남 속에서 잘못된 신앙을 회개해야 한다. 설교 때 복 받는다는 말을 많이 한다. 그럴 때 복은 무엇인가? 복은 물질적인 것이 아니다. 하나님을 만난 것이 복이다. 그래서 내 삶이 감사하고 용서하고 이해하는 삶을 살게 된다(사회전기 6). 한국교회의 일치가 북한선교에 선결조건임을 주장한다. 한국교회가 하나 되지 못하면 북힌 복음화가 가능힐까? 교딘끼리 경쟁하면 북한 사림들이 복음을 받아들이지 않을 것이다(사회전기 1).

타) 한국사회에게 하고 싶은 말

우선 북한이탈주민에 대한 차별을 철폐해야 한다. 노동자를 고용할 때 외국인노동자나 조선족을 고용하면서도 북한이탈주민을 고용하려 하지 않는다(사회전기 1). 한국사회가 겉으로는 북한이탈주민에게 잘 대해주는 것 같지만 속으로는 차별한다. 못 사는 나라에서 왔다고 업신여긴다. 내가 북한 출신이라는 것이 밝혀지면 남한 사람들의 태도가 바뀐다(사회전기 8). 한국사회가 북한이탈주민을 이해하려는 노력을 배가해야 한다. 한국인들이 북한이탈주민을 이해해야 하고, 상호간에 이해가 부족하기 때문에 남한 사람과 북한이탈주민 사이에 상호이해가 절실하다(사회전기 4). 한국사회는 북한에 대해 알아야 한다(사회전기 6). 한국사회가 북한이탈주민에 대해 인내를 갖고 대해야 한다. 그들의 사회 적응 시간이 대략 4-5년 걸린다. 그동안 북한이탈주민들이 철없는 행동을 하거나 이해 못할, 예측 불허의 행동을 하더라도 남한 사회와 사람들은 참고 기다려줘야 한다. 그런데 교회나 선교단체도 그렇게 기다리지 않는다(사회전기 7).

3) 북한이탈주민의 사회전기 분석

가) 사회전기 정리

사회전기 해당 북한이탈주민은 여성이 4명, 남성이 5명이고, 출생지/고향이 모두 함경남북도이고, 학력은 고졸 5명, 대졸 4명 등 고학력자였다. 성분에 문제가 있었던 경우가 4명이고, 중간층(아버지나 남편)이 2명이었다. 북한에서 결혼을 한 경우가 4명, 미혼이 4명, 미혼모가 1명이었다. 탈북 동기는 살기 힘들어서가 3명, 출신성분이 2명, 기타 4명이었다. 탈북 목적은 탈북 자체가 6명, 식량이나 돈 벌기가 2명, 가족의 탈북 돕기가 1명이었다. 탈북 시기는 1997년 5명, 1998년, 1999년, 2003년, 2004년이 각각 1명씩이었다. 중국 체류 기간은 6개월 이상-1년 미만이 1명, 1년 이상-3년 미만이 3명, 3년 이상-5년 미만이 2명, 5년 이상-8년 미만이 3명이었다. 중국에서는 다양한 활동을 하다가 교회에 체류한 경우가 5명, 기타가 4명이었다. 중국 체류 중 본인이나 가족이 북송을 경험한 사례가 3명이었다.

남한 입국 경로는 몽골 경유가 4명, 동남아 경유가 3명(베트남, 캄보디아, 미얀마), 영사관 경유가 1명, 비행기를 통해서가 1명이었다. 입국 시기는 1998년이 1명, 2001년이 3명, 2002년이 1명, 2004년이 3명, 2006년이 1명이었다. 입국목적은 신분 불안정이 4명, 신학공부가 2명, 자유가 2명, 기타 1명이다. 9명 모두가 기독교 신자다. 중국이나 입국과정에서 신앙 체험을 한 사람이 7명, 한국에 입국 후 신앙 체험을 한 사람이 2명이다. 중국에서 신앙을 체험한 경우 성경, 찬양, 기도, 선교사 등을 통한 경우가 4명, 중국에서 단속과정이나 입국과정에서 위기 순간에 신앙을 체험한 사람이 3명이었다. 그렇지만 성경이나 기도를 통해 신앙체험을 한 사람들 가운데에도 입국과정 위기 순간에 하나님 체험을 한 사람들과 입국 후 신앙을 가진 다음 입국과정을 뒤돌아보고 위기의 순간에 하나님께서 함께 하셨다고 고백하는 사람들을 합치면 위기의 순간에 신앙 체험을 한 사람들은 모두 6명으로 전체의 2/3에 해당한다.

정착 초기 어려움은 남한 사람들의 차별, 언어, 취업, 외로움 등을 각각 2명씩 지적했다. 정착에 도움을 준 단체나 사람으로는 교회가 2명, 담당 경찰, 정착 도우미, 아이의 교사와 학부모가 각각 1명씩이었다. 직장 내에서는 차별을 받고 문화차이로 어려움을 겪는다고 했다. 취업을 위해 학원을 다닌 경험이 있는 사람이 3명이다. 입국 후 가족 현황은 일부 가족만 입국하고 나머지 가족은 북한에 사는 경우가 3명, 혼자 사는 경우가 2명, 남한에서 새로 가정을 이룬 경우가 2명, 온 가족이 입국한 경우가 1명, 모두 입국했으나 이혼 후 흩어져 사는 경우가 한 명이다. 현 주거지는 강서구 3명, 양천구 2명, 송파구 거여동 2명, 기타 1명이다. 직업은 학생(신학생 2명) 3명, 전임 전도사, 북한이탈주민 비정부기구(NGO) 간사, 운전기사가 각각 1명씩, 무직(대학 진학 준비 2명, 취업 학원 다님 1명)이 3명이다. 장래 희망은 북한 선교사, 사회복지 재단 설립, 기도원/고아원/세계선교, 북한이탈주민 상담과 치유, 북한 경제 전공하여 남북 경제협력 참여, 유학하여 히브리어 성경 연구 등이 각각 1명씩이다.

나) 특기사항

a) 외상 후 스트레스 장애(trauma) 체험

9명 전원은 북한에서의 삶이나, 탈북과정, 중국에서의 삶, 입국과정, 입국 후 외상 후 스트레스 장애를 한 가지 이상 씩 겪은 사람들이다. 중국에서 단속이나 국경에서 위기 체험을 한 사람은 6명, 입국 후 이산가족은 4명, 중국에서 본인이나 가족의 북송을 경험한 사람은 3명, 그리고 북한에서 동생의 죽음(치료 가능한 병), 두만강을 함께 건너다 아는 언니의 익사, 중국에서 한족에 팔려가 아이를 낳음, 입국 후 이혼 등을 겪은 사람이 각각 1명씩이다. 이 가운데 2가지가 중복된 경우가 4명, 3가지가 중복된 경우가 1명이었다. 그리고 9명은 모두 남한사회에 와서 문화충격을 겪었다. 여기에는 북한의 기아의 참사를 겪은 것은 포함되지 않았다. 따라서 북한이탈주민 선교에서는 이들의 외상 후 스트레스 장애를 치유의 과제로 삼아야 한다. 두 사람의 지적대로 입국 후 신앙을 갖게 된 것은 이들이 지녔던 상처를 믿음으로 치유했기 때문이라고 했다(사회전기 2, 3).

b) 한국 사회의 문제

첫째 북한이탈주민에 대한 차별이다. 겉으로는 잘 대해주는 것 같지만 속으로는 가난한 나라에서 왔다고 업신여긴다. 그래서 외국인 이주노동자나 조선족을 고용하면서도 북한이탈주민을 고용하지 않거나 심지어는 아르바이트도 잘 허용하려 하지 않는다. 북한이탈주민이라는 것을 알면 한국 사람들의 태도가 바뀐다. 둘째 한국 사람들의 북한에 대한 무지나 몰이해이다. 북한에 대한 선입견이나 편견 때문에 북한에 대해 제대로 이해하려고 노력하지 않는 경우가 많다. 한국사회는 북한에 대해 알도록 노력해야 한다. 셋째 한국 사회는 북한이탈주민이 남한 사회에 적응하는 4-5년 동안 인내를 갖고 참고 기다려야 하는데 그렇지 못하다. 이 적응 기간동안 북한이탈주민들이 이해 못할, 예측불허의 행동을 하더라도 인내로 기다려야 한다. 그런데 교회나 선교단체, 민간단체들조차 북한이탈주민들의 이러한 행동을 비난하고 흉을 본다.

북한이탈주민이 본 자신들의 문제는 심리적으로 불안정하고, 인내력이 부족하고, 체력의 한계로 직장생활에서 한국 사람들과 동일하게 행동하기 어렵고, (자긍심이 지나쳐) 자격지심을 갖기도 한다.

c) 한국 교회의 문제

첫째 목회자나 교인들의 이중성을 비판한다. 입으로는 복음을 말하지만 실제로는 돈을 최고로 여긴다. 돈을 사랑하는 태도가 계속되면 한국교회는 하나님의 진노의 대상이 될 것이다. 둘째 목회자에 대한 비판이다. 일부 목회자들이 재정 문제에 대해서 깨끗하지 못하다. 목회자의 설교에서 선포하는 복이 물질 지향적이며, 자신의 삶을 말하지 않음으로써 설득력이 떨어진다. 셋째 한국교회 일치가 북한 선교의 선결조건이다. 한국교회가 분열된 채로 북한 선교를 하면 북한 사람들이 복음을 받아들이지 않을 것이다.

d) 한국교회의 북한이탈주민 선교의 문제

북한이탈주민 선교의 문제로는 첫째 전도우선주의다. 북한에서부터, 탈북 과정에서, 중국이나 제3국에서, 입국 과정에, 정착 과정에 엄청난 상처와 상상할 수 없는 고통을 경험했던 북한이탈주민들에게, 그리고 종교가 인정되

지 않는 북한사회 출신에게 전도부터 하거나 전도를 가장 중요시하고 우선
시한다는 것은 그들의 이제까지의 삶과 경험을 무시하는 태도이다. 북한에
서 남한의 기독교 계통의 방송을 들은 한 북한이탈주민에 의하면 의사소통
이 가능한 한국어(조선말)이지만 내용을 이해하기 어렵다고 했다(사회전기
7). 종교에 대한 개인적 체험이 없는 사람들에게 기도하는 모습은 별난 감이
들기도 하고(사회전기 1), 통성기도는 미친 사람들 같이 보였고(사회전기 4),
식사기도는 우습게 보였다(사회전기 5). 성경을 처음 읽는데 의아하고(사회
전기 1), 마음에 와 닿는 게 없었다(사회전기 7). 찬송을 들었지만 그냥 음악
인줄로만 알았고, 사람들이 예배드리는 곳에 가서도 예배인줄 몰랐다(사회
전기 6). 북한이탈주민의 실존적 고통과 아픔, 상처, 그리고 삶 자체를 수용
하고 듣는 자세가 북한이탈주민 선교의 접근방식으로 가장 우선적이다.

　전도우선주의와 관련해 북한이탈주민이나 중국에 있는 탈북자를 신앙적
으로 훈련해 북한으로 바로 파송하거나 향후 북한 선교를 위한 주요 선교
사 자원으로서만 북한이탈주민 선교를 대하는 선교 방식도 마땅히 비판받
아야 한다. 이런 접근 방식은 중국에 있는 탈북자나 북한이탈주민을 북한
선교를 위한 도구적 가치로만 보고 이들을 이용하는 태도로 심각한 문제를
안고 있다. 물론 북한이탈주민이 북한 선교를 위해 중요한 자원이긴 하지
만 북한이탈주민 선교가 처음부터 끝까지 오로지 북한 선교에만 초점을 맞
추는 것은 잘못 된 것이다. 왜냐하면 북한이탈주민은 남한 사회에 정착하
여 살아남는 것이 보다 시급한 문제이기 때문이다. 또 어느 정도 정착이 되
었다 하더라도 북한이탈주민 가운데에는 북한에 가서 선교할 만큼 신앙이
성장하고 성숙하는 경우도 있겠지만, 다수의 한국교인들처럼 북한 선교를
물질이나 기도로 후원하려 하는 사람들이 많을 수 있기 때문이다. 과연 한
국교회는 장차 통일 이후 북한이탈주민들 가운데 신앙을 지닌 모든 사람을

 한반도에서 평화선교의 길과 신학

북한 지역에 선교사로 파송할 수 있을까? 중국에서 가장 거스르는 말이 "돈을 많이 버는 방법이 목사가 되는 길"이라면서 북한이탈주민에게는 처음부터 교회 나오는 것을 강조해서는 안 되고 그들의 필요를 아는데서 시작해야 한다고 했다(사회전기 2). 북한이탈주민을 북한 선교사로 너무 급하게 훈련시키는 과정에서 상처가 치유되지도 않고 오히려 북한 체제나 사람들에 대한 증오 속에서 선교를 하거나, 신앙이 성장/성숙하지 않은 상태에서 선교 활동을 하다가 시험을 당할 우려도 높고, 혹 신앙을 가진 것처럼 해서 열심히 훈련을 받고 활동하지만 결국 돈 버는 방식으로 여기면 북한 선교는 열매를 맺기는커녕 오히려 북한이탈주민들 자신이나 북한 사람들을 신앙의 길로 인도하는데 큰 해가 될까 두렵다.

셋째 물질지원중심의 선교방식이다. 이런 방식은 교회가 북한이탈주민을 구제대상으로 본다. 그러면 북한이탈주민들 중에는 한국교회나 교인에게 불구자처럼 의존적이 되거나(사회전기 4), 몸을 낮추게(비위를 맞추거나, 사회전기 9) 된다. 이와 같이 북한이탈주민이 "몸을 낮추는" 경우 그들의 간증이 북한이나 중국 등 제3국에서 체험했던 사실이나 신앙경험을 왜곡할 우려가 높다. 또 한국교회는 '주는 자'로, 북한이탈주민은 '받는 자'로 관계기 고정되면 '받는 자'는 "내적 장애인"[18]이 되고, '주는 자'는 구제 행위를 통해 구원을 얻으려는 강자로 남으려는 유혹에 빠지며 결과적으로 이신칭의를 부정하게 된다.[19] 결국 물질지원중심의 선교 방식은 '주는 자'와 '받는 자' 모두 복음으로부터 떠나게 하기 때문에 북한이탈주민 선

---

18) Jaap van Klinken, *DIAKONIA: Mutual Helping with Justice and Compassion*, (Grand Rapids: W. B. Eerdmans Publishing Co., 1989), Introduction, ix.

19) 울리히 바하, "신학적 주제로서의 장애인" J. 몰트만 지음, 정종훈 옮김, 『하나님 나라의 지평 안에 있는 사회선교』(서울: 대한기독교서회, 2000), 123. '주는 자'-'받는 자' 도식의 문제에 대해서는 황홍렬, "사회복지, 디아코니아/사회봉사와 선교" 한국선교신학회 편, 「선교와 디아코니아」 선교신학회 5집, (서울: 한들출판사, 2002), 46-48을 참조하시오.

교에 채택되어서는 안 된다.

넷째 북한이탈주민 선교를 정치적으로 이용하는 것이다(사회전기 6). 탈북자 선교와 북한이탈주민 선교를 통해 북한 붕괴를 유도하는 것을 선교의 목적으로 여기는 것은 기독교 선교와도 관련이 없지만 한반도의 평화를 위협하는 지극히 위험한 발상이다. 미국의 북한인권법처럼 북한 인권의 문제를 정치적으로 이용하는 것은 인권과 평화가 깊은 관련이 있다는 것을 부인하는 태도다.[20] 한민족의 평화가 한민족에게는 가장 큰 인권의 기본조건이 된다.

다섯째 북한이탈주민 선교에 참여하는 자들의 태도의 문제다. 선교사들이 물질을 지원하면서 생색을 내거나(사회전기 9), 목회자가 편애를 하거나(사회전기 6), 원칙을 지키지 않고 부당하게 한다(사회전기 5). 북한이탈주민 선교에 자원봉사자로 참여하면서 그들 뒤에서 그들을 비방하거나(사회전기 5), 이웃 주민으로서 그들의 삶의 태도를 비난한다(사회전기 4).

마지막으로 준비가 되지 않은 선교사들이다(사회전기 7). 중국에서 만난 선교사들 중에는 사소한 문제로 탈북자와 다투거나 사진만 찍어가거나 지키지 못할 약속을 쉽게 하는 등 제대로 준비되지 않은 선교사들이 많다고 했다. 이런 선교사의 문제는 탈북자에 대한 이해만 부족한 것이 아니라 선교사로서의 기본 훈련이 되지 않은 것이다. 중국에 나간 선교사들만이 아니라 북한이탈주민 선교에 참여하는 목회자나 평신도 마찬가지로 준비가 되지 않은 경우가 많다. 말이 통하니까 아무 준비 없이 북한이탈주민 선교에 참여할 수 있다고 생각하는 사람들조차 있다. 북한이탈주민에 대해 배우거나 알려고 하는 사람들이나 준비하고 자원봉사 하는 경우도 많지 않

---

20) 황홍렬, "북한인권문제와 북한인권의 시각에서 본 북한이탈주민 선교의 과제" 한민족평화선교연구소 엮음, 『홍성현 목사 고희기념논문집』(서울: 도서출판 평화와 선교, 2006), 183.

다. 이런 점이 개선되지 않으면 북한이탈주민 선교에서 진전이 있을 것으로 기대하기 어렵다.

4) 북한이탈주민의 사회전기를 통해 본 북한이탈주민 선교의 과제

첫째로 북한이탈주민 선교는 전도를 우선으로 하지 말고 북한이탈주민이 필요로 하는 것을 지원하되 섬김과 사랑으로 해야 한다(사회전기 2). 복음을 입으로 전하는 것만 중요한 것이 아니라 복음대로 살고 실천하는 것도 중요하다. 아직도 종교나 기독교에 대한 이해가 부족할 뿐 아니라 남한 사회 정착에 큰 어려움을 겪는 북한이탈주민들에게 그들의 사정은 아랑곳 않고 기독교인의 입장에서 전도만 강조하는 것은 역효과를 낼 수 있다. 북한이탈주민의 형편을 살피고 그들의 어려움이나 아픔을 듣는 것이 선교의 출발점이 되어야 한다.

둘째 북한이탈주민 선교는 물질지원 중심이 아니라 참된 신앙을 갖도록 배려해야 한다(사회전기 8). 곤궁한 형편에 처한 북한이탈주민에게 물질 지원을 대가로 또는 조건으로 교회에 나오게 하는 것은 복음을 상품화 하는 것과 같다. 이러한 태도는 북한이탈주민들로 하여금 복음에 대해 반발하게 힐 뿐 아니라 복음의 참 가치를 훼손시키고 하나님의 이름을 밍령되이 일컫는 죄를 저지르는 것이 된다. 그들의 아픔이나 고통에 공감하면서 섬김과 사랑으로 대하면서 그들로부터 신뢰를 얻고 그들의 마음에 감동을 줘서 복음을 받아들이도록 해야 한다.

셋째 북한이탈주민 선교는 북한에서, 탈북과정에서, 입국과정에서, 입국 후 정착 과정에서 받은 상처와 고통을 치유하는 치유 사역에 주력해야 한다. 북한이탈주민에게 필요한 치유는 그들을 진심으로 사랑하는 사람만이 할 수 있다(사회전기 3). 그들의 상처를 알아야 그들과 의사소통할 수 있다. 그런데 의사소통도 되지 않는다면 어떻게 복음을 전할 수 있을까? 북한이탈주민들이 교회에 나올 때 불편한 것은 자신들의 상처를 드러내지 못하기 때문이다(사회전기 1). 이런 상처를 드러내게 하는 것은 믿음이다. 이 믿음을 통해 하나님 앞에 자기 상처를 드러내서 치유 받도록 해야 한다(사회전기 6). 이렇게 치유 상담하는 상담자가 필요하다.

넷째 북한이탈주민 선교는 북한이탈주민들이 사회에 적응하는 4-5년 동안 그들이 보이는 여러 가지 불합리하거나 돌발행동에 대해 참고 기다리는 태도로 진행되어야 한다(사회전기 3, 7). 북한이탈주민은 겉모습은 성인이지만 신앙적으로는 아기와 같아서 잘 먹이고 가르쳐야 한다(사회전기 6). 그런데 기독교인들이 북한이탈주민들이 보이는 돌발행동에 대해 인내하지 않고 세상 사람과 똑같이 손가락질하고 비난하는 것은 그들의 상처 위에 새 상처를 나게 하는 것과 같다. 오히려 세상 사람들은 그럴지라도 교인들에게 기대를 걸었던 마음에 배신감과 좌절감을 느낀다. 북한이탈주민 선교는 그들이 상처를 치유하고 믿음으로 거듭날 때까지 인내하며 기다리는 것이 올바른 자세다.

마지막으로 북한이탈주민 선교는 북한이탈주민과 남한 교인 사이에 상호이해 속에서 상호 변화가 일어나도록 해야 한다. 북한이탈주민은 남한 교회로부터 신앙을 배우고 남한 사회와 사람에 대해 배우도록 해야 하며, 자신의 잘못된 점을 발견하고 고치도록 해야 한다. 그리고 남한 교인들은 북한을, 북한이탈주민을 이해하고 배우려고 노력해야 한다. 이러한 만남 속에서 북한이탈주민들도 변해야 하지만, 남한 교회가 자기의 잘못된 신앙을 회개해야 한다(사회전기 6). 이러한 상호이해와 상호변형은 타자와의 만남의 선교에서 핵심이다.

이러한 북한이탈주민들 자신들이 제기하는 선교과제에 대해 많은 북한

이탈주민 선교에 참여하는 전문가들이 공감을 표시하고 있다.[21]

3. 북한이탈주민의 실태와 문제들

1) 북한이탈주민 현황과 문제

가) 규모와 입국 경로

북한이탈주민의 입국규모는 해마다 증가해왔다. 1999년에는 148명, 2000년에는 312명, 2001년에는 583명, 2002년에는 1,114명, 2003년에는 1,218명, 2004년에는 1,894명, 2005년에는 1387명, 2006년 5월말 현재 716명이 입국하여 총 8,104(남성 32%, 여성 68%)명이 남한에 살고 있다(출처: 통일부 사회문화교류국). 1998년을 고비로 북한의 식량사정이 호전되고 있는데 반해 남한으로의 입국자가 급증하는 이유는 남한이 남한으로 이주하려는 탈북자들을 수용하겠다는 정책 표명, 남한으로의 입국을 도와주는 다양한 비정부기구(NGO)와 브로커들의 출현, 중국에서의 장기체류 중 자금을 모아 남한입국 비용준비, 북한이탈주민 정착지원금이 입국 후 입국비용으로의 전용 등이다. 북한이탈주민들의 특징으로는 중국내 거주 기간이 2년 이상, 가족단위 입국 증가, 여성 비율 증가, 노약자 증가, 입국동기 변화(생존보다는 더 나은 삶), 중국인이나 조선족과 결혼한 사람의 입국 증가 등이다.[22]

---

21) 온누리교회에서 북한이탈주민 선교에 참여하는 주선애 교수는 북한이탈주민 선교에서 중요한 것은 겉으로는 비슷하게 보이지만 전혀 달라 서로를 이해하는 것이 가장 중요하면서도 어렵다고 했다.(인터뷰 2006. 10. 15) 자유시민대학의 조용구 학장은 북한이탈주민 선교가 잘 안되는 것은 전도하려 하기 때문이고, 올바른 선교방법은 사랑으로 감동을 주는 것, 교회연합이며, 가장 중요한 것은 그냥 기다려 주는 것이라고 했다.(한민족평화선교연구소 특강 발제문, 2006. 7. 20.)

22) 이우영, "국내 탈북자의 실태와 문제점"「인권과 정의」317호(2003. 1), 25-26.

입국 통로는 공관선, 몽골선, 비행기선, 동남아선 등 네 가지가 있다.[23] 재 중국 남측 공관이나 재외공관에 집단적으로 진입하거나, 종교단체의 도움을 받아 대사관으로부터 탈북자 신원을 확인받고 서울행 비행기에 오르는 '기획탈북' 에 가담하는 길이다. 가장 빠른 방법은 중국 여권을 위조하여 입국하는 비행기선이다. 그러나 이 길은 돈이 많이 든다(여권 위조에 약 1천 만 원). 몽골을 거쳐 입국하는 경우는 많지 않다. 왜냐하면 내몽고 사막을 지나기 위해 목숨을 걸어야 하기 때문이다. 동남아선은 중국 남동부의 쿤밍에서 산악지대를 넘어 라오스를 거쳐 태국으로 향하거나 난닝에서 베트남을 거쳐 캄보디아로 간다. 최근에는 험난한 길이지만 이 경로를 이용하는 탈북자들이 늘고 있다.

나) 인구학적, 사회적 특성[24]

90년대 이전에는 군인 출신이 다수였으나, 90년 이후에는 유학생, 외교관, 고위인사들이 포함되기 시작했다. 90년대 후반부터는 학력, 직업, 계층 지위가 하락하는 추세이다. 학생, 무직, 기타 등 북한에서 특정한 직업을 갖지 않은 사람도 30%에 달한다. 출신지역별로 보면 2002년 입국자의 77%가 함경도였고 평안도가 8.3%였다. 2003년 입국자의 경우 해외체류 기간이 4-5년이 28.2%, 5-6년이 25.7%로 평균 3년 11개월이었다. 이 수치는 2002년에 비해 9개월이 증가한 것이다. 해외체류 기간이 장기화되면서 부분적으로는 자본주의를 학습하는 긍정적 경험도 있지만 유랑과 도피로 일관하거나 매매춘에 종사하면서 정신적 외상을 경험함으로써 입국 후

---

23) 박지수, "탈북자 5000명 시대, 탈북-입국-정착 과정의 모든 것: 남조선 드림은 없었다" 「남북이 함께 하는 민족21」 제42호(2004. 9), 28.

24) 윤인진, "북한이탈주민에 대한 사회문화적 이해" 예장총회 국내선교부, 「북한이탈주민에 대한 이해와 한국교회의 선교 참여방안」(2005. 5. 3), 8-10

사회적응에 어려움을 겪는다. 입국동기와 목적도 바뀌고 있다. 1990년대 중반 이후에는 경제난과 식량난 때문에 탈북을 했지만, 2000년대 이후에는 더 나은 삶을 추구하기 위한 것이다. 여성의 비율도 1990년 이전에는 10% 미만이었지만, 2001년에는 50%로 증가했고 향후 계속 증가 추세이다. 여성 입국자 수는 1999년 58명(39.2%), 2000년 126명(40.4%), 2001년 289명(49.6%), 2002년 631명(55.4%), 2003년 809명(63.2%), 2004년 1,270명(67.6%) 등이다(출처: 통일부 사회문화교류국). 여성입국의 증가는 중국, 러시아 등의 국가에서 탈북 여성의 비율이 70% 이상 높기 때문에 불가피 한 것으로 볼 수 있다.

다) 정착 지원체제

이민자들이 새로운 사회에 들어가 적응하며 살아가게 되는 데는 1차적으로 물질적 적응, 2차적으로 공식적 사회구조에 적응, 3차적으로 사회문화에 적응해 나간다고 한다.[25] 우리 사회의 지원체제는 어느 단계에 와 있을까? 사선을 넘어 입국한 북한이탈주민을 기다리는 것은 '대성공사에 한 달간 수용되어 혹독한 신원조사를 받아야 한다. 조선족이 아닌 '진짜 탈북자'임을 확인받는 과정에서 많은 사람들이 인간 이하의 대접을 받았다고 증언한다.[26] 이 과정을 거쳐 통일부가 운영하는 탈북자 교육시설인 하나원에 입소하여 3개월 동안 문화탐방, 생활체험 등 사회적응교육을 받고 우리 사회에 첫 발을 디딘다. 이 때 희망자는 영구 임대아파트 입주를 할 수 있고, 1인 가족은 기본급과 장려금 등의 정착지원금을 받는다. 희망자는 취업교육

---

25) 전우택, 윤덕용, 엄진섭, "남한 내 탈북자들의 의식 및 생활 만족도 연구" 대한신경정신의학 『신경정신의학』 제43권 1호(2004. 1.), 94.

26) 박지수, 위의 글.

의 기회를 무상으로 제공받으며 이 기간 동안 일정한 수당을 받는다. 직업이 없는 북한이탈주민은 기초생계비를 지원받는다.[27]

라) 정치사상적, 경제적, 사회적, 문화적 적응 [28]

북한이탈주민들은 남한 사회에서 구직활동을 하는 가운데 기대와 현실 사이에 괴리를 느끼며 자본주의 체제에 대해 이중적 태도를 형성한다. 북한과 비교해서 경제적으로 풍요하고 생산성이 높은 것은 인정하지만 약자층에게는 전혀 배려하지 않는 비인간적 사회로 인식한다는 점이다. 그들의 직업은 무직이거나 단순노동직 또는 단순서비스직에 종사하는 등 북한에서 지녔던 경험이나 지식을 활용하지 못하는 하향신분이동을 경험하고 있다. 즉 북한에서 지녔던 경험이나 지식을 활용하는 경우는 9.9%에 불과하고 경제인구중 실업률이 30-40%에 달한다고 한다. 여성의 취업은 더욱 심각해서 30% 정도만 실질적인 경제활동을 하고 있는 것으로 나타난다. 여성들의 79%가 북한에서 경제활동을 한 것에 비하면 심리적 좌절이 클 것으로 예상된다. 취업자 중 정규직 취업이 남자는 41.4%, 여자는 26.8%에 머물고 있다. 가구당 월평균 소득이 100만 원 이하가 80.8%에 달한다. 그들이 언어를 불편 없이 사용하는데 걸리는 시간은 보통 3년이라고 한다. 사고방식에 있어서도 유교적 태도나 직선적, 경직된 사고방식, 집단주의적

---

27) 북한이탈주민 정착 지원의 변화를 보면 김영삼 정권 시절인 1993년 이후 귀순자들은 9평 규모의 임대아파트 임대보증금 700만원, 월 최저 임금액의 30-100배, 북한에서 가져온 정보에 따른 기여금만을 받아 가장 불리한 조건에서 정착해야 했다. 김대중 정권 시기인 1997년 '북한이탈주민의 보호 및 정착지원에 관한 법률'에 의해 북한이탈주민은 성인 1인당 최저임금의 62배인 2,942만원과 주거 지원비로 영구임대 아파트 보증금 754만원을 포함해 총 3,696만원을 지급받았다. 2005년 1월부터 시행되고 있는 현행 제도는 자활 노력에 따른 인센티브제를 핵심으로 한다. 정착금 전체 지급 수준은 유지하되 기본금과 취업 노력을 유도하는 장려금을 구분해 지급함으로써 자립과 자활을 유도하고 있다. 1인 가족 기준 총 1천 만원의 기본급을 지급하며 자활 노력에 따라 최대 1,540만원의 장려금을 지급한다. 60대 이상 고령자나 장애인, 아동에게는 가산금이 최대 1,540만원까지 지급한다. 이외 가족 수에 따라 최소 1,000만원-1,500만원의 임대 아파트 보증금도 지급한다. "탈북자, 이대로는 안 된다"「월간중앙」(2006. 8.), 141.

28) 윤인진, 위의 글, 12-17.

사고방식 때문에 남한 사회에 적응하는데 어려움이 있다고 한다. 또 남한 사회에 연고가 없는 이들은 정보와 기회에 연결될 수 있는 사회연결망 부재의 문제를 안고 있다. 이들 중 친목단체에 참여하는 비율이 14%에 불과함이 이를 잘 보여주는 것이다. 보호담당관들이 이들의 사회적응에 대한 평가 역시 72.2%가 잘못 어울린다고 했다. 다만 북한이탈주민들의 69.2%가 종교를 갖고 있고 기독교도가 62.3%를 차지하고 있다.

한편 가족단위의 입국이 늘어나면서 청소년들의 학교 부적응 문제가 크게 대두하고 있다. 제3국이나 중국에 장기 거주하면서 제대로 교육을 받지 못했을 뿐 아니라 남북 사이의 교육과목이나 과정의 차이로 인한 혼란도 있지만 무엇보다 남한 학생들로부터의 집단 따돌림을 견디지 못한다. 이들에 대한 대안학교나 자유터 학교(야학) 등이 절실하다.[29]

마) 심리적 적응 [30]

북한이탈주민들의 초기 심리적 적응의 문제들은 신분 노출에 대한 불안감, 두고 온 가족에 대한 걱정과 외로움, 위축감과 좌절감, 자율성, 능동성 결여, 정신적 충격의 후유증, 동기저하와 우울, 부모와 자녀간 갈등, 부부갈등, 인간관계의 갈등 등이다. 3년간 살면서 오는 심리저 변화를 보면 전체적인 만족도는 큰 차이가 없지만 정부 지원에 대한 불만이 크고, 터놓고 애기할 수 있는 남한 사람의 증가, 자녀를 남한에 살게 해 준 것에 대한 만족도가 높고 미래에 대한 낙관적인 태도를 유지하고 있다. 인구학적 특징에 따른 의식 변화 양상을 보면 남성보다는 여성이 급격한 의식변화를 보이고, 나이가 많은 사람보다는 젊은이들이 남한사람을 이해하고 사회에 적

---

29) 조명숙, "대안학교를 통한 북한이탈주민선교" 예장총회국내선교부, 위의 글, 100-107.
30) 조영아, "북한이탈주민의 심리적 측면에서의 이해" 예장 총회 국내선교부, 위의 글, 25-32.

응하는데 수월한 것으로 나타난다. 종교는 여전히 기독교를 선호하지만 종교인구 비율이 줄어든 것은 대부분 개신교에서 이탈했다. 또 종교생활 여부는 이들의 의식에 별다른 변화를 일으키지 않는 것으로 나타났다. 이들의 종교 경험이 가치관과 의식에 영향을 줄만큼 내화되지 못함을 보여준다. 삶의 질에 대해서는 큰 변화가 없었다. 외상 후 스트레스 장애는 상당히 회복되었다. 이들이 겪은 외상이 전쟁이나 홀로코스트보다는 교통사고나 자연재해에 가까운 성격으로 이해될 수 있다. 그렇지만 우울 수준은 유의하게 증가했고 특히 남성에게 증가했다. 그러나 정병호는 남한 사회가 북한이탈주민에 대해 갖는 인식의 혼란과 상호모순적 대응방식 때문에 북한이탈주민은 정체성의 혼란을 느끼고 '환상'을 갖다가 남한 사회에 좌절하거나 부적응하게 됨을 지적했다.[31]

바) 여성 북한이탈주민의 문제 [32]

여성 북한이탈주민의 숫자가 2001년부터 증가하기 시작해 현재 비율은 68%를 차지한다. 그런데 이주민의 새로운 사회 적응에는 성별 차이가 있는 것으로 보고 된다. 여성 북한이탈주민의 경우 한국 사회 내에 형성된 통념과 신체적 질환이 사회정착에 상당한 영향을 미친다. 북한이탈주민 경제활동인구 중 취업자의 비율은 70.3%이고 실업율은 29.7%이다. 이 가운데 남성은 25.8%, 여성은 32.7%로 여성의 실업율이 매우 높은 것으로 나타났다. 가족 내 관계 변화를 보면 초기 정착과정에서 적응 속도의 차이로 인해 이혼이 발생하기도 한다. 자녀와의 관계는 개선되고 있다고 생각하나, 자녀의 교육에

---

31) 정병호, "탈북 이주민들의 환상과 부적응: 남한사회의 인식혼란과 그 영향을 중심으로" 서울대학교 비교문화연구소, 『비교문화연구』 제10집 1호(2004), 33-62.

32) 이금순, "여성이주자의 사회적응 연구-북한이탈주민 사례를 중심으로-" 『아시아여성연구』 제45집 1호(2006), 191-234.

는 어려움을 겪고 있다. 이러한 여성들을 위한 지원책으로는 안정적 취업 지원, 치료 및 상담제도 강화, 그리고 가족관계 지원 등을 제시할 수 있다.

사) 북한이탈주민의 문제

2004년 8월 6일 새벽 2시 40분 부산에서 북한이탈주민 김모씨(26세)는 귀가하던 여대생 이모씨(23)의 뒤로 접근, 강제로 껴안고 있다가 경찰에 체포되었다. 그는 하나원 생활을 마친 뒤 경북 영주에 정착했지만 사회에 적응하지 못했다. 막노동으로 생계를 유지하던 그는 부녀자 성폭행한 혐의로 교도소에서 2년 생활 후 2004년 2월 출소했다. 그러나 사회에서 그를 받아주는 곳은 없었다. 그래서 '사회보다는 교도소 생활이 더 나았다.'고 생각한 그는 교도소에 가기 위해 이씨를 성폭행했다. 그는 "3년 동안 징역을 살게 해달라."며 "만약 내보내면 다시 범행을 저질러서라도 교도소에 가겠다."고 말했다.[33] 북한이탈주민의 범죄는 갈수록 늘어가고 있다. 2001년에는 66건에 불과했는데, 2002년에는 101건을 넘었고, 2004년 6월 현재 103건에 달한다. 이들의 불만이 범죄라는 극단적 형태가 아니더라도 광범위하다는 것을 알 수 있는 통계가 있다. 즉 이들 40%가 남한 생활에 큰 불만을 갖고 있으며, 70%가 캐나다, 호주, 미국 등 이민을 바라며, 30%는 합법적으로 북한에 돌아갈 수만 있다면 가고 싶다고 한다.[34]

왜 이들은 우리 사회에 적응하지 못하는가? 한 조사에 의하면 북한이탈주민에 대한 지원은 "물리적 생활 조건 지원에서부터 좀 더 심리적, 정신적 안정감을 가지도록 하는 지원으로 확장해 나가야" 한다고 한다. 그리고 "직장을 가지고 있는 여부가 탈북자들의 의식에 큰 영향을 끼치고 있는 것으

---

33) "범죄의 늪에 빠져드는 '남조선 드림'" 『뉴스메이커』 (2004. 9. 9), 18.
34) 이재봉, "탈북자 문제 어떻게 풀 것인가" 『원광』 (2004. 11), 25.

로” 나타났기 때문에 “직장, 특히 정규직으로 직장을 가지는 것”이 매우 중
요하다는 점이다.[35] 그런데 이들이 정규 직장을 얻고 심리적, 정신적 안정
감을 갖도록 하는데 꼭 필요한 것이 남한 사회와 사람들의 협조인데 여기
에 문제가 있다는 지적이 이들로부터 나온다. 즉 남한 사람들은 북한에 대
해, 북한이탈주민에 대해 제대로 이해하지 못하고 있다는 점이다.

아) 남한의 문제

북한이탈주민에 대해 남한 사람들은 “탈북자들을 양자 삼을 수는 있어도
사위 삼을 수 없다.”는 말을 한다. 이는 남한의 배타성을 보여주는 말이다.
이들을 ‘이등국민’으로 여기는 남한 사람들이 있는 한 북한이탈주민이 우
리 사회에 적응하기는 어렵다. 최근 영국과 프랑스에서 나타난 ‘우리 안의
타자’라는 외국계(이슬람계) 시민들의 문제와 상통하는 문제다. 그런데 남
한 사회는 자본주의 사회여서 일부에서는 북한이탈주민들의 ‘다름’을 상품
화하고 있다. “보수적 집단은 북한을 공격하기 위해서 이들의 증언을 금과
옥조로 이용하고 있으며, 심지어 보수언론은 이들을 기자로 고용하여 반북
분위기 고양에 적극적으로 활용하고 있다는 것”이며, “북한이탈주민은 경
제적 혜택을 위해서 그리고 여전히 자신을 ‘빨갱이’로 볼지도 모른다는 생
각 때문에 냉전주의자의 방패가 되고 있다고 볼 수 있다.” 물론 이런 일에
가담하는 모든 사람들이 그런 것은 아니지만 “적지 않은 사람들은 이들을
자신들의 이익을 위해서 이용하고 있는 것도 분명하다.” 그리고 취업보다
는 일정 액수의 돈을 주면서 종교단체에 나오게 하는 경우도 많다. 이는 이
들을 더욱 의존적인 삶에 익숙하게 만들고 있다.[36] 중국이나 제3국에 체류

---

35) 전우택, 윤덕용, 엄진섭, 위의 글, 103.
36) 이우영, “북한이탈주민과 어떻게 지낼 것인가?” 위의 글, 158–159.

하는 탈북자들의 국내 입국을 주선하는 일부 비정부기구(NGO)들도 예외가 아니다. 한 설문 조사에 의하면 남한 정부의 북한이탈주민 정책에 불만을 품은 북한이탈주민은 42%인데 반해, 탈북 지원 단체의 대책에 불만을 품은 북한이탈주민은 53%에 이른다. 이들에 대한 비판은 "'탈북지원 단체들이 입국 비용만 받고 정착엔 관심도 없다.'는 비판에서부터 '탈북지원단체에는 아예 탈북자 정착지원 사업이 없어 불만을 표시할 것도 없다.'는 비아냥까지 나오"고 있다. "이들을 따뜻하게 맞아줄 의지도 없고 이들이 남쪽 사회에 잘 적응하도록 이끌 능력이 없으면서 탈북을 부추기는 게 과연 바람직한 처사인지 냉정하게 생각해 보아야 한다."[37]

　이처럼 북한이탈주민의 남한 사회의 적응의 문제는 북한이탈주민만의 문제가 아니라 '다름'을 때로는 차별로 만들거나 때로는 상품화하는 남한 사회와 사람들의 문제도 된다는 의식의 전환이 있어야 해결이 가능하다. 이럴 때 남한교회의 북한이탈주민 선교의 과제는 단순히 '탈북'을 돕거나 북한이탈주민들이 교회에 출석하고 세례 받는 것에 만족하는 것을 넘어서야 한다. 이들이 우리 사회에 물질적으로, 사회구조적으로, 사회문화적으로 적응하는데 도울 뿐 아니라 남한 사람들의 변화를 위해서, 남한 사람들이나 집단이 다름을 상품화하거나 차별로 만들지 않도록 하는 과제를 수행해야 한다. 이런 과정에서 복음이 그들에게 어떻게 기쁜 소식인지를 증거해야 한다.

---

37) 이재봉, 위의 글, 27.

4. 북한이탈주민 선교의 과제와 전망

북한이탈주민 선교에 대한 기존 연구에서 가장 실증적이면서도 충격적인 연구결과는 교회에 나오는 북한이탈주민들이 복음을 믿지 않는 북한이탈주민보다 교회에 대한 태도가 더 부정적이라는 점이다.[38] 이것은 한국교회가 북한이탈주민을 받아들이는데 실패했고, 북한이탈주민 선교에 대한 북한이탈주민의 평가가 부정적임을 보여준다고 하겠다. 북한이탈주민 중심으로 모이는 평화통일 교회의 강철호 전도사는 교회 출석자의 60%가 한국의 큰 교회 출석자라고 했다. 북한이탈주민들이 신앙을 갖지 않는 이유는 종교 자체에 익숙하지 않고, 북한 체제에 대한 체험과 비슷한 종교의 모습이기 때문이고, 교회에서의 부정적 경험들, 그리고 북한 사람들의 흑백논리적 태도라고 했다.[39]

그런데 북한이탈주민의 국내 정착 지원에 관한 교회 목회자의 인식 조사에 의하면 "목회자들은 북한이탈주민들이 경제적, 사회문화적 부적응의 어려움보다 남한 사람들로부터의 냉대로 인한 어려움은 다소 적지 않겠는가라는 의견을 보이"[40]는데 이는 목회자들의 북한이탈주민에 대한 이해가 크게 부족하다는 점을 드러내고 있다. 이와 같이 목회자들의 북한이탈주민에 대한 이해가 상당히 부족하다면 일반 교인들은 더 말할 나위가 없을 것이다. 북한이탈주민에 대한 이해가 부족할 뿐 아니라 기독교 신자인 북한이탈주민의 교회에 대한 태도가 비기독교인 북한이탈주민보다 더 부정적이

---

38) 이만식, 「탈북자들의 교회에 대한 태도의 영향요인에 관한 연구—북한선교 전략을 중심으로—」 기독교북한선교회 연구논문(2005. 4.) 42-46.

39) 전우택, 조영아, "탈북자들의 신앙 경험과 교회의 통일 준비" 연세대 통일연구원, 「통일연구」 제7권 2호 (2003), 114-20.

40) 허재영, 「북한이탈주민 국내정착 지원에 관한 교회목회자의 인식조사」 부산대학교 행정대학원 미간행 석사학위논문(2002. 8.), 72.

라면 북한이탈주민 선교의 문제는 심각하다고 하지 않을 수 없다. 전제로부터 선교 방식, 접근 방식 등 많은 부분에서 문제가 있다고 본다. 따라서 이 글에서는 전제를 새로 세우고 선교방식이나 접근 방식 등에 대해 새로운 제안을 하고자 한다.

1) 전제

북한이탈주민 선교에서 가장 큰 문제의 하나는 동일한 민족으로, 동일한 언어를 사용하기 때문에 아무 준비 없이 해도 된다는 문화적 착시 현상이다. 많은 북한이탈주민들이 호소하는 것처럼 언어의 문제는 10년이 지나야 어느 정도 해결된다고 할 정도로 심각하다. 더구나 반세기 이상 이념과 체제가 다른 사회에서 남북이 살아왔기 때문에 겉으로 보기에 말이 통하는 것 같다고 해서 절대로 동일 문화권이 아니다. 따라서 북한이탈주민 선교의 첫째 전제는 북한이탈주민들이 이념과 사회 체제가 다른 사회에서 살다 온 사람들이기에 문화가 다른 사람들임을, 그래서 상당한 준비가 필요하다는 것을 인정해야 한다.

또 심각한 문제는 북한이탈주민을 선교해서 곧바로 북한 선교에 이용하려는 조급한 태도다. 물론 북한이탈주민 선교에서 중요한 목표의 한 가지가 북한 선교의 준비라는 것을 부정할 사람은 없을 것이다. 그렇지만 북한이탈주민 선교의 처음과 마지막이 북한 선교라는 데에는 동의할 수 없다. 왜냐하면 북한이탈주민은 대부분 남한 사회에 정착하지 못하고 생존에 허덕이고 있다. 획기적 변화가 쉽지 않다고 전망한다. 그렇기 때문에 북한이탈주민 선교의 둘째 전제는 그들이 이 사회에 잘 정착하는 것을 도와야 한다는 점이다. 즉 북한이탈주민 선교에서 우선적인 것은 북한이탈주민의 생존이고, 그 다음은 그들의 삶의 질을 높이는 것이 되어야 한다. 복음전파는 이 과정에 수반되어야지 복음전도가 앞서고 저들의 삶에 아랑곳 하지 않거나 우선순위에서 이들의 생존과 삶의 질을 뒤에 놓으면 결코 효과적인 선교가 될 수 없다. 더구나 생존에 허덕이고 신앙이 성장하지 못하거나 "몸을 낮추는 사람들"에게 북한 선교라는 무거운 짐을 얹어주는 것은 잔인한 일일 뿐 아니라 그들을 타락시키는 위험한 길이 될 수 도 있다.

셋째 전제는 북한이탈주민이나 북한이탈주민 선교를 탈북과 연계시켜 북한 붕괴를 유도하는 등 정치적으로 이용하거나 자신이나 자기 단체의 이익을 위해 북한이탈주민을 이용해서는 결코 안 된다는 점이다. 북한이탈주민 선교는 탈정치화 되어야 한다. 일부 비정부기구(NGO)나 종교단체가 자신들의 이익을 위해서 북한이탈주민을 이용해왔다는 비판이 있다.[41] 프로그램 참가를 통해 취업 알선에 주력해야 하지만 현금 보상을 통해 이벤트성 행사가 많고 한두 번 참가한 북한이탈주민은 응당 행사에 참여하면서 반대급부로 현금을 요구하게 된다는 것이다.

넷째 북한이탈주민들의 정착을 지원하는 가운데 북한이탈주민의 변화만 요청하는 것은 북한이탈주민 선교나 남북의 통일을 위해 잘 못된 일이라는 점이다. 이 과정에서 남북 사이에 사람의 통일 연습을 하며 남한 교회와 사회가 변하게 하는 것이 중요하다. 특히 탈북 여성들에 대해 갖는 선입견이나 편견은 우리 사회처럼 성매매가 시간과 장소를 가리지 않고 거의 일상화 되었을 뿐 아니라 미성년자와의 소위 '원조교제', '스와핑' 등이 사회문제화 된 사회에서 생존을 위해 원하지 않게 한족이나 조선족에게 팔려간 사실을 보고 손가락질 한다는 것은 커다란 위선이 아닐 수 없다. 다섯째 전제는 이 과정에서 과거의 상처를 치유하고 믿음이 성장하고 성숙된 북한이탈주

---

41) 이우영, 『북한이탈주민의 지역사회 정착』(서울: 통일연구원, 2003), 53.

민을 선별하여 훈련시켜 북한 선교를 위한 중요한 선교 자원으로 준비시키는 일이 북한이탈주민 선교의 중요한 과제라고 보는 것이다.

2) 북한이탈주민 선교의 과제

첫째 북한이탈주민 선교는 세계교회협의회(WCC)의 타종교/다른 이데올로기를 가진 사람들과의 대화 지침을 참고해야 한다.[42] 대화 참여자들은 종교 공동체와 이데올로기 사이에 정치적 권력이 영향을 주는 것에 주의를 해야 한다. 대화의 상대방에 대해 거짓된 이미지를 제시하는 것은 십계명의 아홉 번째 계명인 네 이웃을 거짓증거 하지 말라는 계명을 위배하는 것이 된다. 대화는 상호신뢰와 참여자의 정체성의 통합성에 대한 상호존경에 근거하기 때문이다(C 17). 이런 지침이 북한이탈주민 선교에 어떻게 적용될 수 있을까? 신앙적으로 보수든 진보든, 정치적으로 반북이든 친북이든, 북한이탈주민으로부터 북한이나 탈북과정의 진실을 들으려 할 때 각자가 듣고 싶어 하는 것을 북한이탈주민에게 듣기 위해 분위기를 유도하거나 강요하는 것은 북한과 북한이탈주민에 대한 거짓 증거를 강요하는 셈이 되기 때문에 십계명의 아홉 번째 계명을 위반하게 된다. 남한 그리스도인들은 북한이탈주민으로 하여금 북한을 '지옥'이나 '천국'이 아니라 있는 그대로 진술하도록 격려해야 하고 그렇게 들을 준비를 해야 한다.

다른 이데올로기를 가진 사람들과의 대화는 회개와 겸손과 신실성을 요구한다. 우리들 자신부터 얼마나 쉽게 하나님의 계시를 오해하는지, 자신의 행동 가운데 그 계시를 배반하는지, 하나님의 은혜를 받기에 합당하지

---

42) World Council of Churches, "Guidelines on Dialogue" in Gerald H. Anderson & Thomas F. Stransky (eds.), *Faith Meets Faith* (New York, Grand Rapids: Paulist Press, WM. B. Eerdmans Publishing Co., 1981), 128-55.

않은 자들로서보다는 하나님의 진리의 소유자의 태도를 취하는지 알지 못
하기 때문에 우리가 먼저 회개해야 대화에 참여할 수 있다. 우월한 태도로
다른 이데올로기를 지닌 사람들을 보고 판단하는 행위를 금하는 겸손한 태
도를 지녀야 한다. 제자들과 사람들의 배신까지도 감수하고 십자가를 지신
예수 그리스도에게서 보이는 상처받는 수용력을 지닌 신실성이 요구된다
(D 21). 이러한 지침에 의하면 남한의 그리스도인들은 북한이탈주민과의
만남에서 그들의 정착 기간 동안 일종의 판단정지가 필요하다. 그들의 예
측 불가능한, 돌발적인, 우리의 기대를 저버리는 그 어떤 행위라도 참고 기
다려야 한다. 복음을 먼저 받은 우리의 모습도 이러한데 하물며 아직 복음
을 받아들이지 못하거나 믿음이 연약한 형제자매들이 이 땅에 적응도 못한
상태에서 보여주는 많은 시행착오 과정을 그리스도인들이 감당하지 않으
면 누가 그 십자가를 지겠는가 하는 태도로 받아들여야 할 것이다. 성령께
서 저들을 고쳐주시고 그리스도 안에 있는 새 사람으로, 하나님의 자녀로
만들어 주실 것을 믿고 기다려야 한다.

둘째 북한이탈주민 선교는 문화 차이를 이해하고 그것을 극복하려는 타
문화권 선교가 되어야 한다. 폴 히버트의 지적대로 타문화권 선교에서 제
일 우선 되어야 할 것이 선교사 자신의 변화다.[43] 자신의 문화를 이해하고
자신의 문화가 복음 이해에, 복음 전달에. 의사소통에 어떤 영향을 주고 있
는가를 깨달아야 한다. 북한이탈주민이 남한에 입국 후 갖는 문화 충격을
이해하고 그것을 줄이는 길과 언어 차이와 의사소통 방식을 증진시키는 길
을 연구하고 제시해야 한다. 북한 체제와 주체사상이 북한이탈주민들에게
어떤 영향을 주었는지, 그것이 남한 사람들과의 의사소통에 어떤 영향을

---

43) 폴 히버트 지음, 김동화 외 옮김, 『선교와 문화인류학』(서울: 죠이선교회출판부, 2000), 120.

주는지, 그리고 남북의 이질적 체제에서 살던 사람들의 의사소통을 위해서는 어떤 장애물을 극복해야 하고 어떻게 극복해야 하는지를 찾아야 한다. 이 때 의사소통을 위해 남한사람의 변화의 내용이 무엇인지를 식별하는 것도 매우 중요하다.

그동안 남과 북은, 남한 사람들과 북한이탈주민 사이에도 마찬가지로 서로를 알고 이해하려는 진지한 노력 대신에 "서로가 스스로 만든 가상의 틀 속(wishful thinking)에 상대방을 집어넣고"[44] 대화 아닌 독백을, 만남이 아닌 일방적인 접촉에서 내가 보고 싶은 것만 보고, 듣고 싶은 것만 듣고, 말하고 싶은 것만 말하지 않았는지 반성해야 한다. 정부 차원의 통일 방안은 진정 상대방을 향했다기보다는 대내적 효과를 노린 경우가 많았고, "의사소통 의지가 없이 의사소통 형식만을 빌린 담론"[45]이었다고 비판할 수 있다. 한국전쟁은 북한주민에게 "심리적 자폐증후군"이라 할만한 전쟁맞춤식 체제가 지역에까지 뿌리를 내리고, 이것이 이후에 대남 적대감정의 사회구조화로 이어졌다.[46]

그러나 분단으로 인한 이러한 왜곡된 체제는 북한에만 있는 것은 아니다. 남한에서는 반공주의가 일종의 강박관념으로 사람들을 짓누르며 한편으로는 "공산주의에 반대하는 자본주의 · 자유민주주의의 세계관이면서 (다른 한편으로는) 자유민주주의에 대한 일정한 제약을 암시하는 모순적 이념"으로 존재한다. 반공주의가 확장되어 일상적 영역에 깊게 스며들어 모든 비판적 사고를 반공주의의 대상으로까지 확장하게 되었다. 근대사회에서는 "감시와 처벌의 규율 확산을 통한 불평등의 재생산 과정이 존재하는데 우리와 같은

---

44) 조용관, 김병로 지음, 『북한 한걸음 다가서기』(서울: 예수전도단, 2002[2004]), 17.

45) 전효관, "분단의 언어, 탈분단의 언어: 통일 담론과 북한학이 재현하는 북한의 이미지" 조한혜정, 이우영 엮음, 『탈분단 시대를 열며: 남과 북, 문화 공존을 위한 모색』(서울: 삼인, 2000), 81.

46) 김병로, "우리가 생각하는 북한은 지구상에 없다" 조용관, 김병로 지음, 위의 책, 30-55.

분단체제에서는 '감시와 처벌' 의 규율 이외에 반공주의와 같은 '분단규율'
이 존재한다.[47] 따라서 북한이탈주민 선교는 상대방의 문화를 서로 이해하
고 언어적으로 적응하는 것을 넘어서서 서로를 억누르는 자폐증후군이나 강
박관념으로서의 반공주의 등을 극복하고 분단의 언어를 탈분단의 언어로 전
환하도록 노력해야 한다. 신학적으로는 북한이탈주민과 남한 그리스도인 모
두를 짓누르는 귀신의 정체를 확인하고 예수 그리스도의 이름으로 한반도에
서 쫓아내고, 분단의 언어를 성령을 통해 탈분단의 언어로 전환을 통해 남과
북을 넘어서서 새 사람/새 민족(엡2, 15)을, 새로운 문화적 주체를 형성하고
이 땅에 하나님의 나라를 이루게 하는데 참여하는 것이 북한이탈주민 선교
의 중요한 과제라고 하겠다. 한 가지 고무적인 사실은 주체사상을 지닌 북한
이탈주민들도 교회에서 받아들여야 한다(78%)는 설문 결과다.[48] 비록 한 교
회에 국한된 조사이지만 교회가 북한이탈주민을 받아들일 때 북한 체제나
이데올로기와의 관련성에 그렇게 연연할 필요가 없다고 하는 태도는 반공주
의의 보루와 같은 교회에서는 중요하다.

셋째 북한이탈주민 선교를 북한 선교로 보기보다는 소수자 선교로 보아
야 한다. 북한이탈주민 선교를 북한 선교로 보기 위해서는 과연 북한이탈
주민이 북한 사람을 대표할 수 있는가 하는 문제에 대답해야 한다. 소수자
선교는 타문화권 선교가 일방적으로 북한이탈주민을 남한 사회에 정착시
키는 것으로 환원될 위험을 극복하도록 도울 것이다. 소수자란 "성, 연령,
인종 및 민족, 종교, 사상, 경제력, 성적 취향, 출신 지역 등을 근거로 사회
내 지배적 기준과 가치와 상이한 입장에 있어 차별과 편견의 대상이 되는

---

47) 권혁범, "반공주의 회로판 읽기: 한국 반공주의의 의미 체계와 정치 사회적 기능" 조한혜정, 이우영 엮음,
　　위의 책, 33, 49–50, 62.

48) 정신권, A Mission Strategy for the Korean –Chinese Church and North Korean Exiles(조선족교
　　회와 탈북자선교의 방략) New York Theological Seminary 미간행 목회학 박사학위논문(2001), 217.

사람들을 가리키는 말"로서 소수자를 정의하기 위해 필요한 네 가지 조건
으로는 첫째 신체적, 문화적 특성에 의해 다른 집단과는 구별되는 식별가
능성, 둘째 경제력, 사회적 지위, 정치권력 등 능력의 차이로 인한 권력의
열세, 셋째 소수자 집단에 속했다는 이유만으로 받는 사회적으로 받는 차
별대우, 넷째 다양한 차별로 인해 형성된 집단의식 등이다.[49] 이러한 소수
자들은 서구 사회에서는 여성, 유색인종, 외국인, 성적 소수자인 동성애자
와 양성애자이다.[50] 우리 사회에는 이들 외에도 장애인, 성매매여성, 이주
노동자, 넝마주이, 수형자, 양심적 병역 거부자, 트랜스 젠더 등이 있다.[51]

　윤수종에 의하면 "소수자권익보호운동이 소수자의 권익을 방어적으로
지키는데 그 목적이 있고 다수자의 지배를 전제로 한다면, 소수자운동은
다수자의 지배영역을 축소해나가기 위해 자신의 고유한 삶의 방식을 개발
해나간다." 소수자운동은 각 소수자들의 자율성을 기반으로 발전해 왔고,
각 소수자들의 특이한 부분적 정체성을 인정하면서도 그것을 지나치게 강
조하기보다는 전체 정체성과 결합시킬 것을 고민하면서 여타 소수자 운동
과 연대하며 다수자의 변화를 일으키는 운동이다.[52] 바꿔 말하면 소수자의
문제는 다수자의 문제이다. 우리는 대의제 민주주의가 평등과 자유를 보장
한나고 생각하시반 소수사의 입장에서 보넌 대의세 민주주의가 대표성을
강조한 나머지 차이 집단(소수자)의 견해를 수용하지도 못하고 오히려 배
제하는 한계성을 갖게 되면서 실질적 평등과는 거리가 먼 것을 보게 된다.

---

49) 윤인진, "북한이탈주민에 대한 사회적 인식과 거리감: 장애인, 외국인노동자, 동성애자와의 비교" 「북한이
　　탈주민의 지역사회내 통합과 융화」(연세대학교 사회복지연구소 학술대회 자료집) 북한이탈주민지원 민간
　　단체협의회, 2003, 17-24. 이기영, "소수자로서의 북한이주민의 문제와 사회복지의 과제" 연세대 통일연
　　구원, 「통일연구」 제9권 제2호(2005), 161에서 거듭인용.

50) 이남석, 「차이의 정치-이제 소수를 위하여」(서울: 책세상, 2001[2005]), 25-32.

51) 윤수종 엮음, 「다르게 사는 사람들: 우리 사회의 소수자들 이야기」(서울: 이학사, 2002), 윤수종 외 지음,
　　「우리시대의 소수자운동」(서울: 이학사, 2005)

52) 윤수종, "우리 시대 소수자운동의 특성과 함의" 윤수종 외 지음, 위의 책, 17-31.

소수자 입장에서 볼 때 대의제 민주주의는 형식적 평등의 정당화, 지배이익의 정당화, 배제의 정당화, 보편성 강제의 정당화 등을 통해 소수자의 견해를 배제하는 불평등한 제도이다.[53] 북한이탈주민을 소수자라고 보는 것은 북한이탈주민이 출신지에 의해, 언어에 의해 식별되고, 숫자도 적을 뿐 아니라 북한의 학력이나 경력도 거의 인정받지 못해 정치적, 사회적, 경제적 권력에서 절대적으로 열세이며, 북한이탈주민이라는 사실이 알려지면 남한 사람들이 대하는 태도가 달라지고 취업이나 심지어는 아르바이트에서도 차별대우를 받는 집단이며, 다양한 차별을 받음으로 북한이탈주민끼리 조직이나 회합을 갖고 있기 때문이다. 북한이탈주민 선교를 소수자 선교라고 보는 것은 북한이탈주민을 북한 선교라는 원대한 목표를 위한 도구적 가치만을 지닌 존재로 보기보다는 남한 사회에서 소수자 집단으로 자신의 정체성을 인정하면서도 복음으로 그것을 넘어서서 다른 소수자들과 연대하여 다수자의 변화를, 남과 북의 상호변화를 일으키는 것을 목적으로 삼는 것이 보다 바람직하다고 보기 때문이다. 소수자 선교로서의 북한이탈주민 선교는 타문화권 선교로서의 북한이탈주민 선교를 보완할 것이다.

넷째 북한이탈주민 선교는 물질 지원이나 전도보다 그들이 받은 상처를 치유하는 치유가 우선 되어야 한다. 3년간 북한이탈주민의 사회적응 추적 연구에 의하면 종교기관이 금전적 지원을 주로 담당하는 것은 아쉬운 측면이 있다고 비판했다.[54] 그런데 치유는 상처받은 자가 자신의 상처를 열어 보이지 않는 한 치유가 불가능하다. 한국교회와 선교단체는 이렇게 자신을 열어 보일 수 있도록 북한이탈주민으로부터 신뢰를 얻어야 한다. 난민이나

---

53) 이남석, 위의 책, 36–50.

54) 유시은 외 4명, "남한 내 북한이탈주민의 3년간 사회적응 추적 연구—2001년부터 2004년까지 생활과 교육을 중심으로—" 연세대 통일연구원, 『통일연구』 제9권 1호(2005), 97.

이민자들이 새로운 사회에서 적응한 내용을 북한이탈주민의 사회적응에 적용한 전우택의 연구에 의하면 북한이탈주민들 사이의 개인차가 무시되는 것이 문제라고 지적했고, 더 큰 문제는 그들의 "북한에서의 삶과 그것이 가진 의미를 완전히 부정하고 있다는 것"이라고 했다. 그는 난민이나 이민자로서의 사회적응 4단계를 탈출 전 기간(1단계), 탈출기간(2단계), 망명신청 기간(3단계), 정착시기(4단계)로 분류했다.[55] 북한이탈주민의 경우 망명신청 기간은 남한 입국기간이 될 것이다. 각 시기별로 받는 고통과 아픔이 있다. 북한이탈주민 사회전기에서 본 것처럼 모두 남한 사회 적응 시 문화충격 이외에 한 가지 이상의 외상 후 스트레스 장애를 겪었다. 이런 상처를 치유하지 않으면 믿음을 지녔다고 하더라도 상황에 따라 부정적인 태도가 부단히 나타날 것이며 신앙의 성장이나 성숙에도 방해를 받을 것이다.

그런데 북한이탈주민 선교에 참여하는 교회나 선교단체 중에는 이런 치유에 주력하는 교회나 단체가 거의 없다. 자유시민대학이 하나의 모범이 된다. 이들의 치유에 대한 사례를 다룬 글도 많지 않다.[56] 비록 외상후 스트레스 장애를 지녔던 북한이탈주민에 대한 3년 추적 연구 결과 이런 장애를 지녔던 북한이탈주민들의 88.8%가 회복된 것으로 나타났다. 그 원인에 대해 소사자들은 "발북과성에서 경험한 외상은 외상의 심삭노라는 측년에서 전쟁이나 홀로코스트보다는 교통사고나 자연재해에 가까운 것으로 여

---

55) 전우택, 『사람의 통일을 위하여: 남·북한 사람들의 통합을 위한 사회정신의학적 고찰』(서울: 오름, 2000), 21-44. 난민이나 이민자들의 정착 단계를 1차적으로는 물질적 적응, 2차적으로는 공식적 사회구조에 적응, 3차적으로는 사회문화에 적응해 나간다는 보고가 있다(각주 20번 참조).

56) 박종우, 「북한이탈주민의 남한문화 갈등 내적 치유를 위한 방안」 장로회신학대학교 목회전문대학원 미간행 석사학위 논문(2004), 이 논문은 IV장에서 사회생활과 심리정신의 측면에서 치유사례를 분석하고 있지만 사례가 적고 심층연구도 설문조사를 통한 연구도 아니라는 한계가 있다. 임두한, 「탈북자 대상 치유 선교 프로그램에 관한 고찰-재중 탈북자를 중심으로-」 총신대 신학대학원 미간행 석사학위 논문(2002), 이 논문은 재중 탈북자를 다뤘고, 본인과 다른 사람을 통한 간접적으로 사례를 수집했고 남녀 비율의 차이가 너무 크지만(28:8), 36명의 사례를 모았고, 어린이, 여성, 청소년, 성인 남성 등으로 분류해서 분석했고, 치유가 이뤄진 유형을 예배, 기도, 말씀선포와 성경읽기, 찬양, 공동체의 사랑과 상담 등으로 분류한 것이 장점이라 하겠다.

길 수 있다는 가능성"과 "남한 사회에 성공적으로 입국하고 난 후 상대적으로 안정감을 느끼고 이것이 치료적인 요인으로 작용했을 가능성"이라고 해석했다.[57] 이에 대해 사회전기에 참여했던 한 북한이탈주민은 남한 사회에 외형적으로는 적응하고 남한 사회를 따라가려 하지만 그렇게 되지 않다가 어떤 사건에 접하면 잠재되어 있던 응어리(한, 상처)가 밖으로 표출된다고 했다(사회전기 9). 바꿔 말하면 북한이탈주민이 지녔던 상처들이 외형적으로는 사라진 것처럼 보이지만 남한 사회에 완전히 적응하지 못하기 때문에 어떤 사건을 계기로 잠재되어 있던 상처들이 표출된다는 말이다. 그러므로 상처들이 치유되지 않으면 남한 사회나 교회에 대한 부정적 태도나 반응이 지속될 가능성이 높다고 하겠다. 이런 상처들이 치유되어야 사회에 잘 적응할 수 있을 뿐 아니라 새로운 정체성을 형성하고 신앙이 성장, 성숙할 수 있을 것이다.

다섯째 북한이탈주민 선교는 그들이 필요한 것을 알고 생존을 지원하되 섬김과 나눔의 정신으로, 사랑으로 해야 한다. 타문화권 선교, 치유 선교, 섬김과 나눔의 선교를 하되 그들의 상처가 치유되고 상호간에 다른 문화를 이해하면서 상당한 기간 북한이탈주민의 변화와 성장을 참고 기다리는 십자가 선교를 해야 한다. 십자가의 핵심은 부당한 고난을 사랑으로 감당함으로써 구원을 이루는 것처럼 북한이탈주민 선교에 참여하는 목회자나 교인들은 선의의 말이나 행동에 대해 북한이탈주민들로부터 오는 부당한 반응이나 언행을 참고 견디되 사랑으로 기도로 인내해야 한다. 그렇지 않으면 북한이탈주민 선교에 참여하면서도 뒤로 돌아서서는 그들을 욕할 수밖에 없고 그들의 구원을 이루지 못 한다. 북한이탈주민들의 신뢰를 얻는 길

---

57) 홍창형 외 8명, "북한이탈주민의 외상후 스트레스장애에 대한 3년 추적연구" 대한신경정신의학, 「신경정신의학」 제45권 1호(2006. 1.), 51, 53.

은 일방적으로 물질을 지원해서는 안 되고, 그들이 필요한 것을 이해해야 하고, 그런 것들을 지원하되 섬김을 받는 자가 크다는 정신으로, 하나님께 받은 것을 사랑으로 나누는 자세로 지속적으로 하되 때로는 그들의 이해할 수 없는 반응까지도 문화적 차이로 인하거나 그들의 현재 상황에서 오는 것으로 이해하고 감싸주고 때로는 속아줄 자세로 섬겨야 한다.

조용관에 의하면 북한이탈주민이 과거를 과장하거나 없는 사실을 만들어 말하거나 약속을 지키지 않거나 자기 편한대로 바꾸거나 이런 일들이 반복되면 남한 사람들은 대부분 이들을 가까이 하려 하지 않는다고 한다. 만약 이런 경우 왜 거짓말 하냐고 물으면 교회를 나오지 않거나 다시는 만나려 하지 않을 것이다. 이럴 경우 선교적 접촉점을 잃어버리기 때문에 설사 거짓말을 해도 계속해서 속아주고 인내할 때 그들은 진실한 모습을 보여준다고 한다. 북한에서는 약속을 지킬 만큼 시간에 얽매여 살아본 사람들도 아니기 때문에 우리의 시간관념 잣대로 북한이탈주민을 평가해서는 맞을리가 없다. 탕자를 기다리는 주님의 마음으로 그들을 품어야 한다고 강조한다.[58]

그런데 여기서도 문제가 되는 것은 남북간 문화적 차이다. 전우택은 통일이 되면 남북한 사람들이 과연 잘 살 수 있을까를 정신, 사회적 측면에서의 통합 전망을 해 보았다. 남북한 사이의 정신적 차이를 비교하면서 이런 차이에 근거해 북한 사람들에게 예상되는 문제점들을 제시하고 남한이 어떻게 준비할지를 제안했다.[59] 그는 북한이탈주민을 통해 남북한 사람들의 통합 전망을 살펴보았다. 북한이탈주민들을 통해 북한 사람들의 심리적 특징

---

58) 조용관, "탈북자, 21세기 북한선교의 화두" 조용관, 김병로 지음, 위의 책, 154-55.
59) 전우택, "통일이 되면 남북한 사람들은 과연 함께 잘 살 수 있을까?: 정신, 사회적 측면에서의 통합 전망" 연세대 통일연구원, 『통일연구』 제5권 2호(2001), 47-64.

을 알아보고 이를 통해 남북 사이의 이질화 극복 방안들을 제시했다.[60] 또 북한이탈주민의 남한사회적응과 심리적 갈등을 연계시키고 그 극복방안을 제시했다.[61] 그런데 조한혜정은 북한사람만 이중적인 것이 아니라 남한 사람도 상당 부분 이중적임을 지적했다. 이것은 동일한 분단체제에서 비롯된 것으로 볼 수 있다. 그래서 그녀는 통일 논의의 문화적 전제로서 냉전체제의 패러다임으로부터 문화적 상대주의로 패러다임이 전환되어야 한다고 주장한다.[62] 이와 같이 문화에 대한 서로의 차이를 배우고 문화적으로 양가적이거나 이중적인 것에서 남북 사이에 유사성이 있다는 점도 인정되어야 하고, 또 통일 논의나 북한이탈주민 선교에서 문화적 상대주의로 접근한다면 북한이탈주민과 남한 그리스도인/주민 사이의 의사소통이 진전될 수 있고, 교제가 신뢰 속에서 이뤄질 수 있을 것이다. 섬김과 나눔의 선교, 십자가 선교의 핵심은 북한이탈주민의 문화적, 사회적, 정신적 배경에 대한 이해와 우리 자신이 지닌 배경 사이의 차이를 식별할 뿐 아니라, 남북 사이의 유사성도 찾아서 이것이 분단체제에서 비롯된 것임을 깨닫고 이것을 깨뜨리기 위해, 북한이탈주민과 우리 자신의 상호변화를 추구하고 그런 과정에서 성령께서 우리 모두를 이끄시는 "제 3의길(정체성)"을 찾는 것이다.

여섯째 북한이탈주민 선교는 북한이탈주민과 남한 교인의 협력 속에서 이뤄져야 한다. 북한이탈주민 교회도 남한 교회의 지원과 협력을 필요로 한다. 북한이탈주민 선교에 참여하는 남한 교회도 북한이탈주민 그리스도인들의 도움을 필요로 한다. 따라서 바람직한 북한이탈주민 선교는 북한이탈주민 그리스도인들과 남한 교회 사이의 협력 속에서 이뤄져야 한다. 북한이

---

60) 전우택, "탈북자를 통하여 보는 남북한 사람들의 통합 전망" 연세대 통일연구원, 『통일연구』 제6권 1호 (2002), 47–59.
61) 전우택, 『사람의 통일을 위하여』 제 9장, 제10장.
62) 조한혜정, "통일 공간과 문화: 비판적 재해석" 조한혜정, 이우영 엮음, 위의 책, 318–29.

탈주민 선교가 북한이탈주민 교인에 의해서 독점되어야 한다는 것은 신앙
적으로 아집이고 문화적으로도 독단이다. 따라서 북한 선교도 북한이탈주
민들에 의해 독점된다는 것은 매우 위험한 발상이다. 다만 북한이탈주민이
잘 할 수 있는 분야가 있고 남한 교회가 더 잘 할 수 있는 부분이 있겠지만
결국은 상호협력이 이뤄져야 북한 선교도 제대로 된다. 북한 선교를 준비하
기 위해서는 훌륭한 북한이탈주민 그리스도인 선교사가 훈련되어져야 한
다. 아울러 교회 교육을 통한 남한 교인의 변화와 사회 교육을 통한 남한 사
람들의 변화가 동반되어야 한다. 그런 과정에서 남과 북 사이에 상호변형이
이뤄지고, 남이나 북이 아닌 제 3의 정체성 찾기가 가능할 것이다.

일곱째 북한이탈주민 선교는 이러한 방향으로 선교를 진행하도록 참여
자들에 대한 재교육이 필요하다. 이상에서 제기된 북한이탈주민 선교 과제
를 생각해 볼 때 북한이탈주민 선교에 참여하는 목회자나 선교단체 관련자
들을 재교육하는 것이 시급하다. 참고로 북한이탈주민과 직접 접촉을 했던
사람들과의 신뢰도를 알아보자. 북한이탈주민과 보호담당관 사이의 신뢰
관계는 서로의 신뢰관계가 거의 절반(42.9%)을 차지하고 신뢰도 불신도
아닌 경우가 절반을 차지했다.[63] 실무자(통일부 정착지원과, 하나원)들과
북한이탈주민 사이의 신뢰도는 북한이탈주민에 대한 실무자의 신뢰도는
낮은 편이지만(29.4%, 신뢰도 불신도 아님이 45.1%), 북한이탈주민들이
자신들을 대체로 신뢰할 것으로 예측했다(68.6%).[64] 즉 실무자들은 자신들
은 북한이탈주민을 크게 신뢰하지 않으면서도 북한이탈주민으로부터는 신
뢰받을 것으로 기대하는 이중성을 보인다. 자원봉사자의 경우 북한이탈주
민이 어느 정도 자원봉사자를 신뢰한다고 생각하는가 하는 질문에 33.3%

---

63) 이금순 외 9명, 『북한이탈주민 적응실태 연구』(서울: 통일연구원, 2003), 332.
64) 위의 책, 351-52.

가 신뢰도 불신도 아니라고 했고, 신뢰의 경우가 15.7%, 불신이 9.8%였다. 자원봉사자들은 북한이탈주민을 신뢰도 불신도 아닌 경우가 다수였고 (54.9%), 신뢰가 23.6%, 불신이 15.7%였다.[65] 자원봉사자의 경우 실무자에게서 보이는 이중성은 보이지 않지만 신뢰나 불신, 둘 다 아닌 경우 모두가 증가했다. 북한이탈주민 선교에 참여하는 목회자나 교인들과 북한이탈주민 사이의 신뢰도를 측정한 자료를 찾지 못했다. 그러나 다른 집단과 비교한 조사 결과에 의하면 북한이탈주민에 대한 신뢰와 수용에 있어서 북한이탈주민과의 접촉 경험이 없는 무경험 집단보다 높은 집단이 대안학교 교사와 대학급우였던데 반해, 낮은 집단이 교인, 공무원, 보호담당 형사였다. 북한이탈주민에 대한 연민의 정서는 이들 집단 가운데 교인이 가장 낮았다.[66] 낮은 신뢰도는 그만큼 북한이탈주민의 문화나 삶에 대한 이해나 공감이 부족하다는 점을 드러낸다고 본다. 따라서 이런 자료에 근거해 볼 때 재교육이 시급하다고 생각한다.

여덟째 이러한 방향을 제시할 북한이탈주민 선교 매뉴얼을 만들고, 성경공부 교재나, 치유의 모범 사례를 발굴해야 한다. 북한이탈주민 선교 매뉴얼에는 선교 목적, 선교 방식, 치유와 상담 방식, 자원봉사자 훈련, 재정 지원 주의사항 등을 포함해야 한다.

마지막으로 북한이탈주민 선교가 지역의 다른 활동과 결합하여 지역에서의 정착과 활동을 지원하도록 해야 한다. 대부분의 비정부기구(NGO)나 단체들은 전국적인 규모나 단위로 활동을 하고 있지만 지역밀착적인 프로그램이 실시될 필요가 있다.[67] 하나원 퇴소 후 지역사회에 정착하는 것을

---

65) 위의 책, 372-3.

66) 양계민, 정진경, "남한 사람들의 신뢰와 수용" 정병호, 전우택, 정진경 엮음, 『웰컴투 코리아: 북조선 사람들의 남한살이』(서울: 한양대학교출판부, 2006), 74-6.

67) 이우영, 『북한이탈주민의 지역사회 정착』(서울: 통일연구원, 2003), 56.

돕는 정착도우미 제도가 2005년부터 실시되었다. 대한적십자사(80%)나 지역 복지관(8군데, 20%)의 정착도우미가 북한이탈주민의 지역 정착을 지원한다.[68] 물론 교회도 대성공사 안에서는 평화교회, 하나원에서는 하나교회, 하나원 퇴소시 교회들이 다양한 지원을 하지만 지역에서 정착을 지원하는 교회는 아직은 없는 것 같다. 대부분의 북한이탈주민 선교를 하는 선교단체나 교회들은 전국적인 조직이거나 중대형교회로서 지역사회의 북한이탈주민의 정착에 도우미로 나서지 못하고 있다. 특히 서울의 경우 북한이탈주민들이 많이 모여 사는 강서구, 양천구, 노원구, 송파구에서는 북한이탈주민 선교가 지역교회나 노회를 중심으로, 동이나 구 단위로 진행되는 것이 바람직하다. 정착도우미로 훈련받고 정착 초기부터 지원하는 것을 포함하여 지역사회에 정착하는 일에 적극 참여하는 것이 바람직하다.

3) 북한이탈주민 선교의 전망

첫째 북한이탈주민 선교는 소수자 선교를 통해 정착을 지원하며, 남한 교회와 사회의 변화를 유도하면서 이주민 선교의 특성을 지니게 될 것이다. 아직도 북한이탈주민에 대해서는 난민, 이주민, 소수자 등 다양한 성격 규정이 있다. 이는 우리 사회에서 북한이탈주민의 위상이 아직도 확정되지 않았음을 뜻한다. 그렇지만 일부에서는 북한이탈주민을 이주민으로 보고 있는데 시간이 지나면서 이런 주장이 더 설득력을 얻을 수 있을 것이다.[69]

---

68) "탈북자 1만명 시대를 준비하라"「뉴스메이커」제675호(2006. 5. 23), 22.

69) 조한혜정, "통일공간과 문화", 324. (탈북자보다는 이주자라는 용어를 사용하자─ 극동방송 탈북자 지원 담당 과장 임재동 씨 제안을 소개). 이금순, "여성이주자의 사회적응과정 연구─북한이탈주민 사례를 중심으로─"「아시아여성연구」제45집 1호(2006), 193. (탈북을 '난민' 차원에서 접근하기에는 한계가 있기 때문에 '이주자' 차원에서 논의할 필요가 있다) 정병호, "탈북 이주민들의 환상과 부적응: 남한 사회의 인식 혼란과 그 영향을 중심으로" 서울대학교 비교문화연구소「비교문화연구」제10집 1호(2004), 37.(탈북자들이 현실적으로 하나의 이주민 소수자 집단을 형성하기 시작했다)

지난 20년 동안 우리 사회는 알게 모르게 이주노동자를 받아왔다. 그 과정에서 초기에는 법적인 장치 없이 이주노동자들을 받아들였고, 90년대에는 그들의 인권의 문제가 가장 심각했다면, 2000년대에 들어와서는 시민권이나 자녀 교육권 등 새로운 문제가 대두되기 시작했다. 마찬가지로 북한이탈주민 1만 명 시대로 진입하면서 우리 사회에서는 북한이탈주민에 대한 시각이 달라질 것이다. 물론 북한이탈주민들은 정치세력화 하려 하겠지만, 우리 사회는 이주민으로 그들을 바라보는 시각이 늘어날 것이다. 이것은 이주노동자의 증가에도 일정 부분 영향을 받은 것이다.

둘째 북한이탈주민 선교는 북한이탈주민 가운데 다양한 일꾼을 양성하면서 남북교류와 협력에도 기여하는 일꾼을 길러냄으로써 평화통일의 초석을 놓아야 할 것이다. 현재까지는 북한이탈주민들이 북한에서 지녔던 학력이나 경력을 거의 인정받지 못하고 있다. 그러나 이는 장차 극복될 과제로서 남북 교류나 협력을 위해서는 이들의 경력이나 전문성이 인정되어야 한다.

셋째 북한이탈주민 선교는 북한이탈주민 선교에 참여하는 남한의 그리스도인들이나 북한이탈주민을 훈련시켜 북한이탈주민 치유와 상담의 전문가로 양성함을 통해 장차 평화통일이 이뤄졌을 때 북한의 주민들에게 보다 준비된 가운데 상담과 치유의 사역을 감당하게 될 것이다.

넷째 북한이탈주민 선교는 북한이탈주민 가운데 상처를 치유하고 신앙이 성장하고 성숙된 자들을 훈련하여 북한 선교나 평화통일의 일꾼을 양성함으로써 평화통일 선교의 기반을 다져야 할 것이다.

다섯째 북한이탈주민 선교는 북한이탈주민의 변화 뿐 아니라 남한교회와 사회의 변화의 길을 모색함으로써 사람의 통일의 길을 제시하고 구체적인 훈련을 하도록 해야 할 것이다.

마지막으로 북한이탈주민 선교와 북한 선교를 분리하고, 탈북자와 그들의 입국에 대한 중장기적인 대안을 북한 경제 회복과 재건지원으로 세워야할 것이다. 남한 정부는 언제까지, 몇 명까지 북한이탈주민을 받을 수 있을 것인가? 아마도 중국에 있는 모든 탈북자들의 입국은 현실적으로 어려울 것이다. 또한 남한 정부의 북한이탈주민 지원 예산에도 한계가 있다. 그리고 이제까지 적은 수의 북한이탈주민이 입국했는데도 남한 사회가 이렇게 감당하지 못 하고 있는데 과연 무작정 받기만 해도 되는가? 김귀옥은 재외 탈북자의 인권 회복 방안으로 귀향권 보장과 해당국가와의 외교적 타결을 주장했다.[70] 비록 북한이탈주민 선교가 국내 정착에 초점을 맞추긴 하지만 재외 탈북자나 탈북이 생길 수밖에 없는 북한의 사정 등이 서로 연계되어 있기 때문에 중장기적 대안을 생각하지 않을 수 없다. 중장기적 관점은 한반도의 평화와 민족의 평화통일의 시각에서 찾아야 한다.

나오는 글

북한이탈수민은 남한 사회에 정착하는네 심각한 어려움을 겪고 있음이 최근 조사에서 밝혀졌다. 또 한국교회의 북한이탈주민 선교는 신자들이 비신자들보다 교회에 더 부정적 태도를 보임으로써 북한이탈주민 선교가 심각한 문제를 안고 있음을 드러냈다. 북한이탈주민 선교의 대안을 찾기 위해 9명의 신앙을 가진 북한이탈주민을 심층 면접하여 그들의 사회전기를 작성했다. 북한에서 태어나고 성장하여 탈북과정, 남한 입국과정과 정착 과정, 그

---

70) 김귀옥, "'귀향권 보장' 등 남북 공조로 해법 찾자" 월간 『말』(2004. 9.) 75.

리고 신앙을 갖게 된 계기와 북한이탈주민 선교에 대한 문제제기와 다양한 목소리를 듣고 정리하여 북한이탈주민 스스로 제안하는 북한이탈주민 선교 방법을 모색했다. 신앙을 바르게 전하고, 치유선교를 우선적으로 하고, 필요한 물질을 지원하되 나눔과 사랑의 태도로 하고, 인내하고 기다리는 십자가 선교를 하며, 사람의 통일을 위한 상호이해와 변화 등을 제시했다.

북한이탈주민의 실태와 다양한 문제들을 또한 살펴보았다. 경제적, 사회적 적응도 어렵지만, 문화적, 심리적 적응도 아주 큰 문제라고 지적되었다. 또 여성 북한이탈주민의 문제도 심각히 다뤄야 하며 북한이탈주민의 문제만이 아니라 남한 사회의 문제도 다뤄야 했다. 이런 과정에서 북한이탈주민 선교를 위한 전제들을 확인하고, 타종교와의 대화지침, 타문화권 선교, 소수자 선교 등의 새로운 시각과 치유선교, 십자가 선교, 지역선교 등이 선교과제로 제시되었다. 북한이탈주민 선교의 전망으로 이주민 선교, 남북교류와 협력의 일꾼, 북한 선교를 위한 전문 일꾼(상담자, 치유자) 양성, 평화통일의 일꾼 양성, 남한 사회와 교회의 변화, 그리고 북한이탈주민 선교와 북한 선교의 분리 속에서 탈북자에 대한 중장기 대안을 북한 경제의 회복과 재건 등을 통한 한반도 평화정착으로 제시했다.

어느 북한이탈주민은 탈북 직후 아버지가 찬양을 부르며 기독교 신앙인임을 고백하는 것을 보고 충격을 받았다고 했다. 그 때 종교를 전혀 모르던 자신은 초자연적인 신을 믿는 믿음을 가진 사람 앞에서 두려움을 느꼈다고 했고, 배신감도 느꼈으며, 공산주의가 기독교를 이길 수 없음을 깨달았다고 했다.[71] 비록 북한이탈주민이나 남한 그리스도인이나 이질적인 문화와 체제 속에서 너무나 오랫동안 살아왔기 때문에 더불어 살기가 어렵고 상호

---

71) 전우택, 조영아, "탈북자들의 신앙경험과 교회의 통일 준비" 연세대 통일연구원, 「통일연구」 제7권 2호 (2003), 124.

이해와 상호변형이 말처럼 쉽지는 않지만 초월적인 하나님을 믿는 신앙으로 인해 남북 사이에 예수 그리스도라는 다리를 통해 만남이 이뤄질 수 있음을 이 사례는 제시한다고 본다. 그러한 만남은 북한이탈주민의 문제가 "저들의 문제"가 아니라 "우리의 문제"[72]가 될 때, "같은 민족을 넘어 같은 사회인으로 살아가기"[73]를 할 때 이뤄질 수 있을 것이다.

---

72) 김수암, "시론" 동아일보(2004. 12. 28.)

73) 서지영, "탈북자라는 새로운 이방인, 새내기 국민" 『황해문화』 제50호(2006 봄), 258.

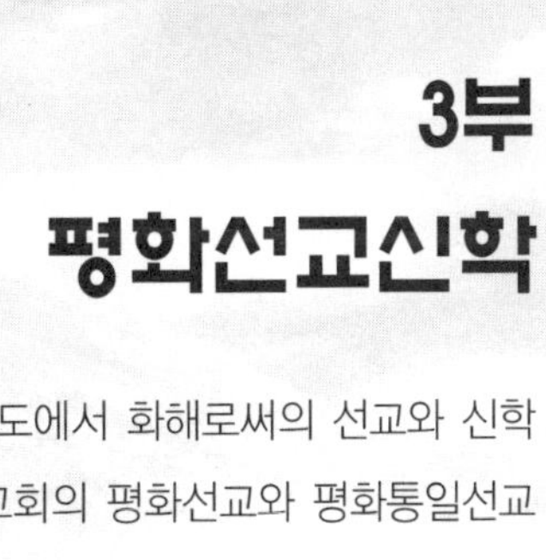

3부
평화선교신학

7장_ 한반도에서 화해로써의 선교와 신학

들어가는 말

우리 사회의 최근 가장 큰 관심사 가운데 하나는 양극화 해소다. 이러한 문제가 우리사회가 당면한 현안이다. 반면에 해방과 분단 60주년을 넘기면서도, 한국전쟁이 끝난 지 반 세기가 지났는데도 아직까지 과거의 상처를 치유하지 못할 뿐 아니라 '북한핵' 문제나 '독도' 문제가 새롭게 제기됨을 통해 우리사회는 과거사 청산이라는 역사적 과제를 안고 있음을 깨닫는다. 그런데 3·1절에 시청 앞에서 미국 국기를 흔들며 우리나라 대통령을 욕하고 미국 대통령을 칭송하는 행태를 일부 개신교인들이 보여줬다. 2005년 8월에는 독일 쾰른에서 세계가톨릭청년대회가 열려 197개 나라 10만 명이 참여했다. 새로 선출된 교황 베네딕트 16세는 이 대회 참석 중 유대교 회당을 방문해 "과거 나치 정권 아래서 행해진 홀로코스트는 상상할 수도 없는 큰 범죄였다."고 고백했다. 이슬람 단체 지도자들과의 대화에서는 "두 종교 간에 피의 역사가 있었다. 종교의 이름으로 저질러진 잔혹한 행위가 부끄럽다.”고 했다.[1] 두 사건에 나타난 과거를 기억하는 방식의 차이가 오늘의 젊은이들에게는 어떻게 받아들여질까? 과거의 아픈 기억을 되살리되 상처를 치유하고 민족의 미래를 새롭게 건설하려 하기 화해하게 하는 것이 교회에게 주어진 “화해의 직책”이다. 장신대 설립자 마포삼열 박사의 아들인 마삼락 박사가 이 년 전 장신대 채플에서 한 설교에서 선교의 초석 가운데 하나가 하나님의 사랑, 이웃사랑이라고 했다. 평양이 동양의 예루살렘이었던 때가 있었지만 오늘의 그리스도인들은 평양을 원수처럼 미워하기보다는 이웃으로 사랑하는 것이 선교의 올바른 자세라고 했다.

한국전쟁 이후 50년 동안 금기처럼 되었던 한국전쟁전후 민간인 학살 등의 이야기들이 2000년부터 ‘이제는 말할 수 있다’ 는 프로그램을 통해 방송되기 시작했다. 황석영은 『손님』이라는 소설에서 황해도 신천의 민간인 학살이 남한 기독교인에 의해 저질러진 것으로 그렸다. 대통령직속기관으로서의 의문사진상규명위원회는 삼선개헌 이후의 국가 폭력에 의해 저질러진 의문사를 국가가 공식적으로 조사했다. 과거의 기억을 통해 역사적 상처를 치유하고 새로운 미래를 향해 나아가는 길도 있지만, 계속해서 과거의 이야기를 고집하는 세력들도 우리 사회에 팽배해 있다. 그러나 이것은 우리나라만 그런 것이 아니다. 중국의 동북공정이나 일본의 왜곡된 역사인식과 그것을 부추기는 정권이나 정치가들을 보면서 과거의 고통스런 기억에 대한 치유가 역사의 문제가 아니라 오늘 우리의 문제이며, 미래의 문제임을 깨닫게 된다. 신자유주의적 지구자본주의에 의해 전 세계적으로 많은 사람들이 고통을 받고 가정이 해체되며 사회가 해체되고 생태계의 위

---

1) “‘십자군 전쟁’ 참회합니다” 주간동아(2005년 9월 13일), 50-51. 교황은 라칭거 추기경 시절 국제신학위원회 위원장으로 2000년 대희년을 경축하기 위해 ‘교회와 과거의 잘못’ 이라는 주제를 연구하도록 제안했고 그 결과가 “기억과 화해: 교회와 과거의 잘못”이라는 문서가 나왔다.

기가 고조되는 이 때에 치유와 화해의 문제는 매우 시급한 문제다.

이 글은 '역사의 숙제'처럼 우리에게 주어진 과거사 청산의 과제를 기독교의 화해의 신학적 관점에서 볼 때 한국교회가 어떻게 대응해야 하는가를 모색하고자 한다. 이를 위해 1장에서는 우리 사회의 과거사 극복이 어느 정도 진행되었는지를 간단히 살피면서 교회의 노력도 다루려 한다. 2장에서는 화해에 대한 성서적, 신학적 이해를 하고자 한다. 화해신학과 관련해 주요 신학자들의 논의를 소개하기 전에 기억과 신학의 관계에 대해 언급하려 한다. 로버트 쉬라이터와 미로슬라프 볼프의 화해신학은 자세히 소개하고, 그레고리 죤스와 도날드 쉬라이버의 화해신학에 대해서는 개요만 소개하려 한다. 쉬라이터는 '화해로써의 선교'를 주장할 만큼 화해에 대한 연구를 1990년대 초반부터 해왔다. 볼프는 구 유고슬라비아 학살의 아픔을 공유한 학자로 그의 책은 상당한 공감을 불러왔다. 죤스는 화해신학을 삼위일체 신론에 근거한 점에서, 쉬라이버는 용서를 정치 영역에서 보려는 것이 큰 특징이다. 3장에서는 세계교회의 화해 사례 세 가지를 제시했다. 칠레 사례는 1973년 쿠테타 이후 1990년 민간정부 수립에 이르기까지 로마 가톨릭 교회가 보여준 화해의 행위 다섯 가지를 제시하려 한다. 팔레스타인 사례는 1987년 이후 기독교계 팔레스타인의 평화 센터가 이스라엘과의 평화에 어떤 영향을 주는가를 살펴보려 한다. 남아프리카공화국 사례는 비교적 잘 알려져 있어 그에 대한 평가를 좀 더 자세히 소개하고자 한다. 4장에서는 민족의 치유와 화해를 위한 한국교회의 과제들을 제시하고자 한다. 이렇게 해서 전쟁을 경험하고 아직도 그 상처가 치유되지 않은, 전쟁 위기가 반복적으로 고조되는 한반도에서 화해로써의 선교를 하나의 중요한 선교 패러다임으로 제시하고자 한다.

평화(샬롬)나 화해는 인간과 하나님, 인간과 인간, 인간과 피조물 사이의 관계의 변화를 말한다. 그러나 이 글은 과거사 청산의 측면을 강조하기 때문에 인간과 피조물의 관계에 대해서는 깊이 다루지 못한다. 또 경제적인 측면에 대해서도 거의 다루지 못한다.

1. 남한 사회와 과거사 청산

전쟁이나 폭력을 예방하는 것도 평화를 위해 필요한 활동이지만, 이미 전쟁이나 폭력을 경험한 개인 사이에, 사회 사이에는 치유와 화해가 필수적이다. 이런 치유 과정이나 화해 과정 없이 '시간이 약' 이라며 과거의 잘못이나 죄가 잊혀지기를 바라는 것은 어리석은 일이다. 왜냐하면 과거의 진실이 밝혀지지 않은 상황에서 망각되기를 바라는 것은 피해자의 상처를 치유할 기회를 빼앗고, 가해자의 죄의식으로부터의 해방의 기회를 박탈함으로써 양자 모두의 인간화를 거스르기 때문이다. 과거사 청산이라 함은 "과거의 공권력의 불법 행사에 의해 발생한 각종 인적 물적 피해의 진상을 규명하고 가해자를 처벌하고, 피해자의 명예를 회복시키고, 책임주체가 사과를 하고, 피해자에 대해 적절한 보상(배상)을 실시하는 등의 일련의 조치"이다.[2] 과거사 청산은 진상규명, 가해자 처벌, 피해자 명예회복, 사과, 보상과 배상, 기념사업 위령사업, 역사 교육 등으로 이뤄진다. 과거사 청산 대상은 첫째 일제식민지 유산으로 반민특위가 해체되면서 첫 작업이 무산되었다. 둘째 4월 혁명 이후 진행되었던 이승만 정권하의 반민주행위와 부정선거, 부정축재에 대한 것으로 5·16 군사 쿠테타에 의해 좌절되었다. 셋째 한일협정 체결을 정점으로 일제 식민지 유산의 청산 요구로서 굴욕적

---

2) 김동춘, "한국 과거청산의 성격과 방향" 「민주사회와 정책연구」 통권 8호(2005년 하반기), 21–22.

협상으로 인해 물 건너갔다. 넷째 박 정권의 몰락 이후 신군부가 권력을 장악하는 과정에서 자행한 국가폭력에 대한 것이었다. 1988년 광주청문회가 시작되었으나 1989년 12월에 종결되었다. 1990년 민자당의 날치기로 통과된 '광주민주화운동 관련자 보상 등에 관한 법률'로 과거청산을 금전으로 해결하는 듯 했다. 김영삼 정권은 '역사 바로 세우기'를 시도했으나 과거청산에 대해 확고한 의지를 갖지 않았다. 1995년 12월 5·18특별법이 제정되었다. 다섯째 한국전쟁기 전후로 발생한 민간인 학살과 민주화운동에 대한 것이다. 1996년에 '거창사건 등 관련자의 명예회복에 관한 특별조치법'이 제정되었다. 5·18특별법과 거창특별법은 제주 4·3사건의 특별법 제정활동을 추진하는 계기가 되었다.[3]

한편 전국민족민주유가족협의회의 국회 앞에서 422일 간의 천막농성을 포함한 14년의 활동에 의해 의문사 진상규명에 관한 특별법이 1999년에 통과되고 의문사진상규명위원회가 구성되었다. 남아공의 진실과화해위원회를 모델로 해서 만들어졌지만 사면권도 조사권도 없고, 조사 대상도 1969년 삼선 개헌 이후의 사건에 제한되어 있다. 2000년 10월부터 2002년 9월까지의 1기 활동은 83건 가운데 19건을 민주화운동으로 인정했고, 33건은 기각했으며, 30건은 진상규명 불능 판정을 내렸다.[4] 2기 활동은 44건 가운데 11건을 민주화운동으로 인정했고 7건은 기각했으며 24건은 진상규명 불능 판정을 내렸다. 위원회는 민간인과 관료들로 구성되어 양자 간에 갈등이 있었다. 2기에는 장기수 건을 민주화운동으로 인정하면서 사회적 논란을 불러일으키기도 했다. 그런데 개별 의문사 중심으로 사건을 다루다 보니 개별 사건에 국한되어 그런 사건들을 발생시킨 구조적인 문제

---

3) 정호기, "한국 과거청산의 성과와 전망" 「역사비평」 69호(2004년 겨울), 241-43.
4) 홍석률, "의문사 진상규명" 「민주사회와 정책연구」 통권 8호(2005년 하반기), 115-19.

에 대한 보다 종합적인 진상규명이 소홀했다.[5] 2001년 우리나라를 방문했던 남아공의 파즐 란데라는 "한국의 진상규명위원회가 하는 일이 '진실과 화해위원회'가 했던 일보다 훨씬 어렵다고 생각하는데, 우선 눈에 띄는 것은 사면권이 없다는 것이며, 둘째는 오래된 일을 너무 뒤늦게 조사한다는 점"[6]이라 했다. 그리고 의문사의 진상 규명에 초점이 맞춰져 있지, 피해자 유족들의 증언을 듣는 청문회가 없다는 것과, 위원회의 활동에 일반인들 뿐 아니라 종교인들의 관심이 거의 없다는 점이 문제였다. 종교인들의 관심과 참여, 특히 교회의 평화운동으로 이러한 화해 활동에 적극 참여하거나 관심을 갖는 것이 필요하다.

의문사진상규명위원회는 한반도의 평화와 통일을 위해 나아가는 먼 여정의 출발에 불과하다. 멀리는 일제하 '정신대', 징병, 징용 일제, 친일잔재 청산, 한국전쟁 전후 미군, 국군, 경찰, 인민군에 의한 민간인 학살 진상규명, 그리고 베트남전 당시 한국군에 의한 민간인 학살 등 우리의 과거청산은 민족의 화해, 평화와 통일을 위한 필수 불가결한 작업이다. 이것이 어떻게 정리되느냐에 따라 21세기 민족의 미래가 달려있다고 해도 과언이 아니다. 이를 위해 정부는 여러 가지 특별법을 제정했다. 민간인 차원에서는 한국전쟁 전후 민간인 학살 진상규명과 명예회복을 위한 범국민위원회, 미군 학살만행 진상규명 전민족특별조사위원회, 베트남전 민간인학살진실위원회 등이 구성되어 있다.

한국전쟁 당시 미군의 민간인 학살 책임을 규명하기 위한 상징적인 국제민간법정인 코리아 국제전범재판이 2001년 6월 24일 미국 뉴욕 인터처치 센터에서 열렸다. 수석검사인 클라크 전 미국법무장관은 미국은 한국전쟁

---

5) 위의 글, 128.
6) 황인성, "진실, 그리고 반성과 화해의 용기" 「당대비평」 제16호(2001년 가을), 189-90.

당시 100만 명이 넘는 민간인을 학살하는 등의 범죄를 저질렀다고 했다. 미군 학살만행 진상규명 전민족특별조사위원회는 한국전쟁 당시 미군이 민간인 학살을 저지른 곳은 충북 영동 노근리 등 남쪽에서만 60곳이 넘으며, 북쪽 지역에서도 황해도 은율 등 100곳을 넘는다고 주장했다. 26명의 배심원들은 미국 대통령들과 장관, 군 책임자들에게 유죄를 선고했다.[7] 그러나 한국전쟁 당시 우리의 민간인들은 미군에 의해서만 학살된 것이 아니다. 한국전쟁 전후해서 국군과 경찰에 의해 양민이 학살된 사건들을 국회 차원에서 '양민학살사건 진상조사 특별위원회'가 구성되어 1960년 5월 31일부터 6월 10일까지 조사한 보고서에 의하면 경상도와 전라도, 제주도 등 5개 도에서 양민 학살자가 8522명이라는 보고서가 나왔지만 5.16 쿠테타로 보고서가 방치되고 진상조사가 이뤄지지 않다가 지난 2001년 6월 11일 국회 대정부 질문에서 이런 사실이 밝혀졌다.[8] '한국전쟁 전후 민간인 학살 진상규명과 명예회복을 위한 범국민위원회'는 양민 학살 사건들에 대한 진상을 일괄적으로 밝히고 희생자들의 명예를 회복해달라는 내용의 특별법안을 2001년 4월 국회에 제출했다.

한반도에서 지난 반세기가 넘도록 수백만의 억울한 죽음들을 방치하고 교회는 민족의 평화와 화해와 통일을 말할 수 없다. 아니 번서 그 갈등과 증오의 역사 한 복판에서 이데올로기적으로 한 편에 서서 동족을 살해하는 일에 편들었던 교회로서는 과거 역사를 참회하는 일이 화해와 평화와 통일을 말하기에 앞서서 필요한 일이다. 그리고 민족의 비극 속에서 교회가 분열했던 죄를 또한 회개해야 할 것이다.

---

7) 한겨레신문(2001년 6월 25일)
8) 동아일보(2001년 6월 12일)

시민사회단체나 종교가 기여했던 것 두 가지만 들면 우선 '2000년 일본 군 성노예 전범 여성국제법정'이다. 이 법정은 베트남전에 대해 미국의 유 죄를 주장했던 버트란드 러셀과 싸르뜨르가 만들었던 민간법정을 모델로 했다. 재판관은 천황과 그의 측근을 유죄로 선고했다. 8개 국가에서 온 64 명의 일본군 성 노예였던 분들은 일생에서 가장 감격스런 시간이었을 것이 다. 여성 시민운동단체, 특히 기독 여성들의 공헌은 역사적으로 평가할 만 하다. 일본 법학자 아베에 의하면 이 법정의 성과는 서구적인 국제법을 아 시아의 국제법으로 만든 것, 국가와 국가간의 국제법을 모든 사람의 것으 로 만든 것과 남성 중심의 국제법을 젠더의 관점으로 바꾼 것이다.[9] 남과 북이 기소장을 함께 만든 것의 의의도 컸다. 다음으로는 2001년 5월 26일 지리산에서는 한국전쟁 때 지리산에서 숨진 군인, 민간인, 경찰, 빨치산 등 희생자들의 고혼을 달래는 '생명평화민족화해 지리산 위령제'가 열렸다. 위령제에는 희생자 유족, 불교, 개신교, 천주교, 유교, 원불교, 천도교 등 7 대 종단 신도들, 민예총, 환경운동연합, 경실련, 참여연대 등 192개 시민단 체 회원 등 5,000여 명이 참석했다.[10] 3·1운동이 종단들이 연합해서 이뤄 낸 사건인 것처럼 통일을 위한 민족 화해의 과정에도 종단간의 협력과 시 민단체의 참여가 필수적이다. 특히 종교 단체가 지닌 다양한 종교의식을 통해 화해를 기원하는 것이 필요하며 각 종단의 독특한 의식이 화해에 기 여할 수 있는 바가 클 것이다. 그리고 우리 사회에서 화해를 위한 신학적 작업 역시 평화와 통일을 위해 중요할 것이다.

현 단계 과거사 청산에 대해 평가할 점은 상당부분 진상규명 작업을 생 략한 채로 명예회복과 보상으로 나아간 점이다. 진상규명 없이 명예회복,

---

9) 심포지엄 "2000년 여성국제 전범 법정" 「신학사상」 112호(2001년 봄), 15.
10) 한겨레신문(2001년 5월 28일)

보상이 이뤄지면 과거사 청산의 목적과 대의를 손상시킬 수 있다. 과거사 청산의 원칙으로는 "진상규명과 명예회복은 최대로 하고, 처벌은 가능한 한 최소화하고, 보상은 신중하게 해서 재발을 막기 위한 안전장치로" 해야 한다.[11]

2. 화해에 대한 성서적, 신학적 이해

1) 평화와 화해에 대한 성서적 이해

가) 성서의 평화 이해

구약성서에서 평화, 샬롬은 전체 인간, 그 신체, 영혼, 공동체, 집단, 자연의 세계 아니 인간이 살고 있는 모든 관계들을 포괄하는 구원과 안녕의 표현이다. 샬롬은 모든 함께 사는 사람을 "충분히 가지고 있는" 삶의 형식이다. 그래서 구약성서에서는 정의와 평화가 거의 구별할 수 없을 만큼 얽혀 있다. 시편 85년 11절에서 "정의와 평화가 입 맞춘다"고 했다. 또 평화는 정의의 결실이라고 했다(사32, 17). 이와 같이 평화는 예외적인 현상이 아니라 이스라엘 전체 삶의 경험에 의해서 인지되기 때문에 그들은 인간들 사이의 만남의 기본형식인 인사에서도 샬롬을 사용했나. 또 이스라엘은 모든 세상적 관계들로부터 단절된 하나님과 인간의 평화를 알지 못한다.

창조는 하나님의 통치를 벗어나려는 우주/피조물 안에 샬롬을 세우는 것이다(창1, 29; 사11, 6-9; 막4, 37-39). 샬롬의 부재는 사회적 무질서로 표현된다. 예언자들은 이스라엘의 우상숭배나 외세 의존이나 사회불의를 윤리적 비행으로서가 아니라 샬롬의 하나님에 대한 배신으로 간주했다(미2,

---

11) 김동춘, 위의 글, 39-41.

1-2; 암4, 1; 5, 14-15; 사1, 16-17, 시34, 14; 사32, 16-17). 샬롬은 공동체 안에서 서로 돌보고 서로 나누고 기뻐하는 삶을 경험한 사람들의 평안을 뜻한다(사57,1 9-21; 눅12, 13; 행5, 1-14).

샬롬의 비전들을 저버리다가 민족이 분열되고 나라가 망하여 바벨론에 포로로 끌려갔던 이스라엘에게 하나님께서 거기에도 계시다는 새로운 말씀(사55, 6; 렘29, 7)을 듣고 좌절과 슬픔 속에서 다시금 희망을 안고 샬롬을 향해 일어서서 돌보며 치유하는 공동체로 거듭날 수 있었다. 신약에 와서 그리스도는 우리의 평화로 고백된다.

예수 그리스도는 자유케 하신다. 출애굽의 역사에서 보여진 것처럼 하나님께서는 역사에 개입하셔서 억압으로부터 해방과 자유를 주시는 분이다(갈5, 1-13). 예수 그리스도는 우리에게 자유를 만나처럼 선물로 주신다. 그리스도인들에게 부과되는 무거운 짐이 되는 초등학문이나 원리 또는 율법, 교리로부터 우리를 자유케 하신다(갈4, 3; 골2, 20). 예수 그리스도는 이제까지 당연한 것으로 생각해왔던 삶, 하나님의 통치로부터 벗어났지만 너무 오랫동안 샬롬을 떠난 것들과 함께 살아왔기에 그것에 익숙해져 자연스럽게 여긴 모든 것들로부터 우리를 떠나게 하사 자유케 하시고, 그런 우리를 그리스도 안에서 일치되게 하신다(요10, 15-16; 12, 32). 또 유대인과 이방인 사이에 막힌 담을 십자가에 달리신 자기 몸으로 헐고 둘로 새 사람, 새 민족을 만드셔서 하나님과 화목하게 하신다(엡2, 12-15). 평화가 되신 그리스도는 이처럼 유대인과 이방인, 자유인과 노예, 남자와 여자 사이에 차별을 없애고 이들로 한 몸을 이루게 하신다(갈3, 28-29). 이제 그리스도의 평화를 위해 일하는 자들은 하나님의 자녀가 된다(마5, 9). 이처럼 신약에 나타난 샬롬은 강제의 종식이요, 분열의 종식이며 차별의 종식이다. 그래서 하나님의 나라는 먹고 마시는 것이 아니라 성령 안에서 정의와 평화와 기쁨이다(롬14, 17). 성만찬을 통해 그리스도인들은 샬롬의 비전과 하나님 나라에 대한 소망을 간직하게 된다.

나) 성서의 화해 이해

화해는 "예수 그리스도를 통해 우리를 위해 성취되고 교회를 통하여 말씀과 성례전 안에서 우리에게 제공되는, 삼위일체 하나님과의 관계 갱신이다."[12] 하나님께서는 이스라엘 백성의 불충성에도 불구하고 그들과 맺은 계약에 충실하기 위해 활동하신다. 예수 그리스도의 십자가 죽음으로 인해 죄인인 인간과 하나님 사이의 불화를 극복했고, 하나님과의 친교를 회복했다(로마서 5장). 예수 그리스도의 사역과 십자가와 부활에 근거하며 성령 강림으로 탄생한 교회는 화해된 공동체로서 화해의 사역을 위해 부름 받았다. 교회는 예수 그리스도의 십자가로 유대인과 이방인 사이에 막힌 담을 헐며(엡2, 14), 유대인과 헬라인, 종이나 자유인, 남자와 여자를 그리스도 안에서 화해시켜 하나 되게 하는 화해의 사역을 감당하도록 부름 받았다(갈3, 28).

호세 콤블린에 의하면 로마서, 고린도 후서, 골로새서와 에베소서 등에 나타난 화해는 기독론적, 교회론적, 우주적 차원 등 세 가지 화해가 있다고 했다.[13] 기독론적 차원은 하나님께서 세상을 자신과 화해시키는데 그 중개자가 그리스도라는 것이다. 교회론적 차원은 그리스도께서 유대인과 이방인을 화해시켜 새 백성, 공동체(교회)를 만드셨다는 것이다. 우주론적 차원은 그리스도께서 땅 위에 있는 것과 하늘에 있는 것들 사이에 화해를 이루셨다는 것이다.

---

12) Nicholas Lossky, et. al., *Dictionary of the Ecumenical Movement*, 한국기독교교회협의회 역, 『에큐메니칼 운동과 신학사전』(서울: 한들출판사, 2002), 1528.

13) Robert J. Schreiter, *Reconciliation: Mission & Ministry in A Changing Social Order* (Maryknoll, New York: Orbis Books, 1992), 42ff.

2) 화해에 대한 신학적 이해

가) 기억과 신학

a) 기억 부정의 시대

냉전 종식 이후 프란시스 후쿠야마는 "역사의 종말"을 주장했다. 이제 자본주의와의 경쟁에서 공산주의가 몰락하여 역사는 자본주의 이외의 다른 대안을 찾을 수 없다는 것이다. 그러나 이런 주장은 자본주의라는 인간 문화를 절대화한 것일 뿐 아니라 하나님의 구원활동을 부인하는 주장이기 때문에 기독교인들에게는 결코 용납될 수 없다.

오늘 우리가 사는 현대사회는 다양한 방식으로 기억을 부인한다.[14] 현대인들은 종교로부터 권태, 두려움, 스트레스 등을 극복하고 행복, 기쁨, 사랑 등을 얻기를 희망한다. 종교에 대한 개인주의적 조화의 추구의 이면에는 정치로부터의 도피, 과학적, 합리적 사고의 포기, 그리고 전통에 대한 흥미 상실 등 종교적 소비주의라고 불리는 것이 있다. 이것은 신앙공동체의 결속을 느슨하게 만들고, 이국적이며 비기독교적인 개념들과 기독교 신조를 혼합시키기도 한다. 근본주의자들도 기억을 부인한다. 근본주의의 특징은 분명한 답변, 절대 진리 옹호, 선교적 열정이다. 근본주의자들은 역사의 특정 국면을 절대 진리로 주장하기 때문에 그들 나름대로 '기억의 말살'(extinctio memoriae)을 추진한다.

기억의 말살은 불가피하게 교회 정체성에 위기를 초래한다. 교회 정체성의 문제는 교회 공동체, 교회 신앙, 교회론적 권위의 삼중적 위기에서 보여진다.[15] 주일 예배 참석자가 심각하게 줄어들면서 교회는 인간의 삶의 제한

---

14) Hanspeter Heinz, "The Celebration of the Sacraments and the Teaching of the Commandments in the Age of Religious Consumerism, or History and Memory in Christian Communities since the Second Vatican Council" in Michael A. Signer(ed.), *Memory and History in Christianity and Judaism* (Notre Dame, University of Nortre Dame Press, 2001), 148-49.

된 영역에 대해서만 영향을 끼치고 있다. 주요 예식이나 교육, 의료기관 등에 제한된 영향을 주던 교회는 최근 은사운동, 환경운동, 평화운동, 여성운동 등 새로운 운동을 보완하고 있다. 그러나 교회의 사회적 영향력의 축소는 거스를 수 없는 대세가 되었다. 이런 추세는 지리적으로 사회적으로 정치적으로 가족적으로 증가된 이동성이라는 사회발전에 기인한다. 이러한 이동성은 우리 시대 발전에 대한 대가로서 사람들의 역할의 지속적인 변화와 증대되는 시간 압박에서 연유한다. 그 결과 교회는 모든 사람을 수용할 수 없게 되고, 모든 사람을 그 공동체 안에 통합시킬 수 없게 되었다.

현대인들은 진리 추구보다는 기술적 효과, 문화적 다양성, 정치적 실용주의에 훨씬 더 편안함을 느낀다. 이런 경향은 교회에게 부인할 수 없는 문제들을 일으킨다. 예수 그리스도의 길과 진리, 생명되심, 궁극적 구원으로서의 교회의 징표와 도구라는 메시지는 현대인들에게 잘 맞지 않거나 방해가 되거나 단순히 불필요하게 여겨진다. 신앙의 중요성이 다원주의에 의해 심각한 도전을 받고 있다.

교회의 권위가 현대인들에게 인정받지 못하고 오히려 교회가 현대사회의 시장 정신에 적응하라는 압력을 받고 있다. 이는 필연적으로 교회 내 갈등을 초래한다. 교회 간에 교인을 끌어오는 경쟁을 하거나 교인들의 종교적 욕구를 제공함으로써 다른 교회보다 경쟁력을 갖춘 교회가 되도록 강요하고 있다. 이것은 교회의 권위를 안으로부터 부식시키는 결과를 초래한다.

시간 압박은 역사적 연속성에 의문을 제기한다. 현대인들은 누구나 시간에 쫓기며 산다. 이것은 작업 시간과 기술의 발달과 밀접한 관련이 있다. 시간의 압박으로부터의 해방은 사회의 시간 리듬을 창조의 리듬에 맞추는

---

15) *Ibid.*, 150-54.

것, 일과 여가의 관계를 재설정하는 것이 필요하다. 역설적으로 시간이 정지해있다는 문제가 있다. 현대인이 미래로 나아가면서 그 어떤 영속적인 것도 갖고 있지 못하기 때문에 과거의 경험들은 전혀 쓸모없는 것이 된다. 삶의 경험, 역사적 체험, 전통의 가치가 놀라울 정도의 속도로 상실되고 있다. 우리는 '기억의 말살'을 과거에 대한 향수 때문이 아니라 우리 개인과 공동체의 정체성을 위해서 반드시 경계해야 한다.[16]

b) 기독교와 중산계급

메츠(Johann Baptist Metz)는 자신의 신학적 사명을 계몽주의의 신학적 계몽이라고 했다. 그는 이성, 자유, 자율이라는 계몽주의의 원리와 자본주의 사회에서 부상한 중간계급 사이의 수렴이라는 기독교의 사회역사적 상황으로부터 계몽주의를 재검토하려 했다. 그는 기독교 신앙을 신비주의와 정치적 실천으로 이해했다. 이런 시각에서 그는 중간계급의 기독교에 대해 다음과 같은 신학적 비판을 했다.[17] 첫째 그는 계몽주의에 의해 초래된 가장 심각한 위기를 기독교의 사유화라고 보았다. 계몽주의는 공적인 영역과 사적인 영역을 구분했다. 이런 구분의 바탕에는 사유재산이 있다. 기독교 신앙은 중간계급이라는 주체를 구성하는 핵심요소가 되지 못하고 '문화적' 요소, 사적 요소가 되고 말았다. 둘째 기억의 상실, 죽은 자를 기억하는 전통의 상실을 주요 위기로 지적했다. 기억은 비판적 의식의 내적 요소가 되기 때문이다. 셋째 권위의 위기다. 권위는 전통과 뗄 수 없는 관계에 있다. 칸트의 계몽 개념은 다른 사람의 지도 없이 개인의 이성을 사용

---

16) *Ibid.*, 152–54.

17) Bruce T. Morill, *Anamnesis As Dangerous Memory: Political and Liturgical Theology in Dialogue* (Minnesota, A Pueblo Book, 2000), 20–26.

하는 것이기 때문에 권위와 전통을 모두 위험에 빠뜨린다. 중간계급의 교환 개념에서 권위는 능력이다. 전통의 권위 뿐 아니라 자유, 정의, 고난의 권위, 주체의 권위도 교환가치를 갖지 않기 때문에 권위를 상실했다. 넷째 이성의 위기다. 칸트의 계몽 개념은 폭군적 형태의 형이상학을 무너뜨렸다. 이성을 사용할 수 있는 사람들은 재산을 지닌 교육받은 사람들이다. 따라서 계몽의 윤리는 개인적 도덕주의의 문제가 된다. 계몽주의 프로그램은 가난한 자들의 삶의 향상을 다루지 않는다. 새로운 엘리트의 관심사는 시장의 이익으로 기술적 이성은 모든 것을 시장과 이익에 부합되느냐 여부로 환원시킨다. 다섯째 위기의 상태에 빠진 종교다. 계몽주의자들은 종교를 이데올로기로 비판하지만 자연종교는 사람들의 요구나 이성과 부합된다고 평가했다. 메츠는 독일 신학과 교회의 실천이 자연종교, 이성종교, 중간계급의 종교로 흡수되었다고 비판했다. 여섯째 그는 계몽주의가 종교를 중간계급의 사적인 일로 만드는 과정이라고 비판했다.

메츠는 역사의 참된 주체를 희생자로 제시했다. 기억은 인간구원, 사회구원, 종교적 정체성의 범주다. 위험한 기억은 인간 주체, 역사와 종교의 구원의 가능성을 담보한다. 그는 기억의 종류로 죽은 자, 고난 받는 자, 종말론적 희망, 예수 그리스도의 고난과 부활을 제시한다.[18]

c) 기억의 신학적 의의

기억은 정체성, 증거, 변형의 자원이면서 동시에 문제이다. 기억의 양면성은 기독교에도 적용된다. 기독교는 진리의 종교지만 지배자의 권력 남용, 핍박, 폭력을 정당화시킨데 연루된 역사가 있다. 기억은 자아 형성과 공동

---

18) Flora A. Keshgegian, *Redeeming Memories: A Theology of Healing and Transformation* (Nashville: Abingdon Press, 2000), 135–37.

체 형성의 실천행위다. 이 때 누구 편에서 기억하는지, 무슨 목적으로 기억하는지가 중요하다. 기독교인들에게 기억은 하나님의 구원사역을 연결시키는 탐구가 되어야 한다. 성만찬에서 '나를 기념하라' 는 말씀은 예수의 실천에 참여하라는 말씀이다. 즉 예수를 기억함은 그의 고난에 참여하여 하나님의 구원을 실현하는 동역자가 되는 것이다. 예수 그리스도의 성육신, 생애, 죽음과 부활에 대한 기억은 우리를 하나님의 백성으로, 예수의 친구로, 그리스도의 추종자로 재형성시키는 구원의 이야기를 만들어낸다.[19]

기억하기에는 세 단계가 있다.[20] 기억하기를 위해 전제되는 것은 희생자의 이야기를 지지하고 유효하게 만드는 사회적 상황이다. 첫째 단계는 애도다. 심리적, 육체적, 관계적인 차원에서 일어난 모든 상실은 애도를 통해 고통과 상실을 지나가게 한다. 그 상처는 남지만 그런 기억은 더 이상 아프거나 고통스럽게 하지 않는다. 둘째 단계는 고통스런 기억의 재해석이다. 자기비난으로부터 해방되어 새로운 시각에서 고통스런 일을 기억함을 통해 자신에 대한 치유로 나아간다. 셋째 단계는 재연결이다. 고통스런 기억을 바르게 기억함으로써 타자와 다시 연결되고 관계를 양육한다. 이로써 상호변형이 일어날 수 있다. 구원의 기억과정도 과거와 현재, 자아와 사회를 변증법적으로 연결짓는다.

기독교가 증거와 변형을 위한 기억의 종교가 되기 위해서는 그 초점을 죄와 죽음으로부터 창조와 생명에 대한 확증으로 이동해야 한다. 죄, 고난, 구원에 대한 기독교의 관점은 희생자의 입장을 인식하는데 어려움을 준다. 왜냐하면 가해자와 피해자 차이를 간과하는 경향이 있기 때문이다. 이를 극복하기 위해 이야기가 확장될 필요가 있다. 십자가와 부활을 탈중심화하

---

19) *Ibid.*, 17-29.
20) *Ibid.*, 41-56.

고, 구원의 기억, 예수의 삶과 하나님의 백성의 역사를 구원의 이야기에 포함시켜야 한다. 기억과 증거의 공동체로서의 교회는 기억을 통해 개인과 공동체의 정체성을 만들고, 신앙을 역사적으로 이해해야 하며, 해방과 변형을 가능케 함으로써 구원을 매개하는 공동체가 되어야 한다.[21]

나) 용서와 화해의 장애물

교회사에 나타난 용서에 대한 왜곡은 용서를 교회정치 권력의 도구로 남용한 것, 용서를 사유화하고 수직적 차원만 강조한 것, 그리고 희생자들보다 가해자에 관심이 집중된 것을 들 수 있다.[22] 도날드 쉬라이버는 중세 천년 동안(500-1500) 용서가 성례전의 포로(Sacramental captivity of forgiveness)가 되었음을 비판했다.[23] 그러나 현대문화 안에도 성서적 용서와 화해를 왜곡시키는 것이 있다. 그레고리 죤스는 맥킨타이어를 따라 서구 현대문화를 대표하는 인물로 경영인, 유능한 운동선수, 그리고 치료사를 들었다. 이 가운데 치료사는 기독교의 용서를 개인주의적, 사적인 영역으로, 개인 간의 문제로 환원시켰다고 비판했다. 그리고 이런 경향이 목회상담 안에도 들어와 죄의 문제를 회피하고 인간 스스로에 의한 인간의 치료(치료적 용서)와 구원이라는 논의를 전개하고 있다고 비판했다. 이에 대한 대인으로 그는 종말론적 하나님의 나라와 관련된 치유와 용서를 제시했다.[24]

한나 아렌트는 예수가 인간 역사에서 용서와 약속의 중요성을 발견한 사

---

21) *Ibid.*, 201-202.

22) Geiko Müller-Fahrenholz, *The Art of Forgiveness: Theological Reflections on Healing and Reconciliation*(Geneva: WCC Publications, 1997), 9-15.

23) Donald W. Shriver Jr., *An Ethic for Enemies: Forgiveness in Politics*(New York, Oxford: Oxford University Press, 1995), 49-52.

24) L. Gregory Jones, *Embodying Forgiveness: A Theological Analysis*(Grand Rapids, Michigan: William B. Eerdmans Publishing Company, 1995), 35-69.

람이라 평가했다. 과거의 잘못을 되돌릴 수는 없지만 용서를 통해 깨어진 인간관계가 회복될 수 있고, 불안한 미래에 대해 약속을 통해 신뢰를 유지할 수 있다고 했다. 그녀는 용서와 약속을 정치적 차원에서 도입하려 했다. 그런데 거꾸로 신학자들은 용서와 화해를 개인간의 사적 문제로 환원시키는 잘못을 했다. 그래서 용서를 성례전 안에 가두는 죄를 범했다. 이에 대해 동방정교회는 봉사와 증거를 "예전 이후의 예전"이라 부름으로써 예배와 삶의 연결을 지속적으로 강조해왔다. 용서와 화해에 대한 개인주의적, 사적 이해를 넘어서서 정치에서의 용서와 화해의 의미를 추구하는 것이 이 땅에 하나님의 나라를, 하나님의 뜻을 이루는 것에 가깝다. 이것이 주의 기도를 바르게 드리는 자세이다.

다) 화해의 신학

구약성서에서 의로움과 정의는 본질적으로 동의어이며, 의로움과 평화가 넘칠 때 인간은 하나님과 인간 상호간 사이에서뿐만 아니라 자연과도 화해를 이루게 된다(사32, 15-17). 화해는 정의를 대치하는 것이 아니라 정의가 화해의 전제조건이다. 그러나 평화와 정의, 화해는 인간의 성취물이 아니라 하나님의 역사다.[25] 예수의 삶과 가르침은 한편으로는 원수에 대한 철저한 사랑과 다른 한편으로는 불의의 하수인과의 직접적인 대결 사이의 변증법이라는 특징이 있다.[26]

그러나 해롤드 웰즈는 죄의 보편성이 가해자와 피해자 사이의 차이를 얼버무리도록 하는 데에 사용되어져는 안 된다고 경고한다. 또 속죄는 성부

---

25) Harold Wells, "Theology for Reconciliation: Biblical Perspectives on Forgiveness and Grace" in Gregory Baum and Harold Wells (eds.) *The Reconciliation of Peoples: Challenge to the Churches* (Maryknoll, New York: Orbis Books, Geneva: WCC Publications, 1997) 3-4.
26) *Ibid.*, 5.

하나님을 만족시키기 위해 성자 하나님이 십자가에서 고통당하는 것이 아니다. 십자가가 예수 그리스도의 삶의 필연적 결과이며, 십자가에서 성부 하나님이 함께 고통당하셨으며, 부활은 역사에서 잊혀진 자들, 희생자들의 승리를, 가해자들에 대한 심판을 의미한다. 이신칭의 교리도 의롭다함을 받는 것과 성화를 분리시키는 것을 합리화해서는 안 된다. 그런 분리는 "싸구려 은혜"를 남발하게 된다. 성서에서 은혜는 우리 자신을 넘어서도록 힘을 주는 것으로서 예수의 십자가 죽음의 고통과 같은 대가를 치른 사랑이다. 화해는 성령의 능력 안에서 계속되는 예수 그리스도의 사명의 한 부분이며, 따라서 교회와 그리스도인 모두의 선교사명의 일부분이다.[27]

a) 로버트 쉬라이터의 화해론

① 화해 의미

화해의 신학에 관심을 기울인 신학자 가운데 중요한 사람이 로버트 쉬라이터다.[28] 그의 화해론의 전제는 군부독재나 폭력적 상황이 종식되고 사회의 민주적 절차에 의해서 화해가 이뤄지려는 상황이다. 우리나라는 50년 만에 평화적인 정권교체가 이뤄졌고 다시 새로운 정권이 들어섰지만 분단 상황이 계속되기에 그의 화해론을 우리에게 그대로 적용할 수는 있다. 그는 화해가 아닌 것 세 가지를 들고 있다. 피해자의 기억이 무시되는 성급한 평화, 해방 대신에 화해, 조종된 과정은 화해가 아니라고 했다. 첫째 피해자의 치유는 오랜 시간이 걸리기 때문이다. 둘째 해방과 화해는 양자택일이 아니다. 해방은 화해의 전제다. 정의가 실현되지 않는 화해는 화해가 아니다. 셋

---

27) *Ibid.*, 14.

28) Robert J. Schreiter, *Reconciliation: Mission & Ministry in a Changing Social Order* (Maryknoll, New York: Orbis Books, 1992)

째 화해의 주체는 하나님이시기 때문에 화해는 전략이기보다는 영성이다.

화해는 사회적 폭력의 희생자와 가해자 사이에 이뤄지는 것이므로 폭력에 대한 분석과 이해가 불가피하다(르네 지라르). 인간의 안전이나 자아(정체성)가 끊임없이 위협받는 현실 속에서 안정감이나 자아를 유지시켜주는 것은 상징을 만드는 행위를 통해 주어지는 의미다. 이런 행위는 육체적 특징이나 잠정적 사건들에게 의미를 부여한다. 이러한 의미는 우리에게 우리가 누구인가 하는 것 즉 우리의 동일성(정체성)을 부여해준다. 그런데 자아 그 자체는 동일하지만 새로운 사건과의 만남을 통해서 자아는 변할 수 있다. 자아가 사건들을 만난 기록이 보관된 곳이 이야기, 우리 자신과 타인들에게 우리가 누구인가를 얘기해주는 이야기다. 폭력은 인간의 정체성을 지탱하는 자신의 이야기를 파괴하고 폭력 자체의 이야기(거짓 이야기)로 대체시키려는 것이다. 고문이나 물리적 폭력은 우리로부터 자아(정체성)를 빼앗아 가고, 우리를 유기체적 물질로 마음대로 다루려 한다. 그래서 우리가 간직해왔던 우리 자신의 이야기로부터 우리를 분리시킨다. 고통은 폭력 행위로부터 일어나지만, 우리가 지닌 상징을 우리 자신의 이야기로부터 분리시킬 정도로 육체에 고통이 가해지면 그것은 고난이 된다. 즉 고난은 우리에게 자신의 이야기를 해체시키려 하고, 우리가 지닌 의미를 없애려한다. 그러나 인간은 자신의 정체성을 지켜주는 이야기 없이는 생존할 수 없다. 그래서 폭력은 우리가 지닌 이야기를 부정하고 그 대신에 폭력이 갖고 있는 이야기, 거짓 이야기를 우리에게 받아들이게 한다.

기억은 우리로 하여금 자신의 이야기에 계속 연결시켜주는 또 다른 수단이다. 기억은 우리의 정체성을 담는 중요한 저장소이다. 그러면 폭력에 의한 고난을 어떻게 극복하고 나아가서 용서와 화해로 나아갈 수 있는가? 고난 속에서도 자신의 이야기를 지탱해 줄 수 있는 구원의 이야기(redeeming narrative)를 발견해야 한다. 이런 경우에만 고난 속에서도 영성적으로 생존할 수 있고 용서와 화해가 가능해진다. 우리의 올바른 지식(orthodoxies)이 산산조각 나고 우리의 올바른 실천(orthopraxies)이 실패로 끝난 후에 우리에게 필요한 것은 올바르게 고난을 받는 길(orthopathema)을 찾는 것이다. 그 길의 핵심에는 새로운 이야기(구원의 이야기)에 대한 근본적인 신뢰 행위가 있다. 올바르게 고난을 받는 길은 우리 자신의 인간성을 회복하는 것을 포함한다. 폭력은 우리로부터 인간성을 빼앗아가려 하기 때문이다. 인간성의 토대가 신뢰하는 능력을 재정립함으로써 우리에게 회복된다. 이 과정은 시간이 걸린다. 그러나 신뢰 능력 회복에 앞서 필요한 것이 기억의 재구성이다. 기억의 재구성은 단순히 이전의 기억을 쌓아올리는 것이 아니다. 이전의 기억은 폭력과 너무 밀접히 관련되어 있어서 그 기억을 떠올리기가 고통스럽다. 폭력에 의한 고난을 극복하기 위해서는 먼저 옛 기억과 그에 관련된 폭력 행위들을 분리시키는 것이다. 폭력이 수반하는 충격의 짐을 가볍게 하기 위해서는 폭력의 이야기를 반복적으로 해야한다. 이런 행위를 통해 폭력에 일정 굴레를 씌움으로써 과거의 폭력이 오늘 부정적으로, 파괴적으로 영향을 끼치는 것을 막아야 한다. 고난을 극복한 인간 자신의 이야기는 과거의 이야기와 같지 않다. 그러나 거기에는 과거의 상처가 남아 있다. 기독교는 이와 같은 고난을 극복하는 과정에 구원의 이야기를 제공할 수 있다. 그러면 기독교가 제시하는 화해의 의미는 무엇인가?

② 화해의 두 측면

화해는 두 가지 측면이 있는데 하나는 사회적 측면이고 다른 하나는 영성적 측면이다.[29] 사회적 측면은 분열된 사회를 정의롭고 진실한 사회로 재건하기 위해 구조와 과정을 만들어 가는 것이다. 그러나 국가는 기억의 치유를 법제화 할 수 없고 용서를 보증할 수 도 없다. 사회적 화해를 이루도록 여건을 조성할 수 있지만 실제로 그 속에서 화해를 이루려 할 때, 기억을 치유하고 용서를 실현할 때 필요한 것이 영성적 측면이다. 교회는 화해의 영성적 측면을 위해 특히 기여할 바가 있다. 백인정권을 무너뜨리고 난 후 만델라 정부가 한 첫 번째 일 가운데 하나는 칠레의 전례를 따라 "진실과 화해위원회"를 설치해서 과거 흑인 차별정권 하에서 일어났던 인권탄압 사례를 밝히는 것이었다. 한 여인은 증언대에 나와서 어떻게 자기 아들이 납치되어 고문받고 살해되어 시체로 돌아왔는가를 증언했다. 새 정부가 무엇을 해 주면 좋겠느냐고 묻자 그녀는 잠시 머뭇거리더니 "내 아들을 위해 비석을 세워 달라."고 요청했다. 그녀는 아들에 대한 복수나 정의를 세울 것을 바라지 않고 단지 새 정부가 그 아들을 기억해 주기를 바랐다.

1991년 발칸 전쟁으로 세르비아 군대가 크로아티아를 침략해서 점령한 후 '인종청소' 라는 이름으로 여인들을 성폭행 했다. 몇 년이 지난 후 크로아티아 군대가 자신의 땅을 되찾자 크로아티아 여인들이 세르비아 마을에 군인들 보다 먼저 들어가 손과 손을 맞잡고 "평화의 벽"을 만들어 자기네 군대가 세르비아 여인들을 성폭행 하지 못하도록 복수하지 못 하도록 막았다. 저 여인들은 자신이 당한 한을 승화시킨 것이다. 나는 여기서 화해의 영성적 측면을 위해서는 여성들의 기여가 필요하다고 생각한다. 우리나라에서는 이런 영성이 민가협 어머니들에게 있다.[30] 또 조화순 목사를 비롯한 많은 여성 민중 목회자들에게 있다.[31]

---

29) R. J. Schreiter, *The Ministry of Reconciliation: Spirituality & Strategies* (Maryknoll, New York: Orbis Books, 1998) 4.

30) 한국기독학생회총연맹 성서연구반, 성서와 실천 II(신약편), (서울: 민중사, 1989), 36-38.

31) 한국여신학자협의회 여신학자연구반 편, 『고난의 현장에서 사랑의 불꽃으로: 조화순 목사의 삶과 신학』(서울: 대한기독교서회, 1992), 지도 김영 목사, 『이야기로 하는 치유 목회: 입을 떼니 마음 열리고』(서울: 예장전국여교역자연합회, 1994).

③ 화해와 용서

　개인적 화해와 사회적 화해는 다르다. 개인적 화해는 폭력의 희생자의 손상된 인간성이 회복될 때 가능하다. 그런데 화해를 어렵게 하는 것은 용서다. 하나님의 용서는 무한한 사랑에 기인한다. 그러나 인간의 용서는 폭력적 상황이라는 과거로부터 자유로워지고 과거의 폭력과는 다른 미래를 택하는 자유의 행동에 기인한다. 그가 자신의 과거로부터 자유로워지고, 그의 손상된 인간성이 치유되어야 용서를, 그가 과거와는 다른 미래를 선택할 것을 결정할 수 있게 된다.[32] 사회적 화해는 화해를 경험한 개인들이 화해 과정에서 지도력을 발휘할 수 있어야 하고, 개인적 화해의 의미를 이해하는 중간 지도자층을 필요로 한다. 칠레의 "진실과 화해위원회"의 위원장이었던 호세 짤라케트는 용서와 화해를 "형벌보다 훨씬 건강한 도덕적 질서를 재건설하는 과정"[33]이라고 정의했다. 사회적 화해는 전 국민이 참여해서 도덕적 질서를 수립함으로써 사회를 재건하는 과정이다. 이를 위해서는 화해를 경험한 화해 공동체를 수립하는 것이 필수적이다. 또 사회적 화해는 각 사회의 문화적 특성을 고려해야 한다.

④ 화해의 영성

　화해의 영성은 예수 그리스도의 부활에 근거해야 한다며 쉬라이터는 다양한 성서 본문을 통해 접근한다. 그는 화해의 사역의 4단계를 제시한다.[34] 첫째 "동반"은 엠마오로 가던 제자들과 동행하신 주님처럼 그들의 기대와 좌절의 아픔을 참을성 있게 들어주고 함께 동반함이 필요하다. 둘째 "환대"

---

32) R. J. Schreiter, *The Ministry of Reconciliation: Spirituality & Strategies*, 57–58.

33) *Ibid.*, 111.

34) *Ibid.*, 88ff.

는 디베랴 호숫가에서 고기잡는 제자들을 위해 조반을 직접 준비하신 것처럼 환대해야 한다. 환대는 폭력의 희생자들에게 신뢰, 친절, 안전의 분위기를 제공한다. 셋째 "연결짓기"는 폭력의 희생자들은 인간의 존엄성을 상실하고 공동체로부터 고립되기 때문에 인간성을 회복하고 공동체에 연결짓는 것이 필요하다. 디베랴 호숫가에서 조반 후 주님은 베드로에게 "네가 나를 사랑하느냐?"고 질문하시고 베드로의 답변을 통해 그의 제자됨을 회복하고 제자 공동체에 복귀시킨다. 넷째 "위임"은 주님이 베드로에게 "내 양을 치라."고 하심으로써 새로운 사명을 부여받는다. 이로써 그는 자신의 과거(예수 부인)를 다른 방식으로 기억한다. 처음 두 단계는 인간의 적극적 역할을 필요로 하지만 마지막 두 단계는 하나님의 역사가 더 강하다.

⑤ 화해를 위한 교회의 역할

교회가 화해 과정에 참여할 수 있는 조건은 무엇인가? 폭력과 억압이 난무하는 사회가 지닌 경계선(가해자 : 피해자)은 교회의 중심도 가로지른다. 교회가 화해 과정에 참여하기 위해서는 먼저 교회 안에 있는 경계선을 제거해야 한다. 즉 교회가 과거의 폭력에 어떻게 직접적이거나 간접적으로 참여하거나 지지했던가를 참회해야 한다. 그리고 교회 안에서(교회간, 교단간) 화해를 이뤄야 한다. 그리고 피해자들이 교회를 화해 과정에 참여하는 것을 요청해야 한다. 그들이 거부하면 교회의 참여는 열매를 거두기가 어렵다. 또 교회 공동체 일부가 화해를 이미 경험했어야 한다. 화해를 체험한 일부 공동체가 주축이 되어 화해 과정에 누룩이 되어야 한다.

b) 미로슬라프 볼프의 화해론: 배제로부터 포옹으로 [35]

① 신학적 전제와 출발점

구 유고슬라비아의 '인종청소'의 아픔을 지닌 크로아티아 출신의 볼프는 신학적 문제에서 권리, 정의, 생태학적 복지 이외에 정체성과 타자성을 주요 요소로 추가해야 한다고 했다.[36] 그래서 인종적, 문화적 갈등의 문제를 정체성과 타자성이라는 보다 큰 문제의 일부분으로 다뤄야 한다고 했다. 그는 희생자와의 연대라는 신학 주제가 가해자를 위한 속죄라는 주제에 의해 보완되고, 그리스도의 자기를 내어주는 사랑은 삼위일체 하나님의 자기를 내어주는 사랑에 근거한다는 몰트만의 신학적 입장을 받아들여 발전시켰다. 즉 희생자와의 연대를 견지하면서, 그는 원수를 위해 하나님께서 자기를 내어주심과 원수를 하나님과의 영원한 교제로 받아주심이라는 주제를 그의 책에서 다룬다.[37] 그런데 이 주제를 정체성과 타자성과의 관계에서, 즉 하나님께서 자기를 내어주심이 우리들의 정체성을 건설하고 적대적 관계에 있는 타자와의 관계를 형성하는데 어떤 의미가 있는가를 밝히려 했다.

그는 구체적으로 갈등과 화해라는 말 대신에 배제와 포옹이라는 은유를 통해 이 주제를 다뤘다. 그는 포옹의 은유를 통해 삼위일체 하나님의 자기를 내어주는 사랑의 상호성(신론), 하나님 없는 사람들을 위해 십자가에서 팔을 벌리신 그리스도(기독론), 탕자를 받아들이고 포옹하는 아버지의 열린 팔(구원론) 등 세 가지 주제를 연결시켰다.[38] 포옹이라는 은유가 전달하려는 핵심은 우리 자신을 타자에게 내어주고, 타자를 환영하며, 타자가 내

---

35) Miroslav Volf, *Exclusion & Embrace: A Theological Exploration of Identity, Otherness, and Reconciliation* (Nashville: Abingdon Press, 1996)

36) *Ibid.*, 18.

37) *Ibid.*, 23.

38) *Ibid.*, 29.

게 들어올 공간을 만들기 위해 나의 정체성을 재조정하려는 의지가 타자에 관한 모든 판단에 앞선다. 타자를 포용하려는 의지는 타자에 관한 어떤 '진실'이나 '정의'에 앞선다. 즉 타자를 포용함은 세상을 선과 악으로 구분하는 것을 넘어선다. 그러나 그는 여기에 한 가지를 덧붙인다. 포용하려는 의지에 우선성을 부여하지만, 기만, 불의, 폭력에 대한 투쟁을 빠뜨려서는 안 된다. 바꿔 말하면 자기를 내어주는 은혜와 진실과 정의에 대한 요구 사이에는 비대칭적 변증법이 존재한다.[39] 인간은 비폭력 원칙을 고수해야하지만 십자가에 의한 구원을 거부하는 거짓예언자들에 대해 하나님께서는 폭력을 사용하신다는 점이다.

② 십자가[40]

십자가의 내적 논리는 모더니티의 두 가지 주요 주장과는 양립할 수 없다. 우선 모더니티는 세상의 모든 문제는 치유될 수 있고, 역사의 종말에 천국이 만들어질 것을 기대한다. 그러나 십자가 논리는 악이 고쳐질 수 없다고 보고, 인간은 십자가 없이는 살 수 없다고 본다. 다음으로 모더니티는 사회통제와 합리적 사고라는 이중적 전략에 최고의 희망을 둔다. 그러나 십자가 논리는 자기를 내어주는 사랑의 '연약함'과 '어리석음'에 의해 사회와 인간의 상처가 치유된다고 본다.

③ 배제

십자가가 무너뜨린 것은 이방인과 유대인 사이의 차이가 아니라 적대감이었다. 아브라함이 고향, 집을 떠난 것은 단순히 공간을 떠난 것은 아니

---

39) *Ibid.,*
40) *Ibid.,* 27-28.

다. 기독교인들은 자신의 문화를 떠나 새로운 기독교 문화 안에 발을 딛고 있는 자들이 아니라 한 발은 자신의 문화 속에 딛고 다른 한 발은 하나님의 나라를 향해 딛고 있다. 즉 그리스도인들은 자신의 문화에 떨어져 있으면서도 속해 있다. 그리스도인이 자기 문화와 거리를 두는 것은 하나님과 하나님의 나라에 대한 충성심 때문이다. 여기서 거리는 한편으로는 타자를 받아들이는 공간을 만들어 내지만, 다른 한편으로는 모든 문화 속에 내재한 악에 대한 판단을 내포한다. 이러한 악을 식별하기 위해 필요한 것이 에큐메니칼 공동체다. 우리 문화의 문제를 다른 그리스도인의 눈으로 보아야 더 잘 식별할 수 있다.

그리스도인은 자아의 잘못된 중심을 십자가에 못 박음으로써 탈중심화를 이뤄야 하고, 믿음과 세례를 통해 십자가를 지셨다가 부활하신 예수 그리스도를 우리 중심에 세우는 재중심화를 이루도록 해야 한다. 이처럼 자아의 중심에는 자기를 내어주는 사랑이 있다.[41]

배제에는 제외, 동화, 포기 등 세 가지 형태가 있다.[42] 왜 인간은 배제의 제도에 그렇게 쉽게 포로가 되는가? 인간은 자신의 정체성을 지키기 위해 자기주장(assertiveness)을 필요로 한다. 그런데 자아의 자기주장이 종종 타자에 대한 폭력으로 이어지기도 한다. 내가 타자를 받아들이기 위한 공간을 만들기 위해 내 자신을 재규정하는 대신에 타자를 배제시키려 한다. 외부로부터 오는 죄의 능력은 자아의 자기주장이라는 저항할 수 없는 힘과 타자를 배제시키려는 유혹에 저항하지 못하는 무기력감을 모두 강화시킨다. 출애굽 과정에서 바로의 군대가 홍해 양 쪽에서 공격해 온다면, 즉 배제의 제도와 자아의 배제시키려는 경향 등 협공을 받는 자아는 어떻게 출

---

41) *Ibid.*, 69-71.
42) *Ibid.*, 75.

애굽을 할 수 있을까? 희망은 하나님의 바람인 성령에게서 온다. 성령은 자아의 최후 거점에 들어가 타인을 위해 자아를 내어주는 그리스도의 이미지에 따라 탈중심화시키고, 타자를 수용하는 성령의 능력 안에서 자아의 배제시키려는 힘에 저항할 수 있게 된다. 자아중심주의를 무기력화 시키는 성령의 힘에 의해서만 자아는 사회구조, 문화, 자아, 모든 곳에 있는 배제의 제도와 싸우기 위해 무력함으로부터 해방된다.

④ 포옹

하나님께서 적대적인 인간을 하나님의 교제에 받아들이신 것은 인간이 타자와 관계를 취하는 방식의 모델이 된다. 볼프가 배제와 포옹이라는 은유를 사용하는 이유는 억압과 해방의 범주가 사람들 사이에 화해와 평화를 가져오는데 적합하다고 보지 않기 때문이다. 구티에레즈는 자유가 아니라 사랑이 궁극적이라고 했다. 몰트만도 인간의 궁극적 목적은 자유의 왕국이 아니라 하나님의 왕국, 사랑의 왕국으로 자유의 왕국은 그 목적을 행해 가는 과정이라고 했다. 자유에 대해 사랑의 우선성을 강조하는 것은 해방의 프로젝트를 변형시키는 것으로, 이 프로젝트를 포옹의 신학인 큰 틀 안에 설정하려 한다.[43]

그는 억압자 뿐 아니라 억압받는 자들도 회개해야 함을 강조했다. 그들이 비인간적인 증오의 포로가 되기 때문이다. 시기와 적대감은 연약한 자들, 특권 없는 자들을 지배질서에 묶어 놓는다. 회개는 죄된 가치와 행위의 유혹에 저항하고 하나님의 통치의 새 질서가 마음 안에 실현되게 한다. 희생자의 회개는 사회적 갈등 조건이나 갈등을 일으키는 가치들을 억압자가

---

43) *Ibid.*, 104–105.

결정하지 못하도록 한다. 이처럼 회개는 희생자를 강화시키고 억압자의 권력을 빼앗는다. 회개는 억압받는 자들이 억압자를 모방하거나 증오의 포로가 되지 않도록 함으로써 인간화한다. 더 나아가 억압받는 자들의 회개는 참된 사회변화를 이끌어 갈 사회 인자를 만들어낸다.

⑤ 화해의 네 단계[44]

ㄱ) 1단계: 죄 고백

가해자가 죄 고백을 하지 않으면 가해자와 피해자 모두 상호배제의 자동작용에 갇혀 상호증오에 빠진다. 보복의 문제는 우리를 노예화 하는데 있다. 폭력의 불가역성이라는 곤경으로부터 빠져나오는 유일한 길은 용서다.

ㄴ) 2단계: 용서

용서받은 자와 용서 하려는 자만이 정의를 불의로 전도시키려는 유혹에 빠지지 않고 정의를 추구할 수 있다. 불의에 대한 우리의 분노는 하나님 앞에서 용서로 자리를 내준다. 희생됨의 수동적 고난과 용서함의 적극적 고난이 함께 해야 구원이 이뤄진다. 용서는 권력자의 배제가 끼친 상처를 치유하고 적대감의 분비 장벽을 무너뜨린다. 그러나 용서는 아직 양자 사이에 '평화롭게' 제 길로 가든지 깨어진 관계를 회복할지 빈 공간을 남겨둔다.

ㄷ) 3단계: 타자를 위한 공간 만들기

십자가의 핵심은 타자를 원수로 남겨두지 않고 타자로 하여금 자기 안으로 들어오도록 공간을 만든데 있다. 십자가는 인간을 포기하지 않기 위해

---

44) *Ibid.,* 119-40.

하나님 자신을 포기하고 인간의 적대적 힘을 깨뜨리고 하나님의 교제에 인간을 받아들인 하나님의 사랑 위에 세워져 있다. 우리가 이러한 하나님의 품에 안기었다면 우리도 우리 안에 타자를 위한 공간을 만들고 타자를 초대해야 한다. 이것이 우리가 성만찬을 거행하는 이유다.

ㄹ) 4단계: 기억의 치유(망각)

죄인을 용서하는 것도 과거의 죄를 잊지 않으면 과거의 죄인을 용서하는 셈이다. 타자의 범죄 행위에 대한 내 기억 속에서 타자는 구원받지 못했고, 우리는 화해하지 못한 상태에 놓인다. 몰트만은 고난에 대한 유일하고도 적절한 대응은 행동이라고 했다. 그러나 과거의 행동에 대해서 현재의 행동은 적절한 대응이 되지 않는다. 폴 리꾀르는 악이 철학과 신학에 큰 도전이라면서 행동만으로는 충분하지 않고 애도를 해야한다고 했다. 애도 역시 충분하지 않다. 하나님의 품에서 기억하지 않는 단계에 이르러야 망각을 통해 기억이 치유된다. 여기서 망각은 과거 사랑의 기억과 미래 화해의 비전을 강화하기 위한 것이다. 죄에 대한 기억은 회개와 변형이 일어나기까지 지속되어야 한다. 그러나 그 다음에는 그런 기억을 잊어버려야 손상된 관계가 완전히 치유될 수 있다. 하나님께서도 이스라엘의 죄를 더 이상 기억하지 않고 용서하신다(렘31, 34). 구원은 피조물이 새롭게 되면서 동시에 옛 것이 더 이상 존재하지 않고 기억되지 않을 때 일어난다(계21, 1-5).

⑥ 포옹의 구조적 요소 [45]

ㄱ) 팔 벌리기

타자를 향해 팔을 벌리는 것은 자아가 자기충족적이거나 자기폐쇄적이

---

45) *Ibid.*, 140-47.

지 않음을 의미한다. 자아는 타자의 부재에 고통을 느낀다. 중요한 것은 타자가 팔 안에 들어오기 이전부터 타자는 자아의 일부분이라는 점이다. 팔을 벌리는 자는 타자를 위한 공간을 만드는 자이다. 이처럼 팔을 벌리는 행위는 타자에 대한 초대의 몸짓이다.

ㄴ) 기다리기

포옹은 침략행위가 아니기 때문에 타자가 오기까지 기다린다. 포옹은 타자에게 강요되거나 조작할 수 없다. 포옹은 타자가 원할 때만 일어난다. 이것을 방해하는 것은 고통스런 기억이다.

ㄷ) 껴안기

껴안기가 포옹의 목적이다. 이 때 상호성에 주목해야 한다. 껴안을 때 서로를 안고 서로에게 안긴다. 서로 능동적이며 수동적이다. 서로 타자의 공간 안에 들어가 자기 안에서 타자를 느껴야 한다. 이때 너무 꽉 껴안으면 타자를 내게 동화시킬 우려가 있다. 이것은 포옹이 아니라 배제의 행위다. 포옹 안에서 양자의 정체성이 유지되고 변형되어 타자의 타자성이 인정되고 자아의 변화가 수용된다.

ㄹ) 팔을 다시 풀기

타자는 타자로 가게 해야 타자성이 유지된다. 자아는 자아대로 돌아옴으로써 타자의 현존이 남긴 흔적에 의해 풍요로워진 자아는 그대로 보존된다.

c) 그레고리 존스의 용서에 대한 신학적 이해

① 용서의 신학적 기초: 삼위일체론 [46]

자기를 내어주는 평화의 공동체인 삼위일체 하나님은 죄인의 인간성을 회복하고 하나님과 깨어진 관계를 회복하고 하나님과의 친교에 들어가기 위해, 인간 상호간에 친교를 회복하기 위해, 인간과 피조물의 친교를 회복하기 위해 성부 하나님은 성자 하나님을 십자가에 내어주는 대가를 치렀다. 삼위일체 하나님은 영원하고도 완전한 공동체다. 그러나 삼위일체 하나님의 관계는 이미 완성되어 닫힌 관계가 아니라 늘 새롭게 자기를 내어주는 영속적인 관계다.

유대교와 기독교의 차이는 삼위일체 하나님의 통치를 선포한 예수에게서 비롯된다. 예수는 "일흔 번에 일곱 번을 용서하라."는 가르침과 그 가르침을 몸소 십자가에서 실천함을 통해 하나님의 통치를 이 땅에 이뤄지게 하신다. 심판자 예수 그리스도가 우리를 위해 심판을 받았다. 이로써 유대교와는 달리 기독교는 하나님의 용서의 목적과 방법과 범위에 대해 새로운 이해를 하게 되었다. 하나님의 사랑은 인간의 죄에 직면해 용서를 통해 화해로 구원으로 나아간다. 이와 같이 하나님의 용서는 하나님과의 화해, 인간 상호간의 화해, 인간과 피조물의 화해를 포함하는 새 하늘 새 땅에 대한 희망과 약속에 대한 징표다. 이처럼 성부 하나님은 용서하시는 하나님이시다. 그런 용서를 통해 인간은 성자 예수 그리스도 안에서 성령의 능력으로 새 인간이 된다.

---

46) L. Gregory Jones, *Embodying Forgiveness: A Theological Analysis*(Grand Rapids: William B. Eerdmans Publishing Company, 1995), 133-34.

② 은혜의 심판 [47]

하나님께서 죄악과 대립함은 심판을 위해서가 아니라 우리의 죄를 용서하고 상처를 치유하기 위함이다. 이것이 바로 은혜의 심판이다(요3,16-21). 하나님의 용서와 치유는 우리 바깥에서, 예수 그리스도의 십자가 죽음을 통해 이뤄진다. 그런데 심판이 중요하다. 왜냐하면 우리가 아무리 죄악의 과거를 잊어버린다 해도 대결되지 않은 죄와 아픔은 우리의 삶에 지속적으로 영향을 주기 때문이다. 하나님께서 우리의 죄악을 도말하시고 기억하지도 않으신다는 것(사43, 25; 렘31, 34)은 과거를 과거로 돌리자는 말씀이 아니라 하나님의 은혜의 언약 안에서 인간의 죄악에도 불구하고 하나님의 선택의 신실함을 보여주심을 뜻한다. 은혜의 심판은 기억을 회복시킨다. 과거의 잘못이나 악행으로 인해 깨어진 공동체는 용서하는 메시야적 사랑 이외에는 회복될 수 없다. 이와 같이 용서하는 사랑은 성령에 의해 능력을 받은 특정한 사람들이 행하는 습관이나 실천 속에서 수행된다.

③ 용서의 실천과 자원 [48]

ㄱ) 용서의 실천

그리스도인에게 용서는 단순한 행동이 아니라 기독교공동체의 훈련 가운데 계속해서 실천되어야 할 습관이다. 하나님의 용서는 인간의 삶의 상처를 치유하고 하나님의 종말론적 왕국 안에서 공동체를 재창조한다. 그렇지만 치유와 화해가 완전히 하나님의 행동으로 완결되지 않고 인간의 참여를, 실천을 기다린다. 인간의 용서의 실천은 성령에 의해 지도를 받고 판단을 받으며 위로를 받는다. 그런 용서의 실천에 인간이 개입함은 삼위일체

---

47) *Ibid.*, 145-47.
48) *Ibid.*, 163-204.

하나님의 창조적이며 재창조적인 사역에 대한 이야기를 보증하는 것이 된다. 용서의 실천은 공동체를 분열시키고 파괴한 모든 것을 버리고, 용서받고 용서하는 사람들로서 살기를 배우는 것을 포함한다. 이와 같이 버리고 배우는 것의 목적은 하나님과, 이웃과, 피조물과의 교제의 거룩함을 위해서다. 이러한 실천을 통해 우리의 영혼과 정신이 변화된다. 즉 용서를 습관적으로 실천하면서 하나님의 사랑에 의해 우리의 죄악이 하나님, 이웃, 피조물과의 교제의 징표로 전환된다.

ㄴ) 세례

세례는 교회의 성례전의 행위이며 신자들을 거룩한 백성으로 만드는 회개와 제자도를 통해 하나님의 용서를 신자들의 삶에 적용시키기를 배우는 지속적 과정이다. 그런데 세례는 새로운 독립된 한 개인을 형성하려는 것이 아니라 성령의 능력에 의해 그리스도의 몸인 새로운 백성을 형성하려는 것이다. 그렇기 때문에 세례 받은 신자들은 용서받은 자들로서, 용서를 세상에 전하는 사명을 받은 자들로서 함께 삶에 의해 거룩해진다. 또 세례는 새로운 자아를 받아들임과 옛 사람을 버리고 새 사람이 되는 길을 이해하는데 타인의 도움이 필요함을 동시에 강조한다. 마지막으로 세례는 다른 사람들을 용서하기 위해 우리가 먼저 용서받아야 함을 강조한다.

ㄷ) 성만찬

성만찬은 과거의 구원 사건을 기억하고 미래의 온전한 구원을 기대하며 현재 우리 삶을 지탱해주는 종말론적 식사다. 그리스도의 희생은 용서받은 배신자, 화해된 죄인으로서의 우리의 삶을 깨어졌다가 회복된 하나님과의, 이웃과의, 피조물과의 교제의 공동체 속으로 다시 자리를 잡게 한다. 성만찬을 거행함으로써 우리는 십자가에 달렸다 부활한 예수 그리스도와의 만남에 의해 과거를 신실하게 간직할 수 있다. 베드로에게서 보는 것처럼 사람을 변형시키는 용서는 부인과 배신에 연루되었던 과거를 인정하는 것을 포함한다. 성만찬에서 십자가에 달렸다 부활한 예수 그리스도와의 만남은 성령에 의해 해방되어 용서하고 재창조하는 하나님의 자녀로서의 정체성을 지니도록 우리를 교정시키면서도 과거를 간직하게 한다.

ㄹ) 기도와 치유

기도와 치유와 용서 사이에는 밀접한 관련이 있다(얍5, 13-16). 예수 그리스도의 치유 사역의 특징은 병자들이 죄로 인해 병이 들었다는 것을 비난하지 않고 치유 행위 자체에 초점을 맞췄다는데 있다. 신약성서는 죄를 억압의 구실로 이용하는 자를 악한 세력들로 그린다(행10, 38). 병은 병자들로 하여금 자신이 하나님의 구원영역 바깥에 있다는 교만한 생각을 회개하게 하는 의도로 하나님 편에서 나온 경고일 수 있다. 그렇지만 병과 고통 사이에 인과적 관계가 있다는 것은 위험한 발상이다. 사도 바울은 성령을 받은 그리스도인들로 하여금 화해하게 하는 용서를 실천하는 자들이 되기를, 관대함의 정신으로 죄인을 회복시키도록, 유혹을 피하도록 스스로를 시험하는 자들이 되기를 요청했다. 그리스도인들은 용서와 화해의 길을 따라 "서로 남의 짐을 지"(갈6, 2) 도록 부름 받았다. 그리스도인들은 삼위일체 하나님과 교제하는 자들로 지음 받았고, 예수 그리스도의 은혜로운 용서에 의해 그런 교제를 회복했고, 성령의 판단하고, 위로하고, 인도하는 사역에 의해 용서하는 우정을 자신의 것으로 만들고 유지하는 것을 실천해야 한다.

d) 도날드 쉬라이버: 화해의 네 가지 요소 [49)

그는 화해가 개인 간의 차원을 넘어서 사회적 차원을 회복하여, 정치에서의 화해의 의미를 추구하려 했다. 화해에 필요한 네 가지 요소들을 제시한다. 화해가 정치에서 지위를 차지하지 못한 이유의 하나는 오랫동안 전적으로 종교의 용어로만 사용되었기 때문이다. 그래서 정치 영역에서 용서를 사용하면 감상주의자처럼 취급받는다. 용서가 이러한 종교적 속박에서 벗어나 정상적인 정치적 용어로 사용되기 위해서 용서는 잘못된, 불의한, 상처를 주는 행동에 대한 기억과 거기에 대한 도덕적 판단에서 시작되어야 한다. 그런데 과거의 잘못에 대해 가해자와 피해자의 도덕적 판단에 일치가 없으면 용서는 그 문에도 들어가지 못하는 셈이다. 원수의 행동에 대한 도덕적 판단은 매우 복잡한 문제임에 틀림없다. 설사 과거의 잘못에 대한 도덕적 판단에서 의견 일치를 본다 해도 처벌이나 보상 등에 대해서 일치를 이루는 것은 또 다른 문제다.

정치나 다른 인간관계에서 용서는 행악자의 처벌을 포기할 것을 요구하지는 않는다. 그러나 용서는 보복의 억제를 요구한다. 이런 억제는 과거의 범죄 행위를 반복하지 않을 미래의 문을 열어준다. 억제가 동반되지 않는 도덕적 판단은 양자 사이에 종종 새로운 적대감을 고조시킨다. 화해를 위해서는 원수의 인간성에 대한 공감(empathy)이 필요하다. 남북전쟁을 종식시키는 조인식에서 그랜트 장군은 비록 원수이고 그의 전쟁의 대의명분이 최악의 것이라 해도 적의 패망을 바라보는 것은 슬프고 우울한 일이었다고 고백했다. 이처럼 잘못에 대한 도덕적 판단을 하면서도 적의 인간성

---

49) Donald W. Shriver Jr., *An Ethic for Enemies: Forgiveness in Politics* (New York, Oxford: Oxford University Press, 1995), Introduction, 7-9. 그는 미국과 독일 사이의 화해를 보복 절제 시각에서, 미국과 일본 사이의 화해를 공감의 시각에서, 백인과 흑인 사이의 화해를 정의와 용서의 시각에서 분석했다.

에 공감하는 것은 역사에서 예외적인 사건이다. 이와 같이 적의 인간성에 대한 공감이야말로 인간 공동체의 건설이나 복구에 기초가 된다. 적의 인간성에 대한 이해는 적을 동료 인간으로서 받아들여 함께 사는 가능성을 열어준다. 참된 용서는 인간관계의 갱신을 목표로 한다. 용서는 적의로 인해 깨진 관계를 회복시키려 한다. 그러므로 용서를 하는 자는 적극적인 상호긍정의 수준에서 적과 함께 다시 살려고 준비를 하는 사람이다. 정치에서는 공존의 형태를 함축한다. 이와 같이 용서는 과거 잘못된 행위에 대한 도덕적 판단, 보복에 대한 억제, 원수의 인간성에 대한 공감, 그리고 깨어진 인간관계에 대한 회복을 위한 헌신 등 네 가지 요소를 포함한다.

e) 화해론의 요점

① 화해의 신학적 중요성

쉬라이터가 가해자의 죄 고백을 듣기 전에라도 피해자가 용서를 해야 한다고 본 반면, 볼프는 자기를 내어주는 사랑과 동시에 불의와 억압에 저항해야 한다고 했다. 그런데 쉬라이터도 정권이 교체된다든지 하는 전제조건이 있기 때문에 큰 차이가 없다고 할 수 있다. 그런데 무조건적인 용서는 하나님의 용서를 닮았고, 조건적인 용서는 인산의 용서와 같다.

억압과 해방의 범주로는 평화와 화해를 이룰 수 없음을 깨달아야 한다. 왜냐하면 억압받는 자도 회개해야 하기 때문이다. 그 회개는 체제를 고수하기 위한 것이 아니라 반대로 회개를 통해 화해를 이루고 평화로운 사회를 이룰 인자가 양성되기 때문이다. 과거의 고통스런 기억이 더 이상 현재의 자아에게 영향을 주지 않고 하나님의 구원 이야기와의 만남을 통해 변형되어 가해자와 피해자가 화해하고 새로운 공동체를 형성하는 새로운 미래를 향해 나아가도록 한다. 이것은 피해자가 가해자를 용납하는 공간을 만들 때 가능하다.

이런 방식의 용서와 화해는 예수 그리스도의 자기를 내어주는 십자가 사랑에서 보였고, 그 뿌리는 삼위일체 하나님의 사랑의 교제에서 나타난다. 하나님은 죄인이지만 그런 인간 없이는 하나님 홀로 존재하기를 원치 않으시는 하나님이다. 오히려 성자 하나님을 포기하면서까지 죄인들을 하나님의 교제 안에 용납하신다. 그리스도인들에게 타자는 처음부터 자아와 분리된 타자가 아니라 하나님 안에서, 믿음 안에서 형제자매들이다. 화해는 가해자와 피해자 당사자 사이에만 일어나는 것은 아니다. 거기에는 주변 공동체가 있다. 삼자가 화해 과정에 참여하면서 하나님의 구원 이야기로 인해 정체성의 상호 변형이 일어나고 새롭게 관계를 형성하는 것이 화해의 핵심이다. 이렇게 변형된 사람들과 공동체가 화해를 위해, 평화를 위해 일하는 하나님의 자녀들이 된다.

② 평화와 화해와 용서와 치유

용서와 치유는 화해와 평화라는 큰 틀 안에서 바라보아야 한다.[50] 한 개인의 치유나 공동체의 치유는 개인간, 공동체 사이의 화해를 통해 전체 사회, 국가의 평화를 지향해야 한다. 남아공의 진실과 화해위원회의 활동은 국가의 재건과 발전 프로그램의 일부로 보아야 한다.[51] 치유와 용서와 화해와 평화는 신학적 차원과 사회적 차원과 우주적 차원을 모두 포함해야 한다.

화해는 과거의 고통스런 사건과 그 기억을 매개로 일어난다. 그 과정에서 인간의 정체성은 타자(인간과 하나님)와의 관련에서 서로 변형되고 새

---

50) Gerladine Smyth, O.P. "Brokenness, Forgiveness, Healing, and Peace in Ireland" in *Forgiveness and Reconciliation: Religion, Public Policy and Conflict Transformation*, 332.

51) Charles Villa-Vicencio, "Telling One Another Stories: Toward a Theology of Reconciliation" in *The Reconciliation of Peoples*, 40.

롭게 형성된다. 그러나 인간과 사회의 평화는 화해로만 이뤄지는 것은 아니다. 그것의 중요성은 아무리 강조해도 지나치지 않지만 오늘 기아나 기아와 관련된 질병으로, 내전으로, 학살로, '인종청소'로, 제국주의 침략전쟁으로 죽어가는 사람들은 기억의 화해를 통해서 생명을 구할 수는 없다. 물론 화해가 된 사람들은 이런 문제를 평화로 이끌어 나가는 중요한 행위자들이 된다. 그러나 평화를 이루는 것과 화해를 이루는 일이 항상 동일한 것은 아니다. 화해의 활동은 평화활동이라는 큰 맥락에 자리 잡아야 한다. 사랑이 정의에 앞서는 것처럼, 사랑의 행위가 기억의 치유에 앞서기 때문이다. 소위 '북핵 위기'로 인한 한반도의 위기가 극복되지 않으면 전쟁의 기억에 대한 치유가 한민족의 새로운 미래를 열기 전에 한반도를 전장으로 변화시킬지도 모른다. 이것이 한반도의 화해 사명이 다른 지역의 화해 사명과 같을 수 없는 이유이다.

③ 용서와 화해의 신학적 기초: 삼위일체론

용서와 화해는 인간에게서 시작한 것이 아니라 하나님의 선물이다. 그러나 그 선물은 하나님으로부터 인간에게 덤으로 주어지는 것이 아니라 삼위일체 하나님 자신의 본질로부터 수어진다. 삼위일체 하나님의 사랑의 교제로부터 인간과 하나님 사이의, 인간과 인간 사이의, 인간과 피조물 사이의 깨어진 관계의 회복이 주어지고, 삼위일체 하나님과의 사랑의 교제를 회복한다. 이를 위해 성부 하나님은 성자 하나님을 십자가에 내어주는 희생을 치렀다. 성자 예수는 유대인들과 세상 사람들의 기대를 저버리고 심판자가 심판을 받는 자가 되었다. 이로써 하나님의 왕국은 정의의 왕국을 넘어서 사랑의 왕국임을 분명히 보여주었다. 성령 하나님은 그리스도인들로 하여금 하나님의 용서를 받아들이고 세상에 나아가 용서를 베풀며 살도록 화해

공동체를 세우고 화해의 직책을 감당하게 한다. 용서와 화해가 하나님에게서 비롯된 것이지만 삼위일체 하나님을 믿는 신자들에 의해 삶 속에서 실천될 때 삼위일체 하나님께 참 영광을 돌리게 된다.

④ 화해와 영성

화해가 하나님의 역사이기 때문에 화해는 인간의 전략이라기보다는 영성이다. 영성은 이 세상에서 하나님의 화해시키는 행동을 인식하고 그에 대응하는 세계관과 그런 삶의 방식이다. 가해자의 참회 후에 피해자가 용서하는 것이 아니라 용서가 참회에 우선한다. 용서는 얻어져야 할 어떤 것이 아니라, 이미 일어난 것으로 깨달음으로서 동터오는 것이다. 헨리 나웬은 목회자를 "상처입은 치유자"라고 했다. 우리의 상처가 치유의 원천이 되도록, 화해의 도구가 되도록 변형시켜야 한다. '탕자의 비유'에서 아버지의 "무기력함"은 사실 "연약성"으로 "상처를 무릅쓸 만큼 신뢰할 수 있는 수용력"[52]을 뜻한다. 고난이나 상처는 우리 자신을 변형시키는 좁은 길이며, 이것은 다시 예수 그리스도의 십자가라는 큰 상처와 만나야 하며, 여기서 이웃의 상처를 어루만지고 치유하는 데로 나아가야 한다. 여기에 화해의 영성적 측면이 있다. "어머니 사도" "여성 노동자의 대부" 조화순 목사도 사랑과 정의가 평화/화해의 전제 조건이며, 십자가 지는 자기희생 없이는, 연약함을 통하지 않고는, 자리바꿈 없이는, 화해를, 세계 변화를 초래할 수 없다고 했다.[53]

화해 과정에 참여하는 교회가 지녀야 할 화해의 영성의 특징은 첫째 듣

---

52) R. J. Schreiter, *The Ministry of Reconciliation: Spirituality & Strategies* 78.
53) 한국여신학자협의회 여신학자연구반 편, 『고난의 현장에서 사랑의 불꽃으로: 조화순 목사의 삶과 신학』(서울: 대한기독교서회, 1992), 301-305.

고 기다리는 태도다. 폭력과 고난의 희생자들은 거짓 이야기로부터 벗어나기 위해서는 그들 자신의 이야기(경험)를 반복해서 해야 한다. 이 때 필요한 것이 들음의 목회다. 그런데 오늘날처럼 시간이 돈인 사회에서 기다린다는 것은 참기 어려운 일이지만 기다림은 능동적 행위로서 기다림 속에서 우리는 환상적 삶과 실제 삶을 구별하는 것을 배워야 한다. 기다리는 것을 배움은 우리 자신에 대해 편안해하고 고요하게 대하는 것을 포함한다. 또 기다림은 하나님을, 하나님의 화해하는 은혜를 기다리는 것을 포함한다. 둘째 주의를 집중하고 공감하는 것이다. 기다림 속에서 주의집중이 나온다. 하나님에게 주의를 집중시키지 않고서는 영성이 나올 수 없는 것처럼, 고통스런 기억에 대한 치유에 주의를 집중하지 않고서는 화해의 목회는 불가능하다. 이러한 주의집중은 공감의 기초가 된다. 공감은 (피해자와) 함께 느낌, 또는 함께 고통당함을 뜻한다. 셋째로 구약의 포로기 이후와 같은 자세이다. 남아공의 신학자 챨스 빌라 비센시오는 남아공의 인종차별 정권 이후의 상황을 바벨론 포로기 이후와 비교했다. 화해 과정에 참여하는 자들은 포로기 이후의 삶의 태도와 예언자들로부터 많은 것을 배울 수 있다. 가해자들의 참회 뿐 아니라 사회 전체가 예언자적인 방식으로 재구성하는데 중요한 지침이 될 것이다. 화해를 위한 교회의 자원은 제의, 이미지, 십자가다. 제의는 성찬식, 정결 의식, 장례식이나 적절한 매장, 공공의 참회 등이다.

⑤ 용서와 화해의 실천

용서나 화해는 갈등이나 분쟁의 상황에서 행하는 일회적 행동이 아니라 용서받고 하나님과 화해한 하나님의 자녀로서 용서를 하고 화해를 실천하는 것을 본질로 하는 치유공동체, 화해공동체의 식구이기 때문에 용서와 화해는 이제 훈련을 통해 몸에 밴 습관이 되어야 한다. 우리가 하나님과의 교제를 통해 거룩한 백성이 되면 우리의 영혼과 정신과 몸이 변하게 된다. 세례와 성만찬, 기도와 예배는 모두 이러한 우리의 성화를 돕는다.

⑥ 화해와 정체성의 정치

변화된 세계의 가장 큰 특징의 하나는 "이데올로기의 정치"로부터 "정체성의 정치"로의 전이다.[54] 1910년부터 1980년대에 이르기까지 에큐메니칼 진영의 선교학이나 선교신학에는 '다양성'의 신학을 포용하지 못했다. 지난 1996년 살바도르 선교대회는 문화에 있어서 정체성과 공동체의 중요성에 주목했다.[55] 에큐메니칼 신학이나 다양한 제3세계신학은 희생자와의 연대에 주목했지만 희생자의 정체성이 어떻게 회복되고 바르게 세워지는데 큰 관심을 기울이지 못했다. 때로 정체성은 용서를 위해 사용되기 보다는 이전보다 심화된 배제나 공동체적 분노를 강화하는데 이용되기도 했다.[56] 포용이라는 은유의 핵심은 우리 자신을 타자에게 내어주고 타자를 환영하며 타자가 내게 들어올 공간을 만들기 위해 나의 정체성을 제한하려는 의지가 타자에 관한 모든 판단에 앞선다는 점이다. 그러나 자기를 타자에게 내어주고 받아들이는 포용은 기만, 불의, 폭력에 대한 투쟁과 조화를 이뤄야 한다. 즉 자기를 내어주는 은혜와 진실과 정의에 대한 요구 사이에는 비대칭적 변증법이 있으며, 이것이 정체성의 정치에서 중요한 원리가 되어야 한다. 그리고 내 정체성의 보호를 위해 타자를 배제시키려는 유혹은 성령

---

54) S. Wesley Ariarajah, "The Challenge of Building Communities of Peace for All: The Richness and Dilemma of Diversities" in *The Ecumenical Review*, Vol. 57 No. 2(April 2005), 124.

55) Christopher Duraisingh(ed.), *Called to One Hope: The Gospel in Diverse Cultures*(Geneva: WCC Publications, 1998).

56) Rodney L. Petersen, "A Theology of forgiveness: Terminology, Rhetoric & the dialectic of Interfaith Relationships" in *Forgiveness and Reconciliation*, 23.

의 은혜로 극복해야 한다. 용서와 화해에서 가해자의 회개 뿐 아니라 피해자의 회개가 필요함은 억압받는 자들이 억압자를 모방하거나 증오의 포로가 되는 것을 방지하기 위함이다.

　⑦ 화해공동체로서의 교회

　기억의 공동체로서의 교회, 화해의 공동체로서의 교회가 한반도에서 중요한 교회론이다. 우선 교회는 한국전쟁의 다양한 희생자들, 일제시대 고통을 당한 일본군 성노예, 강제징병, 징용자, 원폭 피해자 등, 군부독재 시절의 피해자들의 아픈 기억을 듣는 공동체가 되어야 한다. 교회는 그들이 애도할 수 있는 공간으로 거듭나야 하며, 그들의 고난에 대한 증인 되어야 한다. 그러나 가해자에 대한 증오가 아니라 용서와 화해의 길을 통해 가해자와 피해자 뿐 아니라 한민족이 새로운 공동체로 거듭나서 우리 사회에서 가난한 자들, 소외된 자들, 이주민들을 바르게 섬기며 평화를 이루는 일꾼으로 살도록 해야 한다. 나아가서는 동북아의 평화와 화해를 위해 일하도록 해야 한다. 전 세계에 흩어진 650만 한인 디아스포라 역시 그런 화해 과정을 통해 자기가 사는 지역에서 평화와 화해를 위한 일꾼으로 살도록 해야 한다.

　교회가 화해 과정에 참여할 조건을 확인하는 것이 교회가 화해와 통일에 대해 말하고 행동하는 것보다 선행해야 한다. 교회의 뿌리 깊은 분열을 그대로 둔 채, 또 에큐메니칼 진영조차 섬김과 나눔 없이 단지 기능적으로 교회일치와 연합 사업에만 매달린다면 한국교회는 화해와 통일에 나설 조건을 충족시키지 못하게 된다. 바꿔 말하면 교회가 "참 교회됨" 없이, "예수 그리스도의 화해의 복음"을 살지 않고서는 교회의 사명(선교, 에큐메니칼 운동)을 감당 할 수 없다. 또 교회가 교회답지 않으면 화해의 중요한 자원들을 갖고서 이 세상의 화해를 위해 행동할 수 없다. 세계교회협의회에서 1992년, 1993년, 1996년 세 차례에 걸쳐 전통적 교회론을 우선시하는 신앙와 직제(Faith & Order) 그룹과 교회의 사회/세계에 대한 책임을 강조하는 생활과 노동(Life & Work) 그룹, 정의·평화·창조의 보전(JPIC)과 함께 교회론과 윤리학 사이에 다리를 만들고 서로로부터 배우며 전통과 해방 사이에 대화하며 영성에 주목한 것을 우리는 배워야 한다.[57] 교회가 화해과정에 참여하려면 교회일치가 전제되어야 하고, 또 교회의 일치와 연합(에큐메니즘)과 복음전파(에반젤리즘), 교회의 교회됨(존재와 신학)과 교회의 삶과 행동(선교, 봉사, 윤리) 사이의 신학적 분열을 치유하는 것이 급선무이다.

⑧ 치유공동체로서의 교회

우리는 정권 교체가 되었지만 아직도 분단 체제가 60년이나 계속되고 있고 분단 고착 세력들이 사회 곳곳에 지도적인 위치를 점하고 있다. 한국전쟁 뿐 아니라 반 세기의 분단도 우리 민족에게 엄청난 폭력을 가해왔다. 그렇지만 우리의 통일은 미래적인 사건만은 아니다. "남한의 이야기"와 "북조선의 이야기"가 새로운 하나의 이야기가 되려면 과거에 있었던 사건들, 특히 한국전쟁이나 분단 과정에서 겪었던 엄청난 폭력과 그로 말미암은 고난들이 극복되고 양자가 지닌 폭력에 대한 부정적 기억으로부터 치유되어야 한다. 이런 과정을 겪으며 새로운 이야기를 발견하고 새로운 정체성을 찾아가는 과정을 거치지 않으면 그것은 통일이 아니라 한 이야기에로 흡수되는 흡수 통일이 되거나 두 이야기 사이에서 어정쩡하게 타협하는 것이 된다. 따라서 남북 사이의 전쟁과 분단의 폭력 속에서 고난당한 자들에 대한 화해 과정 없이 미래의 통일만 얘기하는 것은 위험한 일이다. 즉 과거와의 화해를 이루는 과정에 남북이 현재 참여하지 않으면 통일은 미래에 주어질 수 없다.

그런데 기억의 치유는 애도 없이는 이뤄질 수 없다. 상처입은 자아는 애도의 과정을 거쳐야 재구성된다. 애도 과정은 신경증적 강박증으로부터 자유케 해준다. 입다의 딸과 친구들의 애도가 당시 잘못된 제도를 바꿨듯이 이 땅의 여성들을 일본군 위안부로 빼앗긴 것을 참회하고 울어야 이 땅에서 여성의 성 상품화가 중단될 수 있다. 한국전쟁을 애도해야 다시는 한반도에서 동족상잔의 비극이 재발되지 않는 길이 열리기 시작한다.[58] 그러나 애도만으로는 충분하지 않다. 하나님의 품에서 과거의 상처를 기억하지 않는 단계, 즉 망각에 이르러야 한다. 이 때 망각은 과거 사랑의 기억과 미래 화해의 비전을 강화하기 위한 것이다. 그러나 기억의 치유가 아무리 중요해도 경제적, 사회적, 정치적 화해와 치유를 대신 할 수는 없다. 기억의 치유와 경제적, 사회적 치유는 병행되어야 한다.

치유공동체가 되기 위해 폭력과 고난에 대한 신학적 이해를 심화시킬 필요가 있다. 인간의 정체성을 담고 있는 이야기와 기억을 통해 폭력과 고난을 신학적으로 이해해야 한다. 민중신학은 민중의 고난을 이해하기 위해 한(恨)을 신학적으로 분석했다. 한(恨)에 대해서 여기서는 두 가지만 지적하고자 한다. 첫째로 이재훈은 민중의 한(恨)을 극복하는 단(斷)이 "영웅적인 행위"여서 "극소수의 예외적인 강한 정신의 소유자만이 이룰 수 있다."고 비판하면서 "민중신학이 민중의 위기와 고난의 한숨 소리를 들을 뿐만

---

58) 손운산, "전쟁이야기에서 치유와 화해의 이야기로" 「기독교사상」 498호(2000년 6월), 33-34.

아니라 민중이 지닌 한(恨)의 내적 상처를 치유하는 치유의 신학이 되어야 한다."[59]고 했다. 한(恨)의 사제로서 민중신학자들, 또는 민중선교사들이 민중 해방 뿐 아니라 민중의 치유에도 관심을 기울이고 따라서 민중이 화해에 어떻게 기여할 수 있는가에 대해 연구해야 한다는 것이다.

둘째 앤드류 성 박은 피해자가 해방/화해의 주도권을 쥐고 있다고 했다. "가해자들은 종종 문의 손잡이가 없는 방안에 갇혀 있는"[60]자와 같아서 가해자와 피해자 사이의 화해나 양자의 구원을 위해 나설 수 없다. 오직 한(恨)을 지닌 피해자들만이 양자의 구원/화해를 위해 먼저 나서야 한다. 그는 구원의 과정을 그들 자신의 한(恨)의 현실을 일깨움, 이해, 새로운 세계와 새로운 사고방식을 얻게 되는 새로운 직면, 그리고 구원 과정에의 참여라고 했다. 그는 구원을 관계적인 치유 과정일 뿐 아니라 양자의 잠재성이 현실화되는 것이라고 했다. 한(恨)을 해소하는 과정에서 피해자는 가해자를 대상으로 만나지 않고 동역자로 만난다고 했다. 쉬라이터와 같이 화해 과정에 먼저 참여하는 자는 피해자라는 점과 양자의 옛 정체성을 넘어서서 새로운 정체성으로 나아가야 하며 이 과정에서 양자의 역할이 있다는 점이 공통적이다. 국문학자 천이두 역시 한(恨)을 긍정적으로 극복하고 승화하는 것을 "한(恨)의 삭임"[61]이라고 했다. 이 "한(恨)의 삭임"을 신학적으로 풀어 가는 것이 과제로 남겨져 있다.

---

59) Jae Hoon Lee, *The Exploration of the Inner Wounds-han*, (Atlanta Georgia: Scholars Press, 1994), 156, 161.

60) Andrew Sung Park, *The Wounded Heart of God: The Asian Concept of Han and the Christian Doctrine of Sin*, (Nashiville: Abingdon Press, 1993), 172.

61) 천이두, 『한의 구조』(서울: 문학과 지성사, 1993), 113.

3. 세계교회의 화해 사례들

제3세계 군부독재 정권 하에서 많은 사람들이 고문을 당하고 보안군이나 비밀경찰에 의해 죽거나 실종된 사람들이 많았는데, 민주화가 실현되어 새로운 정부가 들어서면서 제일 문제가 되는 것이 과거청산이다. 진상규명위원회를 설치했던 나라들은 칠레, 아르헨티나, 볼리비아, 하이티, 챠드, 에티오피아, 전 동독, 헝가리, 필리핀, 우간다, 남아프리카공화국 등이고, 유엔에 의해 이런 위원회가 설치된 나라가 엘살바도르와 과테말라였다. 이 가운데 남아공과 과테말라만이 성공적이었다. 실패원인은 재정난(챠드, 필리핀, 우간다)이나, 정부의 의지결여로 완성된 보고서가 발간되지 못했거나(하이티), 일부 범죄만 규명되었다(칠레). 엘살바도르는 인권을 탄압했던 범죄에 책임 있는 사람들을 거명한 보고서를 출판했는데 닷새 만에 모든 관련자들이 사면을 받음으로써 보고서의 유익함을 무효화시켰고, 피해자들의 희망이 사라지게 된 최악의 사례다.

과테말라의 과거진상규명위원회는 오슬로 평화조약의 틀에서 유엔의 지원하에 1994년에 설치되었다. 두 사람의 과테말라 전문가와 한 사람의 독일 전문가로 구성된 위원회는 1년 반 동안 인권 침해 사례늘에 대해 조사를 했다. 위원회의 목적은 객관적으로 공정하게 30년 이상의 내전 기간동안 일어났던 인권침해 사례들과 폭력 행동을 조사하는 것이었다. 이들에 대한 사법적 판단은 재판정에서 할 것이고 위원회의 역할은 역사적 사실들을 규명하는 것이었다. 『침묵의 기억』이라는 3,600쪽의 보고서가 1999년 2월에 출판되었다. 희생자들을 둘러싼 침묵이 이로써 깨뜨려졌다. 교회들은 이 보고서에 대해 토의하고 대화할 공간을 제공했으며, 이런 과정을 통해 보고서에 대해 성찰하고 참석한 사람들의 이야기를 다룸으로써 보고서의 내용을 증폭시켰다. 진실규명을 통한 화해의 과정은 개인, 공동체, 민족 사이에 깨어진 관계를 회복시키고, 그들의 기억을 화해시키는데 없어서는 안 되는 것이다.[62]

1) 칠레 [63]

아옌데 정부가 군부 쿠테타에 의해 전복된 1973년 이후 민간정부가 들어선 1990년까지 수많은 인권 탄압들이-고문, 납치, 실종, 살해 등- 자행되었다. 이 기간 동안 가난한 자들은 2백 만 명으로부터 5백 만 명으로 두 배가 증가했다. 빈부격차도 더 크게 늘어났다. 1969년 상위 20%의 수입은 전체의 44.5%를 차지했고, 하위 20%는 7.6%를 차지했다. 1989년에 상위 20%는 59.5%를 차지했고, 하위 20%는 4.6%를 차지했다. 군부독재 정권 하에서 온갖 인권 탄압을 자행했던 자들이 1978년에 자신들에게 사면령을 선포했다. 1990년에 민간 정부로의 이양에도 군사 정권에 대한 면책을 전제로 한 일종의 거래가 있었다. 이런 상황에서 여러 결점도 있었지만 로마 가톨릭 교회는 다섯 가지 화해를 위해 중요한 활동을 펼쳤다.

우선 쿠테타가 일어난 지 이틀 만인 1973년 11월 13일에 주교들이 군부 지도자에게 시국관련 서신을 보냈다. 1980년 5월 광주민중항쟁을 상기하면 참으로 놀라운 일이 아닐 수 없다. 칠레가 헌법과 법의 통치를 받아야 하고 폭력을 피할 것을, 민간인, 특히 여성과 어린이가 흘린 피에 대한 고뇌를 표시했고, 패자에 대한 존경과 온화한 태도를, 노동자들과 농장 노동자의 권리 존중을, 신속한 헌정 회복과 평화의 길 회복 등을 요구했다.

---

62) Geneviève Jacques, *Beyond Impunity: An Ecumenical Approach to Truth , Justice and Reconciliation*, (Geneva: WCC Publications, 2000), 26–28.

63) José Aldunate, S.J., "The Christian Ministry of Reconciliation in Chile" in Gregory Baum & Harold Wells(eds.), *The Reconciliation of Peoples: Challenges to the Churches*, 56–66.

둘째 가톨릭교회는 암살된 자, 납치된 자, 실종자와 그들 가족의 인권과 법적 지원을 위해 "교구지역연대"(Vicariate of Solidarity)와 평화위원회를 만들었다. "교구지역연대"는 교회의 기구여서 일종의 면책특권도 지녔고 국제적으로도 신망이 높았다. 그들의 의도는 군부독재정권의 방해로 실패했지만 그들의 보고서는 1990년 이후 실시된 진실과 화해위원회에 귀중한 자료로 사용되었다.

셋째 가톨릭교회는 군사정권으로부터 민간정부로의 이양과정에 적극적으로 참여함으로써 민주정부의 기반을 닦았다. 1980년 군사정권은 선거를 통해 민주주의로의 이행을 선포했다. 좌파에서는 1986년에 무장활동을 준비하기도 했다. 1988년에 피노체트는 대통령 후보로 나설 것으로 예상되었다. 그가 당선되면 8년간 군사정권이 더 계속될 상황이었다. 라울 실바 추기경을 이어서 프란치스꼬 프레스노 주교가 산티아고 대주교가 되었다. 그는 천주교에서는 예외적인 정치 활동을 펼쳐 다양한 정당들이 모여 민간정부로의 이양을 준비하게 했다. 그들의 제안을 피노체트는 거부했지만 좌파를 제외한 이들의 연합 활동으로 인해 민간 대통령(Patricio Aylwin)이 나올 수 있었다.

넷째 고문에 반대하는 비폭력 시위(The Sebastian Acevedo Movement against Torture)를 1983년부터 주도했다. 당시에 고문과 실종이 군사정권에 의해 자행된 억압의 가장 큰 특징에 속했다. 그런데 이 운동의 주체는 기초공동체의 사제와 활동가와 교인들이었다. 그들은 고문이 자행된 장소 앞에서 시위를 하며 고문이 근절되어야 할 것을 주장했고, 이를 일반 시민들에게, 언론에, 교회에 알리는데 힘썼다. 시위에 참여했던 사제나 활동가나 교인들은 매를 맞기도 하고 감옥에 갇히고 추방되기도 했다. 고문 받는 자와 연대하는 제단에 바친 희생들이었다. 7년간 180회 시위를 했다.

　마지막으로 가톨릭교회는 군인들의 살인 만행에 대해 피해자와 가해자를 화해시키려는 시도로 대응했다. 1973년 10월 아렐라노 장군의 부하들이 헬기를 타고 카라마 지역에 와서 죄수들을 일부 살해하고 지역 전체를 공포 분위기로 몰아갔다. 그들은 처형된 자들의 시신을 훼손하고 비밀 장소에 묻은 후 다이너마이트로 폭발시켰다. 카라마의 이세른 주교는 피해자와 가해자를 만나게 하여 무슨 일이 일어났던가를 서로 듣고 잘못을 받아들이고 용서를 하는 자리를 마련했다. 양측으로부터 참석하겠다는 약속을 받았지만 마지막 순간에 군인들이 참석을 취소했다. 비록 화해 시도가 실패했지만 예수 그리스도에 의해 교회에 위임된 화해의 사역이 성례전 거행으로 환원되지 않음을 보여주는 소중한 사건이었다.

2) 팔레스타인[64]

　1967년 6일 전쟁 이후 20년 동안 팔레스타인사람들은 이스라엘의 무력 점령에 대해 거의 저항하지 못했다. 그러다가 1987년 12월 9일 '인티파타'로 알려진 팔레스타인 사람들의 일제 저항을 시작으로 변화가 생겼다. 서방 언론은 인티파타를 전적으로 폭력적으로 그렸다. 그렇지만 첫 2년 동안 팔레스타인 사람들은 비폭력적인 방식으로, 이스라엘 상품 불매운동으로, 노동자 파업에 동조하기, 그리고 납세 거부 운동으로 저항했다. 이에 대한 이스라엘의 대응은 대단히 폭력적이었다. 팔레스타인 사람들이 양계를 하면 이스라엘은 불법이라 해서 닭을 몰수해갔다. 1989년 초에 국방장관이었던 이차크 라빈은 인티파타에 참여하는 모든 사람의 "뼈를 부러뜨리기" 정책을 밀고 나갔다. 심지어는 이스라엘 군인에게 돌을 던지거나 던졌다고

---

64) Catherine Peck, "The Palestinian Center for Rapprochement between People" in *The Reconciliation of Peoples*, 96–109.

의심되는 어린이들까지 팔과 다리를 부러뜨려 집 앞에 버려두고 갔다. 이후로 인티파타가 폭력적으로 변했다. 당시에 많은 이스라엘 사람들은 아랍인들은 평화를 사랑하는 사람들인데 일부 극소수 선동가에 의해 인티파타가 일어난 것으로 보고 개탄했다. '두 민족간 친교회복을 위한 팔레스타나 연구소' 소장인 가산 안도니는 이것이 그들의 착각임을 분명히 했다. 늑대와 양은 공존할 수 없다. 팔레스타인과 이스라엘 사이의 '타협'은 강자에 의해 일방적으로 강요된 것을 약자가 생존하기 위해 수용한 것뿐이다.

그렇지만 인티파타 이후 팔레스타인과 이스라엘 사이에 대화가 시작될 수 있었던 것은 역설적이다. 적대적인 세력들 사이의 대화는 폭력의 불통을 필요로 했다. 인티파타 이후 많은 이스라엘 사람들은 팔레스타인 사람들을 처음으로 발견했다. 1982년 레바논 전쟁 이후 이스라엘은 샤브라와 샤틸라 난민 수용소에서 학살을 자행했다. 일부 이스라엘 사람들은 이 일로 이스라엘 정부에 저항하는 시위를 벌였다. 팔레스타인 사람들은 자기 정부에 반대하는 시위를 하는 이스라엘 사람들을 처음 보았고 그들을 만나고 싶었다.

1988년 유디스 그린과 10명의 이스라엘 사람들이 가산 안도니의 집에서 10명의 팔레스타인 사람들과 만났다. 처음에는 그 어떤 합의에 도달할 깃으로 기대하지 않았다. 수 개월이 지난 후 그들은 공개적인 행동을 할 것을 결정했다. 첫 번째 행동은 이스라엘에 사는 유대인들을 점령자가 아니라 손님으로 베이트 사후르로 초대했다. 거의 백 명 가까운 유대인이 언론인과 함께 이 마을로 들어가려 했으나 이스라엘 군대가 이를 저지했다. 그러나 그들은 산을 넘어 결국 마을에 들어갔다. 2차 시도는 그들이 공동식사를 하기로 했다. 1989년 4월 유대인들 25명은 이 마을로 음식을 가지고 가서 팔레스타인 사람들과 나눴다. 유대인들은 그 곳에서 안식일을 지켰고,

주말을 그 곳에서 보냈다. 20여 명의 팔레스타인 사람들만 올 줄 알았는데 약 500여 명의 팔레스타인 사람들이 예배당에 모였다. 유대인을 자기 집에 머물게 했던 상당수의 팔레스타인 사람들은 대화에 직접 참여하지 않았던 사람들이었다. 이스라엘 군인들은 마침내 이들을 발견하고 즉시 떠나도록 명령을 내렸지만 그들은 안식일 중에는 멀리 여행할 수 없다고 했다.

다양한 방식으로 양자 사이에 친교회복을 위해 노력했다. 근본주의적 태도를 지닌 종교는 화해에 도움이 되지 않았다. 그런데 다수 종교인들은 근본주의적이지 않았다. 베이트 사후르는 팔레스타인에서는 거의 유일한 기독교 마을이다. 20세기 초 팔레스타인의 기독교 인구 비율은 30-40%였지만 지금은 3% 미만이다. 26세의 아이만이라는 청년은 교회가 팔레스타인 기독교를 망각했다고 비판했다. 지금도 많은 기독교인들이 성지 순례한다고 방문하지만 그들은 교회를 박물관으로 이해하지 산 돌(현재의 팔레스타인 기독교인들)로 이해하지 못한다고 비판했다. 1976년 내전에 참여했던 가산 안도니는 전쟁의 폭력의 잔인함과 비참함 속에서 비폭력 방식으로 전환했다.

센터의 화해를 위한 주요 활동은 크리스마스 이브에 촛불 행진을 하는데 참여자가 팔 천 명이나 된다. 보다 핵심적인 일은 격주에 한 번씩 열 명에서 스무 명의 유대인들이 이 마을을 방문하여 같은 숫자의 팔레스타인 사람들과 만나 대화를 하는 일이다. 이런 대화를 통해 그들은 서로 사이의 거리를 좁히고 상대방을 이해하기 시작했다. 처음에 이런 대화를 시작했을 때에는 혁명이라 여겼지만 아직 화해 전망은 불확실하다. 이런 일에 참여하는 그룹은 아직도 소수이다.

3) 남아프리카공화국

백인들은 17세기말 희망봉에 발을 딛고 난 이후 1990년까지 흑인들을 '차별과 착취'의 대상으로 삼았다. 원주민들을 학살하고 자원을 약탈한 것은 여타 서구 식민지 국가와 큰 차이가 없었지만 1945년 이후 흑인에 대한 차별과 착취를 법과 제도로 정착시킴으로써 '인종적 자본주의 체제'를 수립한 것은 역사상 유례가 없는 일이었다. 흑인과 백인 사이에는 임금 차이가 4배에서 10 배나 되었고, 흑인들은 전기, 수도, 교통, 공공의료 등 혜택도 제대로 받지 못했다. 1990년 이런 공공 혜택을 받지 못하는 흑인이 50%정도였다. 학교에서는 흑인들에게 백인 가정에 고용된 노예로서의 역할을 담당할 정도로만 가르쳤다. 백인의 노예이기를 거부하는 흑인들에게 백인들은 총과 수류탄, 소이탄의 폭력으로, 납치, 구속, 강간 등의 억압으로 대응했고, 종족간 분열을 이용해 흑인간 분쟁과 살상을 유도했다. 1990년 인종차별 정책이 폐지되었다. 백인들은 역사상 최초로 흑인들에게 참정권을 부여하고 구속되었던 흑인 지도자들을 석방하여 그들과 협상을 시작하였다. 이런 것들은 백인들이 인종차별이 철폐된 이후에도 보복을 방지하면서 기득권을 누리기 위한 방안으로 채택되었다. 1994년 역사상 최초로 흑백연합정부가 수립되었다.[65]

남아공의 진실과화해위원회(Truth and Reconciliation Commission)는 국민의 단합과 시민의 안녕과 평화가 요구하는 국민의 화해와 사회의 재건을 위해 1995년에 설치되었다. 위원회의 목표는 1960년부터 1994년 사이에 일어난 인권에 대한 중대한 침해 사례들의 원인과 본질과 정도를 규명하고, 관련 사실을 모두 자백한 자들에게 사면을 허락하고, 희생자들

---

65) 김영수, "용서 또는 보복이 아닌 '진실'을 밝히는 작업으로: 남아공의 '진실과화해위원회'를 보며"「당대비평」 28호(2004년 겨울).

의 운명이나 무슨 일이 어떻게 일어났는지를 명확히 밝히고 그들의 존엄성을 회복시키며, 위원회의 활동 결과를 보고서로 제출하는 것이었다. 위원회는 2년 반 동안 20,000명 이상의 증언을 들었고 일부는 텔레비전으로 생중계 되었다. 데스몬드 투투 대주교는 위원장으로서 1998년 10월에 3,000 쪽에 달하는 보고서를 제출했다. 남아공 교회협의회의 전 총무인 브리갈리아 밤은 이 위원회의 활동에 대해 진실과 화해를 위한 참된 과정이고, 군사적 방식이나 승자에 의한 보복이나 '정의' 구현이 아니라 협상에 의한 것이고, 위원들이 존경받고 능력 있는 종교인들이고, 남아공의 새로운 미래를 위한 기초를 세울 것이라고 보았다.[66]

진실과 화해위원회의 기조는 '용서보다 존경스런 기억과 진실을 토대로 화해'를 추구하는 것이었다. 진실과 기억만이 용서와 화해로 가는 지름길이라고 간주했다. 고통과 희망을 연결하는 징검다리를 만드는 역사적 임무가 이 위원회에 주어졌다. 인권침해의 피해자들에게는 '진실과 화해'라는 보상을 주었고, 가해자들에게는 '진실과 용기'라는 원칙이 적용되었다. 이를 실현하기 위해 위원회에는 조사를 거부하는 자를 소환하는 소환권과 국가기관과 조직을 조사할 수 있는 수사권과 진실을 밝힌 사람들을 사면하는 사면권이 주어졌다. 또 조사대상을 백인의 폭력으로 제한하지 않고 흑인들의 '저항적 폭력'까지 포함시켰다. 이 위원회는 흑인과 백인이 차별과 차이를 극복하기 위한 의사소통의 계기를 마련했다. 만델라 대통령의 지도력은 차별과 차이의 벽을 허무는데 기여했다. 그의 지도력은 '하의상달, 상의하달, 토론 의무화, 만장일치 가결' 등 공동체적 지도력이라 한다. 이처럼 이 위원회의 활동은 새로운 남아공을 건설하는 과정이며 흑인과 백인 모두 과

---

66) Geneviève Jacques, *Beyond Impunity: An Ecumenical Approach to Truth, Justice and Reconciliation*, (Geneva: WCC Publications, 2000), 23–26.

거의 고통스런 기억에서 해방되는 과정이었다.[67]

진실과화해위원회의 엄청난 공헌에도 불구하고, 만델라 전 대통령과 투투 대주교를 '살아있는 우상'[68]이라는 평가에도 불구하고, 정권 교체 이후 10년이 지나고 진실과 화해위원회의 활동이 끝난 지 5년이 되어 가는데 그 효과가 미미하다는 비판이 많이 나오고 있다. 우선 지나치게 용서와 화해를 강조하다보니 사회경제적 정의가 훼손되었다는 비판이다. 즉 화해 개념이 흑인들에게는 짜증의 원천이 되어가는 반면에 백인들에게는 위로의 자원이 되었다고 돌라모는 비판한다. 결국 진실과 화해위원회는 구조적 불의를, 특히 사회경제적 영역을 다루는데 실패했다는 비판을 받는다.[69] 그런데 흑인 사천 만 명의 평균 국민총생산(GNP)이 200달러에 불과한데 반해 백인들은 20,000만 달러다. 이처럼 빈부격차가 심한 나라에서 인종차별 정권이 사라지고 민주적인 정부가 들어섰다고 바로 경제정의를 수립할 수 있다고 생각되지는 않는다. 더구나 반 세기 가까이 흑인들에 대한 교육이 제대로 이뤄지지 않아 흑인 지도자 뿐 아니라 중간 지도자 양성이 되지 않은 상황에서 경제가 바로 일어서기를 기대하는 것은 무리다. 그렇지만 진실과 화해와 경제정의가 함께 가야하다는 주장은 귀담아 들어야 할 중요한 교훈이다.

그런데 남아공에서 진실과화해위원회가 과연 얼마나 흑인과 백인간 용서와 화해에 기여했을까? 우선 화해 개념에 대해 일부에서는 너무 기독교적 이해만 강조되었다는 비판도 있다. 위원회 위원, 학자, 희생자와 옹호자들 일부는 기독교의 용서 개념으로 이 위원회 활동을 규정하려 한 것을 비판했

---

67) 김영수, 위의 글.

68) B. J. de Klerk, "Nelson Mandela and Desmond Tutu: Living Icons of Reconciliation" in *The Ecumenical Review*(October 2003), 322-32.

69) Puleng Lenka Bula, "Justice and Reconciliation in Post-Apardtheid South Africa: A South African Woman's Perspective" in *International Review of Mission*, Vol. 94, No. 372(January 2005), 105-12.

다. 또 진실 찾기와 화해 사이에 균형을 갖췄어야 했는데 그렇지 못했다는 비판도 있다. 이것은 위원회 위원들 중에는 데스몬드 투투 대주교처럼 개인 간 화해를 강조하는 그룹, 국가기관으로서 인종들의 공존과 시민성을 강조하는 그룹, 진실 찾기에 주력하는 그룹 등 세 부류가 있기 때문이었다. 그리고 진실은 기대한 것만큼 찾지 못했고 진실을 고백한 가해자들은 바로 사면을 받은 반면, 피해자에 대한 보상은 경제적 어려움 때문에 상당부분 아직까지 시행되지 못하고 있다. 공청회의 경우 살인, 고문, 납치 등 인종차별정책의 개인화된 측면만 강조하다 보니 제도화된 인종차별의 충격에 대해서 접근한 자료나 평가가 거의 없다. 결론적으로 국가기관인 진실과 화해위원회는 개인 사이의 관계보다는 공동체 사이의 관계를 다루는 것이 나을 뻔했다는 평가다. 남아공의 미래는 흑인차별정권의 어두운 과거를 넘어서서 평등한 경제적, 사회적 제도 위에 세워져야 하기 때문이다.[70]

　　그러나 당시 남아공에서 진실과화해위원회를 택할 수밖에 없었던 배경에 대해 데스몬드 투투 대주교는 다음과 같이 이유를 설명한다. 제2차세계대전 후 뉘른베르크 재판과 같이 재판을 통해 남아공의 과거 청산을 할 수 없었던 이유는 연합군은 재판을 끝낸 후 자기 나라로 떠나면 되었지만 남아공에서 재판 후에도 흑인들은 백인과 함께 살아야 하기 때문이고 또 흑인의 승리는 연합군의 승리와는 달리 부분적이기 때문이었다. 또 사법제도도 재정적으로나 인적으로 한계가 있었다. 1995년과 1996년에 비밀경찰 책임자였던 유진 데 콕과 전 국방장관이었던 마그누스 마란 장군에 대한 재판에서 사법부가 상당한 인원을 동원해 18개월 간 심리하였고, 국가가

---

70) Audrey R. Chapman, "Truth Commissions as Instruments of Forgiveness and Reconciliation" in Raymond G. Helmick, S. J. & Rodney L. Petersen(eds.), *Forgiveness and Reconciliation: Religion, Public Policy and Conflict Transformation* (Philadelphia & London: Templeton Foundation Press, 2002), 257-77.

부담한 소송비용만도 삼 백만 달러가 들었다. 남아공과 같이 교육, 의료, 평화 등 다양한 의제를 동시에 고려하고 재정을 효율적으로 사용해야할 상황에서 법정에서의 과거사 청산은 어려웠다.

또 과거 인권 침해 사건의 증인이 대부분 가해자인 경우, 그리고 유일한 증인이 흑인이고 그/그녀가 여러 백인 가해자들에 대해 증언할 때 판사가 한 명의 증인 이야기만 듣고 기소하기란 쉽지 않다. 더구나 대부분의 판사가 백인인 것도 문제였다. 그러나 남아공은 칠레와 같이 과거 잘못에 대한 일반사면은 하지 않았다. 일반사면은 실제로 과거에 대한 기억상실(amnesia)이다. 국가적 기억상실을 선택하는 것은 흑인차별정책의 희생자들을 다시 희생시키는 것이 된다. 따라서 과거에 대한 법적인 심판은 아니지만 일반사면을 통한 전적 기억상실도 아닌 제 3의 길로 진실과화해위원회를 구성했다.[71]

4) 교훈들

첫째 치유와 화해와 평화를 위한 교회의 노력은 상당한 시간을 요하는 과제이다. 화해와 평화를 위해 십년 단위로 생각(decade-thinking)[72]하는 전략적 사고가 필요하다. 칠레에서 교구지역연대가 수집했던 인권 관련 자료는 비록 당시에 법정에서 받아들여지지 않았지만 1990년 이후 진실과 화해위원회의 중요한 자료로 이용되었다. 또 프레스노 대주교가 정치일정과 관련해 제안했던 정당 모임은 피노체트에 의해서는 거부되었지만 대통령선거에서 야당이 승리하는 발판을 마련했다. 팔레스타인에서의 대화의 노력은

---

71) Desmond Tutu, *No Future Without Forgiveness*(New York, London: Image Doubleday, 1999), 19–32.
72) Geraldine Smyth, "Brokenness, Forgiveness, Healing, and Peace in Ireland" in *Forgiveness and Reconciliation*, 332. 이 용어는 원래 John Paul Lederach가 사용했다.

처음에는 혁명적으로 받아들여졌지만 시간이 지남에 따라 지루하게 반복될 뿐 쉽게 결과를 얻지 못했다. 그렇다 하더라도 우리는 이것을 실패로 여기면 안 된다. 치유와 화해와 평화를 향한 길은 단시간 내에 결과를 보기 어렵다. 따라서 전략적인 사고, 중장기적인 계획과 중간 점검, 그리고 계획의 수정 등을 통해 지속적으로 화해와 평화를 정착시키기 위해 노력해야 한다. 여성과 연대하는 교회 10년(1988-1998)이나 폭력극복 10년(2001-2010), 유엔의 빈곤퇴치 10년(1997-2007)도 모두 같은 맥락이다.

둘째 팔레스타인과 이스라엘처럼 적대적 관계에 있는 사람들 사이에도 많은 어려움을 넘어서서 결과에 관계없이 대화하고 공동식사를 하고 함께 예배드리는 것 자체가 치유와 화해와 평화를 위해 의미 있는 일이다. 이스라엘 군대와 정부의 반대에도 불구하고 자기 정부가 팔레스타인 사람들을 학살한 것에 대해 잘못을 인정하고 팔레스타인 사람들과 만나 대화하려는 노력은 소중하다. 이런 사람들의 노력은 주위 사람들에게도 영향을 준다. 그래서 25명 정도의 이스라엘 사람들이 팔레스타인 사람들을 방문하지만 그 마을의 500여 명이 대화와 만남에 참여했다. 그 뒤에는 팔레스타인 사람들의 보이지 않는 노력이 있었다. 팔레스타인 사람들과 이스라엘 사람들 사이의 갈등을 이스라엘 사람들의 눈으로만 보고 편견을 갖고 이스라엘 성지 순례를 가서도 "산 돌"을 보지 못하고 교회를 "박물관"으로만 여기는 기독교인들의 시각이 문제다.

셋째 칠레의 기초공동체 식구들은 비록 작은 공동체이지만 치유공동체, 화해공동체의 역할을 함으로써 사회 전체를 변화시키는 누룩이 될 수 있음을 보여준다. 교회의 교회다움은 목회자의 카리스마나 모이는 교인의 숫자나 헌금 규모나 예배당 건물 규모에 있는 것이 아니라 삼위일체 하나님과의 친교에 바탕을 둔 치유공동체, 화해공동체로서의 존재와 활동에 있다.

넷째 화해를 위해서는 피해자와 가해자 사이의 진실도 중요하지만 양자 사이의 사회경제적 불의를 수정하는 사회경제적 정의의 수립도 동반되어야 한다. 즉 정의로서의 화해 뿐 아니라 평등으로서의 화해도 중요하다.[73] 희년은 깨어졌던 가정이 다시 회복될 뿐 아니라 그들이 살아갈 수 있는 물질적 토대로서의 땅의 회복도 포함한다. 그렇지 않으면 회복된 가정은 멀지 않아 금방 해체될 수밖에 없다. 화해가 피해자와 가해자 사이의 관계를 회복해 새로운 사회를, 공동체를 지향한다면, 그 공동체는 정의롭고 평등한 생태계와 화해를 이룬 공동체여야 한다.

4. 치유와 화해를 위한 한국교회의 과제들

1) 전쟁 기억 치유를 통한 민족의 화해

한국전쟁의 기억에 대한 치유는 남북간 신뢰회복에 앞선다. 이를 위해 선행되어야 할 것은 기독교의 가해행위에 대한 연루의 고백과 참회다. 남북의 지도자들은 전후 세대로 일부 교체중이지만 전쟁을 직접 경험하지 않더라도 그 상흔은 남아있어 남북간 신뢰회복, 화해와 평화로 나아가는 길을 막고 있다. 따라서 교회는 남북 사이에 화해의 다리가 되어야 하는데 한국교회 역시 전쟁의 피해자로 자신의 상처를 먼저 치유하기 전에는 화해자로 나서기 어렵다. 그런 상처가 오늘날 남남갈등으로 나타난다. 폭력은 인간의 정체성을 지탱하는 자신의 이야기를 파괴하고 폭력 자체의 이야기(거짓 이야기)로 대체시키려한다. 기억은 우리로 하여금 자신의 이야기에 우리를 연결시켜주는 수단이다. 기억은 우리의 정체성을 담는 중요한 저장소

---

73) 채수일, "경제적, 사회적 갈등과 화해의 신학"「신학연구」제42집(한신대, 2001년), 170-76.

이다. 고난 속에서도 자신의 이야기를 지탱해 줄 수 있는 구원의 이야기를 발견해야 한다.

가해자와 피해자 사이의 화해는 폭력의 기억과 폭력의 행위를 분리시키고 폭력에 굴레를 씌움으로써 과거의 폭력이 오늘 파괴적인 영향을 끼치지 않게 해야 한다. 이 과정에서 화해의 주도자는 하나님이시고, 화해시키는 하나님의 은혜를 체험한 피해자가 화해의 주역이 된다. 예수 그리스도의 고난, 죽음과 부활은 남북 사이의 구원의 이야기가 된다. 용서는 과거의 폭력으로부터 자유롭게 되어 과거와는 다른 새로운 미래를 선택하게 하는 자유의 행동을 가능하게 한다. 남한 교회는 과거의 폭력 행위로부터 자유롭게 되어 새로운 미래를 향해 나아가야 한다. 먼저 '참 교회됨' 없이, '예수 그리스도의 화해'를 살지 않고서는 화해의 직분을 감당할 수 없다. 아우슈비츠 이전과 이후의 신학이 같을 수 없는 것처럼, 한국전쟁 이후의 신학은 그 이전의 신학과 달라져야 한다. 우리나라의 경우 약 반 세기 정도 이런 신학적 자각이 늦게 온 셈인데 이는 냉전의 산물이요, 신학적 후진성에서 오는 것으로 통렬하게 반성해야 한다.

2) 한국전쟁 전후 민간인 학살 진상규명

한국전쟁전후 민간인학살 진상규명 범국민위원회의 한 자료집에 의하면 온 나라가 학살당한 자들의 무덤이다.[74] 노근리는 예외적으로 우리에게 잘 알려진 미군에 의한 민간인 학살지역이다. 보도연맹원들과 형무소 재소자를 포함하여 백 만 명의 민간인들이 미군, 한국군, 군, 경, 우익 단체, 인민군 및 좌익에 의해 학살되었다고 한다. 어느 대형 교회 목회자는 목회를 장

---

74) 한국전쟁전후 민간인학살 진상규명 범국민위원회 편, 「다 죽여라 다 쓸어 버려라: 한국전쟁전후 민간인학살에 관한 짧은 기록」(2003)

레목회라고 했다. 그러면 그런 기준에 따르더라도 백 만 명의 주검을 수습하지도 않고 목회한다는 것은 잘못된 일 아닌가? 주검을 하루빨리 수습하고, 민간인 학살에 대한 진상규명을 하되 피해자 가족 중심으로 하고, 종교단체들이 참여해 민족의 상처를 치유하고 민족의 화해와 평화를 이루기 위한 새 공동체 건설이라는 목표를 지향해야 한다.

3) 일제 왜곡된 역사 극복과 올바른 한일관계 정립

일본군 성노예를 비롯해 원폭 피해자, 징병징용자 등 피해자나 유가족을 중심으로 일본 정부로부터 사과를 받고 보상을 받는 과정에 교회가 이웃종교들과 시민사회단체들과 연대와 협력하는 것이 필요하다. 2000년 여성국제전범 법정은 이 방면에 귀중한 사례가 된다. 재발 방지를 위해서 한중일 사이에 이번에 만든 역사교과서를 공유하는 것은 좋은 사례임에 틀림없다. 또 일본의 왜곡된 교과서 채택저지운동도 나름대로 좋은 성과를 얻었다. 교회가 이런 활동에 보다 적극적으로 참여하는 것이 시급하다. 이를 위해 한일 교회간 연대와 협력, 특히 무국적 재일조선인들의 역할이 중요하다. 이를 위해 교회는 먼저 일제 식민지 기간 중 신사참배를 비롯한 죄에 대해 죄책 고백을 공식적으로 해야 한다. 이것이 선행되지 않으면 세상은 우리가 치유공동체가 되고 화해공동체가 되어서 하는 어떤 활동도 의심의 눈초리로 볼 것이다.

4) 베트남 민간인 학살에 대한 진상규명과 사과

우리 군대가 베트남전쟁 기간 동안 민간인 학살에 관여한 것에 대해 시민사회단체에 의해[75] 언론에 의해 지속적으로 문제가 제기되었다. 우리 땅에서 벌어진 민간인 학살에 대한 진상 규명도 필요하지만 우리 군대가 아시아에 가서 아시아 민간인을 학살한 것을 외면하고서 동족 사이의 화해만 추구하는 것은 아시아의 평화의 공동체 세우기를 지향하는 것이 될 수 없다. 그것은 외국의 희생 아래 우리 민족의 번영을 추구하는 것이기에 결코 받아들여서는 안 된다. 진상규명을 통해 공식적인 사과를 해야 하고 민간인 희생자들의 명예를 회복하고 그들 후손에게 보상해야 하며 가해자들을 고통으로부터 벗어나게 해야 한다.

5) 희년 운동/평화를 이루는 교회 10년

한국교회는 1995년을 희년으로 선포하고 1993년에는 인간띠 잇기 운동도 전개해 큰 호응을 얻었다. 그러나 1995년이 지난 후에는 우리 주위에서는 희년을 말하는 사람이 거의 없었다. 오히려 세계교회는 2000년과 21세기를 바라보며 희년운동을 적극 전개했다. 희년은 1995년 이후 계속 한다는 십년 단위의 사고, 전략적 사고가 있었더라면 하는 아쉬움이 있다. 이제라도 10년 단위로 "평화를 이루는 교회"의 기치를 걸고 10년간 지속적으로, 그러면서도 중간 목표를 설정해 여성이나 어린이, 이주노동자, 청년, 농민, 비정규직 노동자, 실직노숙인 등과 연계할 수 있다.

6) 군축과 평화체제 구축

인도적 지원이나 사회문화 교류나 경제협력 모두 중요하고 북한에게는 필요하다. 그러나 현 시기에 북한에게 가장 필요한 것은 무엇일까? 우선 계획경제와 시장경제 사이의 모순이나 시장경제 도입과 북한 체제사이의 딜레마, 시장경제 전환 속도의 문제– 중국이나 베트남은 농업국이어서 점진

---

75) 김현아 지음,『전쟁의 기억 기억의 전쟁』(서울: 책갈피, 2002)

적 도입이 가능하지만 북한은 다르다—도 해결하기 쉽지 않은 난제들이다. 그렇지만 북한에 이미 남한에서 실패했던 환경과 공간을 고려하지 않았던 경제개발 모델을 적용하는 것은 피해야 한다.[76] 현재 가장 심각하게 고려해야 할 사항의 하나는 대북 지원은 일부 민간단체들의 인도적 차원에 맡길 수 없는, 국가에 의한 전략적 지원이 전제되어야 한다는 점이다. 그래야 민간단체의 대북 지원이 제대로 된 결실을 맺을 수 있다[77]는 점이다. 이는 북한의 위기에 대해 올바르게 이해할 때 바른 처방을 내릴 수 있다는 말이다. 북한의 식량위기는 단순한 재해나 일시적 위기가 아니라 북한의 전국가적 문제요 경제 체계 전체의 문제다. 따라서 농업의 복구는 공업 분야의 개선과 병행되어야 하며, 북한 산업의 복구 차원의 지원이 필요하다.[78] 이런 문제를 과연 국내 또는 국제 비정부기구(NGO)가 해결할 수 있다고 생각하는 사람은 아무도 없을 것이다. 또 남한의 힘만으로는 이것을 감당할 수 없다. 오직 대북 경제 제재가 해제되고 북미 수교와 북일 수교가 이뤄지면서 세계경제로부터 북한경제가 집중적 지원을 받을 때나 가능한 일이다.

현재의 한반도 상황에서의 포괄적 접근은 핵문제 해결을 통해 전쟁을 방지하고, 징진체계를 평학체제로 전환하면서, 북미 수교와 북일 수교를 통해 한반도 평화 체제를 구축하지 않으면 인도적 지원 뿐 아니라, 경제 협력조차도 별 큰 힘을 발휘하기 어렵다. 따라서 남한 그리스도인들의 한반도 평화를 위한 과제는 군축 이전에, 통일운동 이전에, 북핵 문제를 해결하고, 정전체제를 평화체제로 전환하고, 미국과 일본의 미사일 방어체제를 반대

---

76) 이상준, "남북경제교류협력의 과제" 국토연구원, 「국토」(2001년 4월), 51, 미주 31번을 참조하시오.

77) 이윤상, "남북한 화해협력과 NGO" 민주화평화통일자문회의 북한연구회, 「분단·평화·여성」 통권 6호 (2002년), 114.

78) 이금순, 「대북 인도적 지원의 영향력 분석」, 93-97.

하며, 북미 수교와 북일 수교를 이루도록 하는데 참여하는 것이다. 이는 쉬운 과제는 결코 아니다.

그렇지만 남한에서 대북 송금의 실제로 문제가 되는 1억 달라(1200억 원)만 중시하고, 2004년 국방 예산으로 증액된 1조 5천억 원을 경시한다면 '하루살이는 걸러내고 낙타를 삼키는 격이 된다' 는 것을 명심해야 한다. 한반도에서 평화를 위한 과제는 지금까지 삼킨 낙타들을 토해내는 일이다. 독일에서의 핵 미사일 철거가 실제적인 평화운동의 과제였다면 한반도의 평화운동 과제는 미사일 방어 체제 반대와 평화체제 확립, 그리고 군축 등이다. 물론 이제부터 모든 경협이나 인도적 지원을 중단해야 한다는 주장은 아니다. 다만 문제의 경중을 다질 때 보다 시급한 평화운동이 남한 기독교인의 과제라는 인식이 공감대를 넓혀야 한다. 이런 전제 하에서 이뤄지는 경협이나 인도적 지원은 지속적으로 이뤄져야 한다.

7) 민족 코이노니아와 하나님의 경제

일용할 양식을 기아 속에서 고통당하는 북한 주민들과 함께 나누는 일은 평화를 위한 교회의 사역이다. 이제까지 기독교 비정부기구(NGO), 교단, 지교회 차원에서 인도적 지원을 해왔다. 최근에는 지역 단위의 교류와 지원 사례들이 나오고 있다. 강원도는 남북으로 분단되어 있으며, 농업 개발 분야를 전문적으로 지원하는 가운데 남북이 함께 잘 사는 길을 지방자치단체와 민간단체 차원에서 추진되고 있다.[79] 제주도는 4·3의 역사적 상처를 소승적으로는 〈제주4·3사건 진상규명 및 희생자 명예회복에 관한 특별법〉을 제정해 치유하고자 하지만, 대승적으로는 "평화의 섬"이 됨을 통해 한반도

---

79) 조성운, "민간부문 협력지원" 강원도발전연구원 북강원연구센터, 「북강원 포럼」 통권 2호(2002년)

의 평화, 동북아의 평화를 이루고자 한다. 북한에 감귤을 지속적으로 보내 2002년에는 제주도민 250명이 제주도-평양 직항로를 통해 방북했다.[80] 이런 사례들은 교회로 하여금 남북 사이에 지역 단위로, 노회 단위로 교회가 민간단체들과 연대하여 지원하고 교류가지 발전하는 새로운 모델을 제시하고 있다.

이처럼 교회는 당장 양식이 필요한 자들에게 양식을 나누는 사명도 감당해야 하지만, 보다 근원적으로는 가난한 자들이 죽음에로 내몰리는 불의한 세계경제체제를 생명을 향한 살림의 체제로 바꿔내는 일에 참여하는 것이 필요하다. 세계교회협의회의 총무인 콘라드 라이저는 1998년의 8차 총회에서 세계 지배를 목표로 하는 지구화의 비전과 모든 피조물을 위한 지속가능한 생명의 공동체를 목표로 하는 그리스도인들의 세계에 대한 비전 사이에 갈등이 있음을 회고하면서, 대화와 연대를 대안적 생명문화의 중심적인 징표들로 제시했다. 그는 이 세상의 지구화의 한 특징을 폐쇄성이라고 했다. 즉 가난한자들의 안전이나 존재의 기초를 찾을 수 있는 빈 공간이 없으며, '역사의 종말'을 주장함으로써 열린 미래, 근본적인 변화의 가능성 또는 특별한 역사나 기어의 가치를 부정한다고 했다. 이와 같이 '닫힌 공간'과 '역사의 사라짐'을 그는 죽음의 상징들이라고 했다. 그리스도인들에게 세계(oikoumene)는 모든 생명이 자기 삶을 펼쳐나가도록 하나님에 의해 지음 받은 삶의 공간으로서의 세계라고 했다.[81]

이 세상이 지향하는 죽임의 경제(economy)에 대해 하나님의 생명의 경

---

80) 고성준, "민간단체의 대북지원과 교류협력 확대 연계방안-남북협력제주도민운동본부의 사례분석을 중심으로-", 제주대학교 평화연구소, 「동아시아 연구논총」 제13집(2002년)

81) Konrad Raiser, "Opening Space for a Culture of Dialogue and Solidarity: The Missionary Objectives of the WCC in an age of globalization and religious plurality" in *International Review of Mission*, vol.88, no.350 (July 1999).

제, 하나님의 경제학(economy의 희랍어인 oikonomia는 집을 뜻하는 oikos와 법을 뜻하는 nomos의 합성어로 '하나님의 집을 살리는 법'으로 '생명 공동체의 살림살이/경제'를 뜻한다)[82]을 제시해야 한다. 선교가 긴박한 구호에 참여할 뿐 아니라 보다 근원적인 문제 해결에 나서는 것처럼, 지구화의 희생자들을 돌보는 것과 아울러 근원적인 문제 해결을 위해 세계교회가 나서야 한다. 세계교회가 제시해야 할 것이 바로 하나님의 생명의 경제, 피조물의 살림살이다. 이것은 오늘날 생태계의 위기를 극복하는 것과도 밀접한 관련이 있다. 이 때 교회는 가난한 자들, 북한 주민들, 여성들, 소위 '원주민들', 이주 노동자와 난민들을 어떻게 하나님의 살림살이에서 주체로 서게 할 것인지에 대해 고민해야 한다.

8) 평화운동과 평화의 사도

교회의 평화운동에서 중요한 것은 교회 일치와 연합(ecumenism)과 생태계의 위기 극복(ecology), 그리고 하나님의 경제학(economy)은 서로 밀접한 관계를 가지며, 동일한 어근(oikos, oikoumene)을 갖는다는 것을 깨닫고 이들을 밀접하게 연결시켜야 한다는 점이다. 즉 교회와 그리스도인들의 평화운동은 하나님의 경제, 살림살이에 바탕을 두어야 하며, 이 세계와 동북아, 한반도를 향한 평화운동에 앞서서 교회가 먼저 하나 되고 연합을 이뤄야 한다는 것이다. 아울러 남북 사이의 평화 공존을 위해 한반도 뿐 아니라 동북아의 평화를 지향하는 그리스도인들, 비정부기구(NGO)와 연대하며 네트워크를 구성하는 것이 필요하다. 6자 회담이 진행되는 것처럼 각 나라의 그리스도인들과 다양한 비정부기구(NGO)들이 함께 모여 평화대회를 열

---

82) M. Douglas Meeks, 홍근수, 이승무 옮김, 『하느님의 경제학: 신론과 정치경제학』, (서울: 한울, 1998).

고, 평화를 위해 한 발자국 씩 나아간다면 큰 반향이 있을 것이다.

통독과정에서 동독 교회가 보여준 평화기도회와 분단 장벽을 넘는 연결 고리 역할, 정의로운 평화의 사도의 역할은 우리에게 평화운동의 새로운 지평을 열어준다. 사회적 여건은 다르지만 우리 실정에 맞게, 정치에 과다하게 매몰되지 말고 기독교인들의 신앙을 평화운동으로 동력화시키는 일에 지혜를 모아야 할 때다. 한국교회가 구체적인 사안을 놓고 사회, 국가, 동북아 평화를 위한 기도회를 여는 것이 필요하다. 한반도의 평화를 위한 기도회를 한 달에 한 번 한국기독교협의회에 속한 교회들을 중심으로 시작하는 것도 한 가지 방법일 수 있다.

여성이 평화운동에서 주도적 역할을 해야 함은 아무리 강조되어도 지나치지 않다. 독일의 경우 통일 과정에서 진정으로 '잃은 자'들은 여성이었다. 우리의 경우에도 여성이 통일의 과정에서 가장 소외될 것으로 예측되고 있다.[83] 그러므로 기독 여성들로 하여금 평화운동과 인도적 지원과 경협 등 이 모든 과정에 적극적으로 참여하게 하는 것이 필요하다.

9) 평화교육

교회와 그리스도인들은 교인들, 학생들, 자녀들에게 그리스도의 평화를 가르쳐야 한다. 그래서 교회가 신앙공동체로서 샬롬의 비전을 간직하도록 해야 하며, 사회적 장벽을 헐고 담을 트는 사람들이 되게 해야 한다. 또 자신과 생각, 느낌, 성, 혈색, 문화, 언어, 가치관, 인생관, 종교가 다른 사람들과 잘 어울려 더불어 사는 사람, 자신과 다른 사람을 있는 그대로 보고 받아

---

83) 김민정, "6·15 남북공동선언 이후 햇볕정책, 평가와 발전방안-여성의 시각을 중심으로-" 민주평화통일 자문회의 북한연구회, 「분단·평화·여성」, 4-27.

들이는 사람, 다름을 차별로 만들지 않는 사람, 나아가서 다름을 통해 자신을 보고 깨달으며 다른 사람으로부터 배우려는 사람이 되도록 가르쳐야 한다. 특히 가정에서 부부관계, 부모와 자녀 관계 사이에 바람직한 의사소통을 이루는 방식에 대해 가르치는 것이 바람직하다. 북한에 대해 구체적으로 배우며, 남과 북이 함께 사는 길을 함께 배워야 한다. 이를 위해서는 기독교 평화교육의 교재 제작이 시급하며, 교사 자신의 변화가 선행되어야 하며, 교사와 학생들, 그리고 교사들 사이의 관계도 변해야 할 것이다.

이를 위해 교회론과 평화, 화해, 치유에 대한 신학적 기초 등도 정립하고, 이들을 정체성의 정치와 연계시킬 필요가 있다. 또 평화와 화해는 실천이 중요하기 때문에 그런 습관을 몸에 배게 하는 훈련도 필요하다. 생태기행 하듯이 평화기행, 통일 기행도 가능하다. 성례전과 평화와 화해를 연계시키는 것도 중요하다. 용서와 화해의 영성을 배양하는 것도 빼놓을 수 없는 과제다.

10) 아시아 교회, 민간단체와 함께 하는 교회의 날

한반도 6자 회담 관련국가의 교회들, 시민사회 단체들과 한반도 평화를 위해 논의를 모을 수 있다. 그 전에 교단의 참여도 확대하고 이웃종교의 동참도 이뤄내야 한다. 한반도의 평화 뿐 아니라 동북아시아의 평화를 위해서도 그런 단위의 교회, 이웃 종교들, 시민사회 단체들의 연대와 협력이 필요하다.

11) 비무장 지대를 생태 공원/생태 지대로 만들기

비무장 지대에서는 종종 크고 작은 사고가 일어나기도 하고, 엄청난 군대가 주둔해 긴장을 고조시키고 있다. 정전 협정 그대로 비무장 지대는 무장을 해제하거나 무장한 군인들을 철수시키는 것이 바람직하다. 대신에 비무장지대를 생태공원이나 생태학습지로 활용하는 방안을 검토하고, 정부에 적극 추천하는데 교회가 앞장설 수 있다.

8장_ 한국교회의 평화선교와 평화통일선교

들어가는 말

21세기의 시작을 무엇으로 보아야 할까? 소위 '9·11 테러'로 볼 것인가? 아니면 동남아시아 지진해일로 볼 것인가? 양자는 전혀 관계가 없는 것처럼 보이지만 사실은 밀접한 관계가 있다. 구약성서의 샬롬의 양면이라고 할 수 있다. 인간의 갈등과 인간과 피조물 사이의 갈등을 화해로 이끄는 것은 교회의 평화선교 과제이다. 그리스도 안에 있는 새 사람들, 신앙공동체가 하나님의 나라를 이뤄 가는데 있어서 두 측면은 밀접한 관계가 있다. 가난한 자들에 대한 착취와 피조물에 대한 착취는 서로 뗄 수 없는 관계이다. 가난한 자들은 환경 파괴의 최전선에 서 있지만 바로 그런 이유 때문에 부자들의 환경 파괴로 인한 피해를 가장 먼저 입게 된다. 그렇지만 이 글에서는 샬롬에서 인간 사이의 갈등에 주목하고자 한다.

한반도에서는 2002년 '북핵 위기' 이후 전쟁 위험이 고조되었지만 2·13 합의로 북핵 폐기와 평화체제로 나아가려 하고 있다. 그러나 북미간에 불신이 워낙 깊어 섣불리 낙관하기는 어렵다. 그렇지만 우리는 이번 기회를 통해 한반도가 평화 체제로 나아가도록 최선을 다해야 한다. 우리 사회에서 평화의 문제는 남북 사이에 국한되지 않는다. 다양한 문제가 있지만 저출산 고령화 사회가 되면서 점차 이주노동자들과 결혼 이주민들이 증가하면서 다문화, 다인종 사회로 나아가려 하고 있다. 이런 상황에서 인종간에 문화간에 종교간에 갈등 소지가 많다. 이들 사이에 화해를 통해 평화를 이루는 것도 중요한 평화선교 과제이다. 세계교회협의회 역시 폭력극복 10년(2000-2010)을 전개하고 있고, 아시아기독교협의회는 "모든 사람을 위한 평화의 공동체 세우기"라는 주제로 2005년 총회를 열었다. 세계교회협의회의 세계선교와 복음전도대회는 "치유와 화해를 위해 부름받은 공동체"라는 주제로 2005년 에 모였다. 20세기도 폭력의 세기였지만 21세기 역시 폭력이 계속 되고 있기 때문에 세계교회와 아시아 교회들은 평화, 화해, 치유를 주요한 선교과제로 여기고 실천하려 하고 있다.

우리 총회는 생명살리기운동 10년(2002-2012)을 전개하고 있다. 그 중에 "한반도에서 나눔과 평화"라는 주제가 있다. 이 글에서는 이것을 좀 더 확대해서 평화 신교와 평화통일 선교과제를 제시하고자 한다. 1장에서는 먼저 평화에 대한 성서적 이해를 살펴보고, 에큐메니칼 운동 중 세계교회협의회 총회 보고서에 나타난 평화 선교 과제를 정리한 다음 화해를 통한 평화선교, 다문화, 다인종 사회에서의 평화선교 과제를 제시하고, 폭력의 문화로부터 평화의 문화로 전환으로 나아가야 함을 주장하려 한다. 2장에서는 한민족의 평화통일을 위한 한국교회의 선교적 과제로 평화통일운동 역사를 살펴보고, 체제의 통일 못지않게 중요한 사람의 통일을 북한이탈주민 선교와 관련하여 알아보고자 한다. 나눔을 통한 평화통일을 그동안 본 총회가 해왔던 사례를 중심으로 살펴본 후 화해로서의 선교론을 한반도에 적용시켜 선교적 과제를 제시하려 한다. 이렇게 해서 평화선교와 평화통일을 위한 선교적 과제를 생명살리기운동10년의 주요 내용 가운데 하나로 제시하고자 한다.

1. 교회와 평화선교

1) 성서의 평화 이해

구약성서에서 평화, 샬롬은 전체 인간, 그 신체, 영혼, 공동체, 집단, 자연의 세계 아니 인간이 살고 있는 모든 관계들을 포괄하는 구원과 안녕의 표현이다. 구약성서에서는 정의와 평화가 거의 구별할 수 없을 만큼 얽혀 있다. 시편 85년 11절에서 "정의와 평화가 입 맞춘다."고 했다. 또 평화는 정의의 결실이라고 했다(사32, 17). 이와 같이 평화는 예외적인 현상이 아니라 이스라엘 전체 삶의 경험에 의해서 인지되기 때문에 그들은 인간들 사이의 만남의 기본형식인 인사에서도 샬롬을 사용했다. 또 이스라엘은 모든 세상적 관계들로부터 단절된 하나님과 인간의 평화를 알지 못한다. 창조는 하나님의 통치를 벗어나려는 우주/피조물 안에 샬롬을 세우는 것이다(창1, 29; 사11, 6-9; 막4, 37-39). 샬롬의 부재는 사회적 무질서로 표현된다. 예언자들은 이스라엘의 우상숭배나 외세 의존이나 사회불의를 윤리적 비행으로서가 아니라 샬롬의 하나님에 대한 배신으로 간주했다(미2, 1-2; 암4, 1; 5, 14-15; 사1, 16-17, 시34, 14; 사32, 16-17). 샬롬은 공동체 안에서 서로 돌보고 서로 나누고 기뻐하는 삶을 경험한 사람들의 평안을 뜻한다(사57, 19-21; 눅12, 13; 행5, 1-14). 샬롬의 비전들을 저버리다가 민족이 분열되고 나라가 망하여 바벨론에 포로로 끌려갔던 이스라엘에게 하나님께서 거기에도 계시다는 새로운 말씀(사55, 6; 렘29, 7)을 듣고 좌절과 슬픔 속에서 다시금 희망을 안고 샬롬을 향해 일어서서 돌보며 치유하는 공동체로 거듭날 수 있었다.

신약에 와서 그리스도는 우리의 평화로 고백된다. 예수 그리스도는 자유케 하신다. 출애굽의 역사에서 보여진 것처럼 하나님께서는 역사에 개입하셔서 억압으로부터 해방과 자유를 주시는 분이다(갈5, 1-13). 예수 그리스도는 우리에게 자유를 만나처럼 선물로 주신다. 그리스도인들에게 부과되는 무거운 짐이 되는 초등학문이나 원리 또는 율법, 교리로부터 우리를 자유케 하신다(갈4, 3; 골2, 20). 예수 그리스도는 이제까지 당연한 것으로 생각해왔던 삶, 하나님의 통치로부터 벗어났지만 너무 오랫동안 샬롬을 떠난 것들과 함께 살아왔기에 그것에 익숙해져 자연스럽게 여긴 모든 것들로부터 우리를 떠나게 하사 자유케 하시고, 그런 우리를 그리스도 안에서 일치되게 하신다(요10, 15-16; 12, 32). 또 유대인과 이방인 사이에 막힌 담을 십자가에 달리신 자기 몸으로 헐고 둘로 새 사람, 새 민족을 만드셔서 하나님과 화목하게 하신다(엡2, 12-15). 평화가 되신 그리스도는 이처럼 유대인과 이방인, 자유인과 노예, 남자와 여자 사이에 차별을 없애고 이들로 한 몸을 이루게 하신다(갈3, 28-29). 이제 그리스도의 평화를 위해 일하는 자들은 하나님의 자녀가 된다(마5, 9). 이처럼 신약에 나타난 샬롬은 강제의 종식이요, 분열의 종식이며 차별의 종식이다. 그래서 하나님의 나라는 먹고 마시는 것이 아니라 성령 안에서 정의와 평화와 기쁨이다(롬14, 17). 성만찬을 통해 그리스도인들은 샬롬의 비전과 하나님 나라에 대한 소망을 간직하게 된다. "종말론적 하나님 나라는 개인의 종말인 영생, 역사의 종말인 하나님의 나라 및 우주의 종말인 새 하늘 새 땅이 장차 실현될 하나님의 무한한 영광 안에서 함께 조화를 이룩하는 샬롬공동체를 말한다."[1]

2) 에큐메니칼 운동에 나타난 평화선교의 과제:
세계교회협의회의 총회 보고서를 중심으로 [2]

가) 폭력이 난무하는 세상

1948년 세계교회협의회의 창립총회는 무질서의 원인을 권력의 집중과 기술에 의해 지배되는 사회로 보았다(1차, Ⅲ, Ⅰ). 웁살라 총회는 위기의 요소로 빈부격차를 가속화시키는 기술혁명과 사회정의에 대한 요구로 보았다(4차, III, 44). 그런데 과학과 기술은 세계적인 군비경쟁, 경제적 지배와 착취, 생태계 위기 등 현대세계의 위기와 밀접한 관련을 갖는다(6차, V, 9, 22). 세계의 경제질서는 실업자수를 증가시키고, 과학과 기술은 인간을 억압하고, 광신적인 군비경쟁은 지구를 파멸로 몰아가고 있다. 불의는 무역, 금융, 제조업, 식량가공, 지식과 같은 북반부 경제에 의한 남반부의 지배를 제도화한 현재의 국제경제 질서에 나타나 있다. 이전에 볼 수 없었던 경제적 이익, 군사력, 기술지식, 국제동맹이 생명의 예수 그리스도를 거슬러 이 땅에 인간 고통, 타락, 죽음을 초래한다(6차, Ⅵ 5, 9).

가난은 일차적으로 자원과 자원 활용에 관한 결정권이 국내, 국제적 차원에서 소수의 손에 맡겨져 있는 불의한 구조로부터 온다. 세계의 기아 문제는 인간에게 원인이 있다. 소수가 토지를 차지하고 무역을 통제하며 식량생산과 관련한 주요정책들을 결정하기 때문이다. 발전은 사회정의, 자립, 성장을 포함하여 생각해야 한다. 인간을 개발의 중심에 두어야 한다.

---

1) 이형기, "생명살리기운동 10년의 신학적 방향과 비전" 대한예수교장로회총회생명살리기운동10년위원회, 대한예수교장로회총회산하연구단체협의회 편, 『하나님 나라와 생명살림: 생명살리기운동 10년의 신학적 기초와 방향』(서울: 한국장로교출판사, 2005), 48.

2) 세계교회협의회의 총회 분과보고서는 세계교회협의회 엮음, 이형기 옮김, 『세계교회협의회 역대총회 종합보고서』(서울: 한국장로교출판사, 1993)을 주로 참고했다. 다만 표현이 어색한 부분은 원문에 따라 일부 수정했다. 8차 총회는 다음 책을 보시오. Diane Kessler, *Together on the Way*,(Geneva: WCC Publications, 1999). 인용시 (4차, Ⅲ, 32)는 4차 총회 3분과 보고서 32번째 문단을 가리킨다. 8차 총회는 책의 쪽수를 가리킨다.

자원 이용에서 무기생산이 큰 몫을 차지하여 일부 국가에서는 예산의 50%를 차지하는 나라들도 있다. 이는 오늘날 가장 수치스럽고 비극적인 일 가운데 하나다(5차, Ⅵ, 9-15).

다국적 기업은 자본주의 세력들이 연대하여 가난한 나라들을 압제하고 계속해서 그들을 자신들의 지배하에 두려한다. 이데올로기 차원에서 새로운 문화적 힘이 매스미디어, 교육체제 등을 통제함으로써 개발되고 있다. 무절제한 소비, 지배자의 가치 강요는 지배자들의 이데올로기 구성요소들이다. 지배체제 논리의 결과들 가운데 하나는 민중세력을 탄압하기 위해 군사장비가 사용되고 있는 것이다. 지배국가에서 만들어진 무기가 강대국의 세력권 안에 있는 각 종속국가에서 그 나라의 국민을 통제하고 지배하는 도구가 된다(5차, Ⅵ, 37-46).

냉전 종식 이후 국가간 분쟁은 인종이나 종교간 갈등으로 인한 장기전이나 저강도 전쟁으로 대체되었다. 인류 역사에서 폭력은 새로운 것이 아니다. 현재 새롭게 등장하는 것은 폭력의 본질과 범위다. 민중은 전 세계적으로 구조적 폭력에 의해 고통을 당하고 있다. 폭력의 이미지는 피조물을 포함해 삶의 모든 영역에 침투해들어 간다. 폭력의 사용이 지구 문화 자체 속으로 들어가 있다. 금세기의 특징은 이와 같은 '폭력의 문화'의 범세계석 확장이다(8차, 56).

나) 교회의 평화선교 과제

과학의 발전 속에 잠재력과 아울러 위험을, 자신이 누군지를 모르게 하는 위험이 있다. 군비 지출에 의해 급증하는 빈부격차는 그리스도인들이 결단을 통해 풀어야 할 과제다. 군비축소와 공정한 무역협정, 과세체제 개선을 통해 빈부격차를 해결해야 한다(4차, 기조연설). 무차별 무기사용은 창조주에 대한 모욕이며, 창조의 목적에 대한 거부로서 교회는 이를 마땅히 규탄해야 한다. 기독교인들은 전쟁과 핵무기에 대한 절대적 신뢰를 단연코 거부해야 한다. 핵무기나 주요한 무력을 인구집중 지역에 사용하는 것은 어떤 상황에서도 복음의 요구와 화해할 수 없는 것이라고 주장해야 한다. 교회 신자들은 여론을 평화와 군축이라는 목표로 이끌어야 하며 지교회와 교단 차원에서 그런 일을 효과적으로 할 수 있도록 조직되어야 한다(3차, II, 64-67).

거의 언제나 기독교공동체는 해방과 공동체의 징표가 아니라 권위주의와 편협한 지역주의의 징표가 되어 왔다. 교회가 대답해야 할 급박한 문제는 어떻게 하면 교회가 해방의 징표가, 세상을 섬기는 자가, 세상을 위한 증거자가 될 수 있는가 하는 것이다(5차, IV, 18). 교회는 해방교육을 실천하는 공동체여야 한다. 교회는 구조악 해방을 위한 투쟁에 동참해야 한다. 교회가 참여해야 할 구조악 해방 투쟁의 현장은 인권, 성차별, 인종차별이다(5차, V, 13).

분리된 세계 속에서 증거를 해야 하는 교회는 증인이 된다함이 자기가 사는 곳에서 그리스도의 삶을 살아감을 깨달아야 한다. 그리스도인들은 예배 공동체에서 받은 것을 매일의 삶 속에서 이웃에게 증거하는 일에 동참해야 한다(6차, I, 2, 14). 교회는 부자와 가난한 자, 남자와 여자, 건강한 자와 장애인으로 갈라진 세상에서 펼쳐지는 하나님의 선교의 전체성과 보편성을 반영해야 한다. 교회는 발언권이 없는 자들의 소리가 되어야 한다. 교회는 보다 정의로운 세계를 위한 새로운 국제질서를 위해 투쟁해야 하며, 교회 자신의 구조를 변화시켜야 한다(6차, I, 36, 38). 교회의 영적인 투쟁은 가난한 자들, 압제받는 자들, 소외된 자들, 추방된 자들의 투쟁에 관계되어 있다(6차, VI, 7).

나눔은 삼위일체 되시는 하나님의 본질에 뿌리를 둔다. 그리스도의 몸으로서의 교회는 본질상 나눔과 치유의 교제다. 교회의 나눔과 치유는 성찬식에서 시작된다. 디아코니아는 교인들과 교회에게 자신이 소유하는 것으로부터가 아니라 그들의 존재로부터 나오는 나눠줌을 요구한다. 디아코니아는 자기중심적 교회구조에 항상 도전해야 하며 그 구조를 함께 나누고 치유하는 교회의 사역을 위해 살아있는 도구로 변화시켜야 한다(6차, Ⅳ, 1-4).

교회의 치유사역의 원천은 그리스도의 사랑의 힘이다. 몸의 질병에 대한 치유 사역 뿐 아니라 영적 치유도 필요하며 이런 역할들을 통해 교회는 치유공동체가 되어야 한다(6차, Ⅳ, 10-11).

1994년 세계교회협의회는 폭력극복 프로그램을 시작했는데 정의, 평화, 창조보전(JPIC)은 이 프로그램에 사고의 틀을 제공했다(8차, 56). 도시농어촌선교(URM)는 중산층교회에 큰 도전이 된다(8차, 133). 교회는 점증하는 경제적 불의가 지구화와 현 세계의 금융 체제로부터 유래함을 인식하고 그것이 노동의 권리와 지속가능한 생계에 주는 영향을 고려해야 한다. 또 인종청소나 대학살에 대해 교회들은 지역적, 국가적, 지구적 차원에서 강력하게 대응해야 한다. 무력 갈등과 폭력에 대한 교회의 대응은 정의로운 평화 만들기, 갈등의 전환과 화해를 포함해야 한다. 교회의 개입은 특정한 상황에 적절해야 하며, 옹호, 예언자적 발언과 명상을 연합한 역할이어야 한다(8차, 139).

성서의 안식일, 희년 전통은 구조적 불의를 정기적으로 극복하고 올바른 관계를 회복하라는 명령이다. 땅의 사용과 착취는 안식일과 안식년에 의해 제한을 받았다. 레위기 25장에 나오는 희년은 이사야서에서는 "주의 은혜의 해"(61, 1-2)로, 새 하늘과 새 땅(65, 17-25)으로 기술된다. 신약성서에서 예수는 희년의 비전을 가난한 자에게 복음을, 포로 된 자에게 자유를,

눈먼 자에게 다시 보게 함을, 눌린 자를 자유케 하는 선포를 통해 확장시킨다. 그는 죄/빚의 용서/탕감을 위한 기도를 가르쳤다. 오순절 성령강림의 특징의 하나는 소유를 자발적으로 나눔으로써 "그 중에 핍절한 사람이 없"(행4, 34)게 되었다(8차, 178).

오늘날 희년의 시각에서 볼 때 세상에서 가장 가난한 국가들이 서구국가와 채권자들에게 빚으로 종속된 것은 현대판 노예제를 의미한다. 세계의 부가 소수 부유국가들에게 집중되는 반면에 가장 가난한 국가들의 삶의 기준이 급속도로 악화되는 현상은 안식일과 희년의 정신에 따라 수정되어야 한다. 오직 안식일과 희년 명령을 실천할 때만이 우리는 "하나님께 돌아오고" "희망 가운데 기뻐할 수 있다." 8차 총회는 최빈국 외채를 탕감하고 외채 누적의 악순환을 해결하는 것이 긴급한 과제로 보았으며, 인간의 기초적 필요, 개인과 공동체의 권리, 환경보전이 빚의 상환보다 앞서야 한다고 보았다. 그리고 채무국과 채권국 사이에 대화와 참여를 포함한 새로운 구조와 기제를 만드는 것이 시급하며, 교회는 외채 위기를 해결하는데 중요한 역할을 할 수 있다고 했다(8차, 179-181).

지구화의 비전은 그리스도인들의 인류의 일치와 하나님의 세계에 헌신하는 비전과 경쟁을 한다. 그리스도인들은 자신을 지구화의 비전에 종속시켜서는 안 되고, 다양성 안에서 가시적 일치, 신앙과 연대를 향한 대안적 비전을 강화시켜야 한다. 전 지구적 차원에서의 일방적인 경제적, 문화적 지배라는 지구화의 논리에 저항해야 한다. 초국적기업들과 다양한 경제기구들의 행동에 대안적 반응을 형성하고, 외채를 탕감하며, 토빈세를 포함한 대안적 금융체제를 만들고, 지구화로 인한 실직과 노동조건의 악화를 개선하고, 지역경제를 세우고, 소비패턴과 생활양식을 바꾸며, 교회의 부동산 보유, 재정, 금융 방식을 재고해야 한다. 한마디로 경제를 신앙의 문제로 보아야 한다(8차, 183-4).

3) 화해를 통한 평화선교 [3]

호세 콤블린에 의하면 로마서, 고린도 후서, 골로새서와 에베소서 등에 나타난 화해는 기독론적, 교회론적, 우주적 차원 등 세 가지 화해가 있다고 했다.[4] 기독론적 차원은 하나님께서 세상을 자신과 화해시키는데 그 중개자가 그리스도라는 것이다. 교회론적 차원은 그리스도께서 유대인과 이방인을 화해시켜 새 백성, 교회를 만드셨다는 것이다. 우주론적 차원은 그리스도께서 땅 위에 있는 것과 하늘에 있는 것들 사이에 화해를 이루셨다는 것이다.

흑백 차별 정권이나 군부독재 정권 혹은 냉전 종식 이후의 소위 '인종청소'나 인종간 갈등에서 빚어진 대학살로 받은 고통을 치유하고 화해를 이루기 위한 세계교회의 노력이 있다. 우리나라는 남북으로 분단된 지 60년이 지나고, 한국전쟁이 끝난 지도 반세기가 지났지만 아직도 남북 사이에 화해가 이뤄지지 않고 지구상에 유일한 분단국가로서 21세기를 맞이했다. 한반도에서 남북 사이의 화채는 한반도의 평화, 동북아의 평화, 세계평화에 기여할 것이므로 한국교회는 남북의 화해를 위해 노력해야 한다. 그런데 억압과 해방의 범주로는 평화와 화해를 이룰 수 없다. 왜냐하면 억압받는 자도 회개해야 하기 때문이다. 회개를 통해 화해를 이루고 평화로운 사회를 이룰 일꾼들이 양성되기 때문이다. 과거의 고통스런 기억이 더 이상 현재의 자아에게 영향을 주지 않고 하나님의 구원 이야기와의 만남을 통해

---

3) 황홍렬, "한반도에서 화해로서의 선교" 장로회신학대학교출판부, 「장신논단」 제27호(2006), 369-416.

4) Robert J. Schreiter, *Reconciliation: Mission & Ministry in A Changing Social Order* (Maryknoll, New York: Orbis Books, 1992), 42ff.

변형되어 가해자와 피해자가 화해하고 새로운 공동체를 형성하는 새로운 미래를 향해 나아가도록 한다. 이것은 피해자가 가해자를 용납하는 공간을 만들 때 가능하다. 이런 방식의 용서와 화해는 예수 그리스도의 자기를 내어주는 십자가 사랑에서 보였고, 그 뿌리는 삼위일체 하나님의 사랑의 교제에서 나타난다. 하나님은 죄인이지만 그런 인간 없이는 하나님 홀로 존재하기를 원치 않으시는 하나님이다. 오히려 성자 하나님을 포기하면서까지 죄인들을 하나님의 교제 안에 용납하신다. 그리스도인들에게 타자는 처음부터 자아와 분리된 타자가 아니라 하나님 안에서, 믿음 안에서 형제자매들이다.

화해는 두 가지 측면이 있는데 하나는 사회적 측면이고 다른 하나는 영성적 측면이다.[5] 사회적 측면은 분열된 사회를 정의롭고 진실한 사회로 재건하기 위해 구조와 과정을 만들어 가는 것이다. 그러나 국가는 기억의 치유를 법제화 할 수 없고 용서를 보증할 수 도 없다. 사회적 화해를 이루도록 여건을 조성할 수 있지만 실제로 그 속에서 화해를 이루려 할 때, 기억을 치유하고 용서를 실현할 때 필요한 것이 영성적 측면이다. 교회는 화해의 영성적 측면을 위해 특히 기여할 바가 있다.

화해는 가해자와 피해자 당사자 사이에만 일어나는 것은 아니다. 거기에는 주변 공동체가 있다. 삼자가 화해 과정에 참여하면서 하나님의 구원 이야기로 인해 정체성의 상호 변형이 일어나고 새롭게 관계를 형성하는 것이 화해의 핵심이다. 이렇게 변형된 사람들과 공동체가, 먼저 화해를 이루고 화해를 맛본 사람들이 화해를 위해, 평화를 위해 일하는 하나님의 자녀들이 된다.

---

5) R. J. Schreiter, *The Ministry of Reconciliation: Spirituality & Strategies* (Maryknoll, New York: Orbis Books, 1998) 4.

4) 다문화, 다인종 사회에서의 평화선교

냉전 종식 이후 변화된 세계의 가장 큰 특징의 하나는 "이데올로기의 정치"로부터 "정체성의 정치"로의 전이다.[6] 1910년부터 1980년대에 이르기까지 에큐메니칼 진영의 선교학이나 선교신학에는 '다양성'의 신학을 포용하지 못했다. 지난 1996년 살바도르 선교대회는 문화에 있어서 정체성과 공동체의 중요성에 주목했다.[7] 에큐메니칼 신학이나 다양한 제3세계신학은 희생자와의 연대에 주목했지만 희생자의 정체성이 어떻게 회복되고 바르게 세워지는데 큰 관심을 기울이지 못했다. 때로 정체성은 용서를 위해 사용되기 보다는 보다 심화된 배제나 공동체적 분노를 강화하는데 이용되기도 했다.[8]

볼프가 제시한 포옹이라는 은유의 핵심은 우리 자신을 타자에게 내어주고 타자를 환영하며 타자가 내게 들어올 공간을 만들기 위해 나의 정체성을 제한하려는 의지가 타자에 관한 모든 판단에 앞선다는 점이다.[9] 그러나 자기를 타자에게 내어주고 받아들이는 포옹은 기만, 불의, 폭력에 대한 투쟁과 조화를 이뤄야 한다. 즉 자기를 내어주는 은혜와 진실과 정의에 대한 요구 사이에는 비대칭적 변증법이 있으며, 이것이 정체성의 정치에서 중요한 원리가 되어야 한다. 그리고 내 정체성의 보호를 위해 타자를 배제시키려는 유혹은 성령의 은혜로 극복해야 한다. 용서와 화해에서 가해자의 회개 뿐 아니라 피해자의 회개가 필요함은 억압받는 자들이 억압자를 모방하

---

6) S. Wesley Ariarajah, "The Challenge of Building Communities of Peace for All: The Richness and Dilemma of Diversities" in *The Ecumenical Review*, Vol. 57 No. 2(April 2005), 124.

7) Christopher Duraisinh(ed.), *Called to One Hope: The Gospel in Diverse Cultures*(Geneva: WCC Publications, 1998).

8) Rodney L. Petersen, "A Theology of forgiveness: Terminology, Rhetoric & the dialectic of Interfaith Relationships" in *Forgiveness and Reconciliation: Religion, Public Policy and Conflict Transformation*, (Philadelphia: Templeton Foundation Press, 2002), 23.

9) Miroslav Volf, *Exclusion & Embrace: A Theological Exploration of Identity, Otherness, and Reconciliation* (Nashville: Abingdon Press, 1996)

거나 증오의 포로가 되는 것을 방지하기 위함이다.

유럽에는 1800만 명의 이주노동자와 260만 명의 미등록노동자가 있다. 이중 아프리카 출신 기독교 신자는 300만 명이 넘으며, 영국에만 아프리카 출신 교회가 3,000개에 달한다.[10] 제2차세계대전 이후 파괴된 유럽의 복구를 위해 주로 이전의 식민지 사람들을 노동자로 받아들이고 시민권을 부여했지만, 1970년대 초 오일 쇼크 후 이주노동자를 받아들이지 않았다. 그러나 10년 이상 산 노동자들에 대해 가족의 재결합권을 막을 수 없었다. 결국 이로 인해 이주민이 계속 증가했다. 유럽의 광범위한 이주민 교회는 이주민이 속한 소수인종, 소수민족에게 선교하고(internal mission), 세속화된 유럽인을 향한 역선교(reverse mission)를 하고, 유럽교회와 공동의 선교(common mission)를 행하며, 유럽에서의 급격한 이슬람화에 공동으로 대처할 수 있다.[11]

한편 세계교회협의회의 세계선교와 전도위원회 주관으로 다문화 사회에서의 목회에 대한 국제포럼을 1999년과 2002년에 개최했다. 세계개혁교회연맹은 존 녹스 센터와 함께 교회일치를 지향하는 다양한 모임을 가졌는데 2001년에는 제네바에서 재유럽 한인교회들과 유럽교회들의 모임을 개최했다. 세계교회협의회의 지원으로 1964년에 창립된 이주민을 위한 유럽교회위원회는 2001년에 제3차 대회를 열어 이주민교회와 유럽교회와의 연대와 협력을 모색했다. 그러나 대부분의 소위 '주류' 교회는 이주민의 교회를 무시하거나 제대로 인식하지 못하고 있다.[12] 베르너 칼은 유럽에서 '주

---

10) Jehu J. Hanciles, "Migration and Mission: Some Implications for the Twenty-first-Century Church" in *International Bulletin of Missionary Research*, vol. 27, no. 4(October 2003), 150.

11) Jan A. B. Jongeneel, "The Mission of Migrant Churches in Europe" in *Missiology* (January 2003), 31-32.

12) Jean S. Stromberg, "Responding to the Challenges of Migration: Churches within the Fellowship of the World Council of Churches" in *Missiology* (January 2003), 46-49.

류' 교회(유럽교회)와 '비주류' 교회(이주민교회)라는 이분법은 교회 안에 퍼져있는 인종차별과 신학적 교만인데, 신학적 교만은 시대착오적이지만, 인종차별은 반복음적이라고 신랄하게 비판했다. 서구교회가 타종교와 대화한다고 하면서도 유럽에서 공존하는 이주민 교회와 대화하려 하지 않는 것은 잘못된 것이라고 지적했다. 그는 유럽 안에 아프리카, 아시아 출신 그리스도인들의 존재를 유럽 기독교인들에게 필요한 도전으로, 축복으로 보아야 한다고 역설했다.[13]

우리나라에도 현재 약 50만 명에 달하는 이주노동자들이 우리와 함께 살고 있다. 앞으로 100만 명까지 늘어날 것으로 전문가들은 전망하고 있다. 전국적으로 10개의 이슬람 사원과 50개의 기도처가 있다. 우리보다는 상대적으로 인권이나 복지 문제에서 나은 조건에서 일하고 살아왔던 이주민, 이주노동자들이 프랑스에서, 영국에서, 호주에서 현지 백인들과 심각한 갈등을 일으키고 있다. 우리나라는 2000년대 이전까지는 이주노동자들의 인권 문제가 매우 심각한 수준이었다. 2000년대 들어와서는 인권 문제가 어느 정도 개선되어 가는 반면에 자녀 양육권, 주민으로서의 권리, 시민권, 침정권 등 새로운 문제들이 부각되고 있다.

한국교회는 저출산과 고령화를 통해 우리 사회가 점차 다문화, 다인종 사회로 나아가고 있다. 이주노동자선교의 과제는 한국교인들로 하여금 점차 다문화 다인종 사회로 나아가는 가운데 외국인에 대한 이해를 높이고 그들과 함께 살아가도록 하는 교육을 실시해야 하며, 종교간 갈등을 예방하도록 해야 한다.[14]

---

13) Werner Kahl, "A Theological Perspective: The Common Missionary Vocation of Mainline and Migrant Churches" in *International Review of Mission vol.* XCI, no. 362(2002), 332-38.
14) 황홍렬, "고용허가제 이후 이주노동자 선교의 과제와 전망", 장신대, 『선교와 신학』, 제21집(2008), 221-65.

5) 폭력의 문화로부터 평화의 문화로

21세기는 '9.11 테러'로, 아프가니스탄 전쟁으로, 이라크 침략전쟁, 레바논 전쟁으로 시작되었다. 20세기 역시 전쟁의 세기, 폭력의 세기라 할 수 있다. 교회는 어떻게 폭력과 전쟁으로 얼룩져 수백만 명이 죽고 다치고 더 많은 사람들이 난민으로, 가난과 질병으로 고통당하는 세상에서 평화를 위해 일하는 하나님의 자녀가 될 수 있을까? 먼저 폭력의 문화를 규명하고 폭력의 문화를 평화의 문화로 대체해야 할 것이다.

폭력의 문화는 폭력 자체는 아니지만 폭력의 사용을 합리화하여 죄의식이나 양심의 거리낌 없이 폭력을 행사하도록 지지하는 문화적 기재를 가리킨다. 종교가 직접적으로 폭력을 행사하는 경우는 드물지만 폭력의 사용을 종교적으로 합리화하는 경우가 있다(거룩한 전쟁, 정당 전쟁 등). 언론이 폭력 사태에 대해 사실의 일부만 강조하거나 왜곡함으로써 또 다른 폭력의 사용을 합리화하는 경우가 이에 해당한다고 하겠다. 혼 소브리노는 어떤 폭력은 '테러'로, 어떤 폭력은 '전쟁'으로 규정하는 "정의(定義)의 전쟁"(battle of definitions), 폭력의 희생자의 고통에 대한 실존적 면역, 진리 추구보다는 표현의 자유 우선 등이 폭력의 문화와 관계가 깊다고 했다.[15]

기독교의 평화는 하나님의 공의를 전제로 한다. 평화의 문화를 확산시키기 위해서는 먼저 그리스도인들이 예수 그리스도의 평화 속에서 살고 평화를 살고 누려야 한다. 교회가 평화의 문화를 정착시키고 확산시키기 위해서는 정의와 화해를 매개하는 평화, 안전과 연약성을 매개하는 평화, 종말론적 희망 가운데 예전 속에서 폭력의 희생자들의 비탄과 웃음을 연결시킬 줄 알아야 한다.[16]

---

15) Jon Sobrino, *Where is God?: Earthquake, Terrorism, Barbarity, and Hope* (New York, Maryknoll, Orbis Books, 2006[2004]), 107-19.

2. 한민족의 평화통일을 위한 한국교회의 선교적 과제

1) 한국교회의 평화통일 운동 역사

한국기독교교회협의회는 1981년 제4차 한독교회협의회를 계기로 1982년에 통일문제연구원 운영위원회를 설치하면서 국내에서 여러 차례 논의를 시작하려 했지만 당국의 방해로 무산되고 해외에서 해외동포들이나 세계교회의 도움으로 통일 논의와 활동을 진전시킬 수 있었다. 세계교회협의회가 1984년 일본 도잔소에서 개최한 동북아시아의 정의와 평화협의회에서 남한교회와 세계교회가 한반도의 평화와 통일에 대해 논의했다. 1986년 세계교회협의회의 주선으로 제 1차 글리온 남북기독자협의회가 열려 남북이 함께 성만찬에 참여했다. 1988년 한국기독교교회협의회 총회에서 "민족의 통일과 평화에 대한 한국기독교회의 선언"이라는 역사적 문서가 채택되었다. 분단에 공헌한 죄를 원죄로 보고, 통일원칙을 제시하고, 교회의 실천과제를 제시하며 1995년이 평화통일의 희년이 되도록 노력하기로 했다.

그런데 1990년대 들어오면서 정부는 과거에 통일운동에 관여하지 않던 보수 교회 지도자들에게 북한 방문을 허용하고, 북한도 이들을 적극 수용하면서 통일운동 대오에 혼란이 일어났다.[17] 통일운동을 주도해오던 진보적 교회들은 인도적 지원에 적극 나서지 못하면서 통일운동에도 소극적이 된 듯하고, 이제까지 통일에 무관심했던 보수적인 교회들이 통일을 주도하는 것 같은 인상을 주었다. 1995년을 희년으로 선포한 것을 준비하기 위해 1993년 8월 15일에 열린 '남북인간띠잇기대회'는 여러 가지 면에서 획기

---

16) Deenabandhu Manchala(ed.), *Nurturing Peace: Theological Reflections on Overcoming Violence* (Geneva: WCC Publications, 2005), 67–78.

17) 홍성현, "한국교회의 평화통일운동" 평화와통일신학연구소 편, 『평화와통일신학1』(서울: 한들출판사, 2002), 78–79.

적이었지만 교인들의 통일에 대한 의식이 성숙하지 못하고, 통일교육이나 공과 등에 의해 뒷받침 되지 못해 소모적 행사로 전락했고 1994년 행사는 제대로 되지 못했다.[18] 1995년 이후에는 희년운동이 약화되었지만 반면에 북한돕기운동을 대대적으로 벌여갔다.

2) 사람의 통일과 북한이탈주민 선교

그동안 민족의 통일에 대해 이데올로기와 체제의 통일에 관심을 가져왔다. 그러나 남북 통일의 주체는 남북한 사람들이다. 사람의 통일, 사회문화적 통일을 도외시 하고 체제나 이데올로기적 통일을 준비하면 실제로 통일이 되고 난 후의 사회적 혼란이 극심할 것이고, 준비 없는 통일이 가져올 사회적 문제를 독일통일을 통해 알 수 있다. 이러한 사회문화적 통일을 전우택은 사람의 통일이라고 한다.[19] 사람의 통일을 위해 중요한 것이 북한이탈주민선교이다. 북한이탈주민이 남한에 입국 후 갖는 문화 충격을 이해하고 그것을 줄이는 길과 언어 차이와 의사소통 방식을 증진시키는 길을 연구하고 제시해야 한다. 북한 체제와 주체사상이 북한이탈주민들에게 어떤 영향을 주었는지, 그것이 남한 사람들과의 의사소통에 어떤 영향을 주는지, 그리고 남북의 이질적 체제에서 살던 사람들의 의사소통을 위해서는 어떤 장애물을 극복해야 하고 어떻게 극복해야 하는지를 찾아야 한다. 이때 의사소통을 위해 남한사람의 변화의 내용이 무엇인지를 식별하는 것도 매우 중요하다.

그동안 남과 북은, 남한 사람들과 북한이탈주민 사이에도 마찬가지로 서로를 알고 이해하려는 진지한 노력 대신에 "서로가 스스로 만든 가상의 틀

---

18) 고현영, "1990년대 한국교회 통일운동의 전개와 그 성과" 『평화와통일신학1』, 94-95.
19) 전우택, 『사람의 통일을 위하여: 남·북한 사람들의 통합을 위한 사회정신의학적 고찰』(서울: 오름, 2000)

속(wishful thinking)에 상대방을 집어넣고"[20] 대화 아닌 독백을, 만남이 아닌 일방적인 접촉에서 내가 보고 싶은 것만 보고, 듣고 싶은 것만 듣고, 말하고 싶은 것만 말하지 않았는지 반성해야 한다. 정부 차원의 통일 방안은 진정 상대방을 향했다기보다는 대내적 효과를 노린 경우가 많았고, "의사소통 의지가 없이 의사소통 형식만을 빌린 담론"[21]이었다고 비판할 수 있다. 한국전쟁은 북한주민에게 "심리적 자폐증후군"이라 할만한 전쟁맞춤식 체제가 지역에까지 뿌리를 내리고, 이것이 이후에 대남 적대감정의 사회구조화로 이어졌다.[22] 그러나 분단으로 인한 이러한 왜곡된 체제는 북한에만 있는 것은 아니다.

남한에서는 반공주의가 일종의 강박관념으로 사람들을 짓누르며 한편으로는 "공산주의에 반대하는 자본주의·자유민주주의의 세계관이면서 (다른 한편으로는) 자유민주주의에 대한 일정한 제약을 암시하는 모순적 이념"으로 존재한다. 반공주의가 확장되어 일상적 영역에 깊게 스며들어 모든 비판적 사고를 반공주의의 대상으로까지 확장하게 되었다. 근대사회에서는 "감시와 처벌의 규율 확산을 통한 불평등의 재생산 과정이 존재하는데 우리와 같은 분단체제에서는 '감시와 처벌'의 규율 이외에 반공주의와 같은 '분단규율'이 존재한다.[23] 따라서 북한이탈주민 선교는 상대방의 문화를 서로 이해하고 언어적으로 적응하는 것을 넘어서서 서로를 억누르는 자폐증후군이나 강박관념으로서의 반공주의 등을 극복하고 분단의 언어를 탈분단의 언어로 전환하도록 노력해야 한다. 신학적으로는 북한이탈주민

---

20) 조용관, 김병로 지음, 『북한 한걸음 다가서기』(서울: 예수전도단, 2002[2004]), 17.

21) 전효관, "분단의 언어, 탈분단의 언어: 통일 담론과 북한학이 재현하는 북한의 이미지" 조한혜정, 이우영 엮음, 『탈분단 시대를 열며: 남과 북, 문화 공존을 위한 모색』(서울: 삼인, 2000), 81.

22) 김병로, "우리가 생각하는 북한은 지구상에 없다" 조용관, 김병로 지음, 위의 책, 30-55.

23) 권혁범, "반공주의 회로판 읽기: 한국 반공주의의 의미 체계와 정치 사회적 기능" 조한혜정, 이우영 엮음, 위의 책, 33, 49-50, 62.

과 남한 그리스도인 모두를 짓누르는 귀신의 정체를 확인하여 예수 그리스
도의 이름으로 한반도에서 쫓아내고, 분단의 언어를 성령을 통해 탈분단의
언어로 전환을 시켜 남과 북을 넘어서서 새 사람/새 민족(엡2, 15)을, 새로
운 문화적 주체를 형성하고 이 땅에 하나님의 나라를 이루게 하는데 참여
하는 것이 북한이탈주민 선교의 중요한 과제의 하나이다.

북한이탈주민 선교는 북한이탈주민들이 남한 교인 앞에서 거짓증인이
되지 않도록 해야 하며, 같은 민족이며 같은 언어를 사용한다는 점 때문에
일어나는 "문화적 착시현상"을 극복하고 50년 이상 체제가 다른 문화에서
살았기 때문에 타문화권 선교라는 점을 명심해야 하고, 치유가 중요시되어
야 하며, 다수의 변화를 지향하는 소수자 선교이며, 섬김과 나눔, 사랑의
정신으로 감당하는 십자가 선교이어야 하며, 북한이탈주민과 남한 교인 사
이의 협력선교가 되어야 한다.[24]

3) 나눔을 통한 평화통일 [25]

남북경협은 인도주의적 지원과 정부 차원의 협력사업, 민간기업의 사업
으로 분류된다.[26] 인도주의적 지원은 정치·경제적 목적과 무관하게 인도
주의적 관점에서 시행되어야 하며, 민간 차원의 지원과 정부 차원의 지원이
있다. 정부 차원의 협력사업은 한반도 에너지 개발기구의 경수로 건설, 경
의선 단절구간 복원공사 등과 같이 남북관계를 어느 방향으로 발전시킬 것
인가에 대한 국가의 전략적 고려에서 시행되어야 한다. 민간기업의 사업은

---

24) 황홍렬, "사회전기를 통하여 본 북한이탈주민 선교의 과제와 전망" 한민족평화선교연구소 편, 『둘, 다르지
   않은 하나: 북한이탈주민 선교의 과제와 전망』(서울: 한들출판사, 2007), 158-173.

25) 황홍렬, "한반도에서 나눔과 평화" 총회생명살리기운동10년위원회, 연단협 편 『하나님 나라와 생명살림』
   (서울: 한국장로교출판사, 2005), 245-85.

26) 신지호, "남북경협의 원칙과 기준" 김연철·신지호·동용승 지음, 『남북경협 가이드라인』(서울: 삼성경제
   연구소, 2001), pp.16-17.

수익성 원칙에 입각해서 이뤄져야 한다. 1989년 단순교역으로 출발한 남북 경협은 1992년부터 위탁가공교역으로 발전하였고, 2000년 6월 이후 투자 단계로 발전하고 있다. 교회가 평화통일을 위해 선교과제로 실천하려는 나눔은 민간기업의 수익성 원칙이나 정부간에 전략적 고려에서 시행되는 경협과는 달리 철저히 인도주의적 관점에서 시행하는 인도주의적 지원이다.

기독교단체가 북한에 인도적 지원을 한 액수는 1995년 이후 2003년 4월 말까지 900억원으로 추정된다.[27] 교단별로 보면 예장통합은 2001년 봉수교회 뒤편에 온실재배시설 설치 지원, 2002년 온실재배에 필요한 씨앗과 보온못자리용 비닐 제공, 아동용 의류와 내의(7,500백만 원 상당)를 지원했다. 예장합동은 평양에 봉수 빵 공장에 설치할 제빵 기계와 설비 지원(1억 6천만 원 상당), 밀가루를 매년 30톤씩 보내기로 했다. 기장은 쌀 60톤을 선적(1억 3천만 원)했다. 감리교회는 평양신학교 건립에 앞장섰고, 예장통합은 재정을 지원했다.[28] 예장 통합은 2005년 11월 평양제일교회를 준공했으며, 남선교회전국연합회 사업으로 봉수교회를 신축중이다. 그밖에 통일선교대학과 남북한선교통일기도운동, 그리고 탈북자 선교를 실시하고 있다.[29] 감리교는 평양신학원을 후원하며 칠골교회를 건축하고, 탈북자 지원사업과 평화통일 기도회, 평화통일포럼, 남북한 성경비교 책자를 발간했다.[30] 기장은 2003년 5월 조선그리스도교련맹과 함께 평화를 위한 기도회를 금강산에서 개최했다. 2006년에는 평화공동체운동본부를 출범시키고

<hr>

27) 제성호, "한국교회의 대북 지원현황과 과제- '남북나눔' 과의 관련성을 고려하여-", 평화통일을 위한 남북 나눔운동, 「남북나눔운동 10년과 한국교회의 과제」(2003년 4월 28일), 41.
28) 보다 자세한 내용은 제성호, 상게서, 35-47, 임희모, "한국교회의 북한 사회복지 선교", 임희모, 「한반도 평화와 통일선교: 통전적 접근」(서울: 다산글방, 2003), 139-151을 참조하시오.
29) 김경인, "대한예수교장로회(통합) 총회 북한선교의 입장과 통일선교정책" 2007년 KNCC 평화통일정책협의회 자료집(2007. 5. 3-4), 30-36.
30) "2007년 기독교 대한감리회 서부연회 정책" 2007년 KNCC 평화통일정책협의회 자료집, 37-43.

동아시아 평화를 위한 에큐메니칼 국제 심포지엄을 개최했다.[31] 한편 한국기독교교회협의회는 한반도 평화정착과 북한 사회 개발을 위한 에큐메니칼 컨소시엄 프로젝트를 제안했다.

한국교회가 나눔을 통해 평화통일에 기여하기 위해서 앞으로는 대북 인도적 지원사업이 긴급구호로부터 사회복지선교를 위한 중장기 프로젝트로 전환하고, 중앙/총회 중심으로부터 지역중심으로의 전환도 필요하다. 또 식량증산 프로젝트와 보건의료 지원이 강화되어야 한다. 또 지속성과 지원 액수의 증가도 요청된다. 기도운동 뿐 아니라 사순절에 동전 모으기를 하거나 금식을 통해 북한 동포를 지원함으로써 전교인이 동참하는 사업으로 참여의 폭이 확대되어야 한다.

4) 한반도에서 화해로써의 선교

위에서 제기한 화해를 통한 화해선교를 한반도에 적용시키고자 한다.[32] 한반도에서 화해로써의 선교의 과제는 먼저 한국전쟁의 기억 치유를 통한 민족의 화해다. 남북 사이의 신뢰 회복에 앞서서 전쟁의 상처를 치유해야 한다. 교회가 먼저 자신의 상처를 치유해야 남북 사이에 화해의 다리 역할을 할 수 있다. 화해의 주체는 하나님이시고, 예수 그리스도의 고난, 죽음과 부활이 남북 사이의 구원의 이야기가 되어야 한다. 반공 이데올로기 전파 대신에 화해의 직책을 감당하도록 해야 한다. 이 길이 민족을 살리고 복음화 하는 지름길이다.

둘째 한국전쟁 전후 민간인학살 진상규명이다. 수많은 민간인들이 학살되었다고 한다. 이들의 주검을 수습하고 원인을 규명하며 유족을 위로하는

---

31) "한국기독교장로회 북녘 동포를 위한 나눔 사업" 2007년 KNCC 평화통일정책협의회 자료집, 44-46.
32) 황홍렬, "한반도에서 화해로서의 선교" 428-438.

화해자의 역할을 감당해야 한다.

셋째 일본의 왜곡된 역사 극복과 올바른 한일관계 정립이다. 일본군 성노예, 원폭 피해자, 징병징용자 등 피해자나 유가족이 일본 정부로부터 사과를 받고 보상을 받는 과정에 교회와 시민사회단체들이 일본 교회와 시민사회단체들과 협력하는 것이 필요하다. 이를 위해 먼저 한국교회는 신사참배에 대해 공식적 사과를 해야 한다. 한일간에 공동의 역사교과서를 만든 것은 화해를 위해 대단히 중요한 시도였다. 2000년 일본에서 열렸던 일본군 성노예 전범 여성국제법정도 중요한 예이다.[33]

넷째 "평화를 이루는 교회 10년" 또는 "희년 2012-2022"와 같은 중장기적 평화운동이다. 평화운동은 짧은 기간에 목적을 성취할 수 있는 과제가 아니다. 그렇기 때문에 세계교회협의회의 평화운동은 10년 단위 운동을 전개하고 있다(폭력극복운동 10년, 여성과 함께 하는 교회 10년). 과거에 한국교회는 1995년을 희년으로 선포하고 몇 가지 행사를 했지만 1996년 이후에는 희년에 대한 언급조차 거의 없었다. 앞으로 10년을 단위로 활동하면서도 연도별로 주제에 맞춰 평화선교 활동을 펼치는 것이 필요하다. 남한 사회의 빈부격차, 남북 사이의 격차를 극복하는 희년운동과 화해선교를 통해 평화통일에 기여해야 한다.

다섯째 군축과 평화체제 구축이다. 현재 한반도 상황에서는 핵문제 해결을 통해 전쟁을 방지하고 정전체제를 평화체제로 전환하면서 북미수교와 북일수교를 통해 불가침조약을 맺음으로써 한반도의 평화체제를 구축해야 한다. 지난 2·13 합의로 인해 핵문제 해결의 가닥이 잡혀가고 있지만 북미 사이에, 북일 사이에 상호불신이 커서 조심스럽게 한 걸음씩 나아가야

---

33) 심포지엄 "2000년 여성국제 전범 법정"「신학사상」112호(2001년 봄)을 참조하시오.

한다. 이를 위해 교회가 기도하고 평화체제로 전환하도록 여론을 형성하고 지지해야 할 것이다. 이 과정에서 실질적인 군축이 이뤄지도록 노력해야 한다.

여섯째 민족의 코이노니아와 하나님의 경제 수립이다. 일용할 양식을 기아 속에서 고통당하는 북한 주민들과 나누는 일은 교회의 중요한 평화 선교 과제이다. 남북으로 분단된 강원도는 농업분야를 중심으로 지방자치단체와 민간단체 차원에서 함께 사는 길을 모색하고 있다. 이 세상의 양극화 경제 속에서 하나님의 살림의 경제를 대안으로 제시해야 한다. 교회를 중심으로 북한에 감귤을 90년대 후반부터 지속적으로 보냈던 제주도민 250명이 2002년에 제주도-평양 직항로를 통해 방북했다. 나눔이 교류로 발전한 좋은 사례다.

일곱째 평화선교에서는 교회 일치와 연합운동(ecumenism)과 생태계 위기 극복(ecology), 그리고 하나님의 경제학(economy)이 동일 어근을 갖고 있음을 깨닫고 이들을 밀접하게 연결시켜야 한다. 즉 교회들은 창조보전과 하나님의 경제를 이루기 위해 연합활동을 펼치는 것이 에큐메니칼 활동의, 교회의 평화선교의 주요 내용이 되도록 해야 한다.

여덟째 평화교육이다. 샬롬의 비전을 간직한 신앙공동체는 이데올로기, 인종, 문화, 언어, 종교가 다른 사람들과 잘 어울려 더불어 사는 사람, 다름을 차별로 만들지 않는 사람, 나아가서 다름을 통해 자신을 보고 깨달으며 다른 사람으로부터 배우는 사람이 되도록 가르쳐야 한다. 용서와 화해의 영성을 배양해야 한다. 총회에 속한 경북, 경서, 광주, 서울서북, 평북, 여수 노회 등이 피스메이커 지도자 양성 과정을 거행했다. 교회나 사회의 갈등을 성서적으로 건강하게 해결하는 능력을 키움으로써 화해자 역할을 감당하는 지도자를 양성하는데 훌륭한 평화교육의 사례다. 총회 교육자원부가 평화교재를 개발하는 것이 필요하다.

아홉째 아시아교회와 함께 동북아 평화를 향한 교회의 날을 만들어야 한다. 6자 회담에 참여하는 국가의 교회들이 함께 모여 동북아 평화를 위해 함께 기도하고 공동의 노력을 경주하되 각 해당국가에게 요청할 것을 함께 만들어 가도록 해야 한다.

나오는 말

21세기는 평화의 세기가 되기를 인류가 바랐지만 폭력이 난무하는 세상이 계속되고 있다. 한반도 역시 20세기에 동족상잔의 비극을 겪었지만 한반도는 아직도 정전체제에 머무르고 있다. 이 글에서는 총회 생명살리기의 일환으로 평화선교, 평화통일 선교과제를 통해 민족의 생명을 살리고 예수 그리스도의 평화를 한반도에 이루는 길을, 하나님 나라 구현의 길을 모색하고자 했다. "나눔과 평화"를 확대해서 화해에 초점을 맞춰 평화선교 과제와 평화통일 선교 과제를 제시하고자 했다. 성서의 평화 이해와 에큐메니칼 운동에 나타난 평화선교에 대한 이해를 바탕으로 화해를 통한 평화신교론, 다문화, 다인종 사회에서의 평화선교 과제를 살펴보았다. 또 앞으로 다가올 다문화 다인종 사회에서 어떻게 평화를 이룰 것인지를 알아보았다. 그리고 폭력의 문화를 평화의 문화로 전환하기 위한 길을 모색해 보았다. 한민족의 평화통일을 위해서는 평화통일운동에 참여했던 교회의 역사를 돌아보고, 평화통일을 위해서는 교회가 사람의 통일에 기여할 바가 크므로 북한이탈주민 선교와 연계해 사람의 통일 문제를 다뤘다. 그리고 이제까지 본 교단을 중심으로 진행해 왔던 나눔을 통한 평화선교 활동을 소개했다.

마지막으로 화해로서의 선교론을 한반도에 적용시켜 선교과제로서 한국전
쟁의 기억 치유를 통한 민족의 화해, 한국전쟁 전후 민간인 학살 진상규명,
일본의 왜곡된 역사 극복과 올바른 한일관계 수립, "희년 2012-2022"와
같은 평화운동, 군축과 평화체제 수립에 기여, 민족의 코이노니아와 하나
님의 경제 수립, 에큐메니칼운동과 창조보전(생태계 위기극복)과 경제 활
동의 통합, 평화교육, 동북아시아 평화를 위한 교회의 날 등으로 제시했다.
이런 선교적 과제들 가운데 교회가 할 수 있는 활동 내용들을 발굴하여 생
명살리기운동10년이 한반도의 평화와 통일에 기여하게 하는 것이 당면과
제이다.

<<< **논문 출처**

2장   '북한' 선교/평화통일운동 접근 방식에 대하여

3장   '북한' 연구 동향에 대하여
       평화와통일신학연구소 편, 『평화와 통일신학1』(한들출판사, 2002)

4장   한반도에서 나눔과 평화를 위한 교회의 사명: 대북 인도적 지원을 중심으로
       한민족평화선교연구소 엮음, 『평화와 통일신학2』(도서출판 평화와 선교, 2004)

5장   조선족의 사회전기를 통해 본 조선족선교의 과제와 전망
       한민족평화선교연구소 엮음, 『조선족선교의 현실과 미래』(도서출판 평화와 선교, 2005)

6장   사회전기를 통해 본 북한이탈주민 선교의 과제와 전망
       한민족평화선교연구소, 『둘, 다르지 않은 하나: 북한이탈주민 선교의 과제와 전망』(한들출판사, 2007)

7장   한반도에서 화해로써의 선교와 신학
       『장신논단』제27호 (장로회신학대학교출판부, 2006)

8장   한국교회의 평화선교와 평화통일선교
       예장총회산하연구단체협의회 편, 『하나님 나라와 생명목회』(한국장로교출판사, 2007)

한반도에서 평화선교의 길과 신학
- 화해조서의 선교

초판1쇄 찍은날 2008년 9월 1일
초판1쇄 펴낸날 2008년 9월 10일

지은이 황홍렬

펴낸이 조석행
편 집 차순주, 최지희
펴낸곳 예영B&P

등록번호 1998년 9월 24일(가제 17-217호)

주 소 130-839 서울시 동대문구 장안2동 318-11 3층
　　　　T.02)2249-2506~7　　F.02)2249-2508

ISBN　978-89-90397-35-5　　03230

copyright ⓒ 2008, 류홍렬

값 15,000원